1小时图解经济学

[日] 铃木一之 主编　杨光 译

文化发展出版社
Cultural Development Press

前言

如今，人们对获取经济学通俗知识的需求愈加旺盛。在历史长河中，无论经济是繁荣还是萧条，与经济相关的话题总是历久弥新。货币供给、基础财政收支、经济刺激，抑或金融科技（Fintech）等新词语也接踵而至。

日本经济好不容易从长达二十年的“通货紧缩”中逃离，逐渐能看到一丝曙光。然而，为此付出的代价也是沉重的，它给日本带来了前所未有的货币宽松，并引入了负利率。

从经济学的角度来看，我们就生活在无法简单给出答案的世界里。那么，能否有一本优质的图书来帮助我们理解如此复杂的世界呢？我绞尽脑汁地思索这一问题，于是就有了这本书。

阅读本书时，你可以从头至尾按顺序阅读，当然也可以从中任意挑选一章。

本书收录了大量经济学通俗关键词，特别是与生活息息相关的微观经济学关键词，当然也有较难理解的宏观经济学。此外，由于前所未有的新经济现象层出不穷，本书也尽可能地罗列了贴近时事的经济学关键词，并以图解的方式来进行说明。

我发自内心地期望这本《图解经济学关键词》能够帮助大家学习到一些新知识。

铃木一之

[目录]

Chapter 1

本土经济 身边的经济学关键词①

Chapter 2

国际经济 身边的经济学关键词②

Chapter 3

经济学基本关键词

Chapter 4

家庭·企业 微观经济学关键词①

Chapter 5

价格 · 市场 微观经济学关键词②

[目录]

6 Chapter

GDP・景气 宏观经济学关键词①

7 Chapter

政府・银行 宏观经济学关键词②

Chapter 8

经济学史关键词

注：本书内容以截止到 2018 年 1 月的信息为基础

Chapter 1

本土经济

身边的经济学关键词①

景气

和我们日常生活联系最紧密的经济学关键词莫过于“**景气**”了。即便在日常对话中，这个词语也经常被我们有意无意地使用着。

都说景气在恢复，为什么我感受不到呢？
我老公的工资也完全没有增加。
景气是啥呀？
我正想吃蛋糕[1]呢。

“景气”这个词，用来表现整体的经济状况是好还是坏。试想一下下面的对话场景可能更容易理解一些。

听说你们公司最近很景气呀。
没有没有，稍微好那么一点儿吧。
实际上利润增加了，工资也上涨了……
销售额一直在增长中？

同样地，“景气”也不单指某一家公司的情况，而是在说整体经济状况的好坏。

日本的景气……
美国的景气……
物价情况……
利率情况……
股价情况……
汇率情况……

也就是说，景气不光指一个方面的情况，而是代表整体。在英语中也同样用“business”这个单词来表示整体经济状况。

1 在日语中，“景气”一词的发音很像“蛋糕”。——译者注

景气扩大 景气回复，景气扩张

景气这个东西，时好时坏、**循环**往复（☞ P.196）。从最差的**景气低谷**开始，逐渐变好的过程称为“**景气扩大**”，也可以称为“**景气恢复**”或“**景气扩张**”。在景气扩大的局面下，物价、利率和股价都会随之上涨。

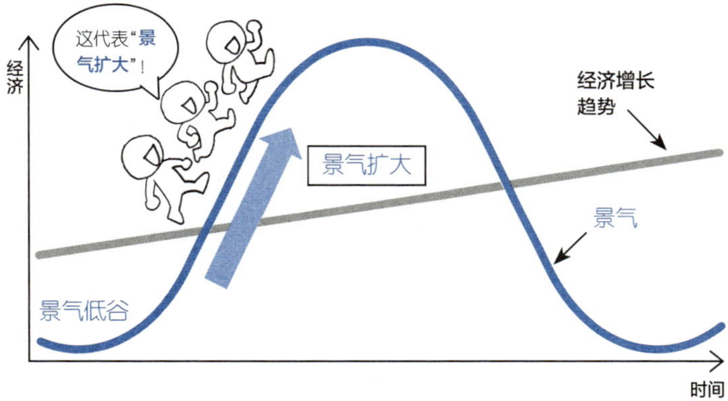

景气衰退 景气收缩，景气缩小

随着景气持续扩大，最终会迎来**景气高峰**（☞ P.197），转而进入“**景气衰退**”的局面。景气逐渐变差，再次朝景气低谷的方向发展。在景气衰退的局面中会迎来物价、利率和股价的下跌。这样一来，就形成了**景气周期**（经济周期）。

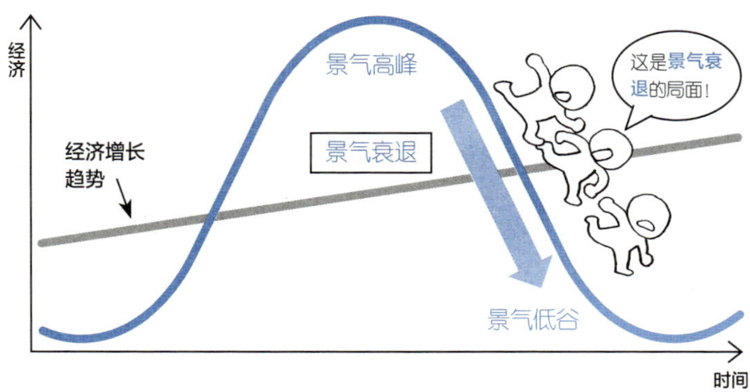

繁荣

好景气

景气扩大、景气处于良好状态等称为"**繁荣**"（**好景气**）。这时，各项经济活动处于活跃状态，企业生产和个人消费都会增加，物价、利率和股价也会随之上涨。反之，景气处于不良状态时称为"**萧条**"。

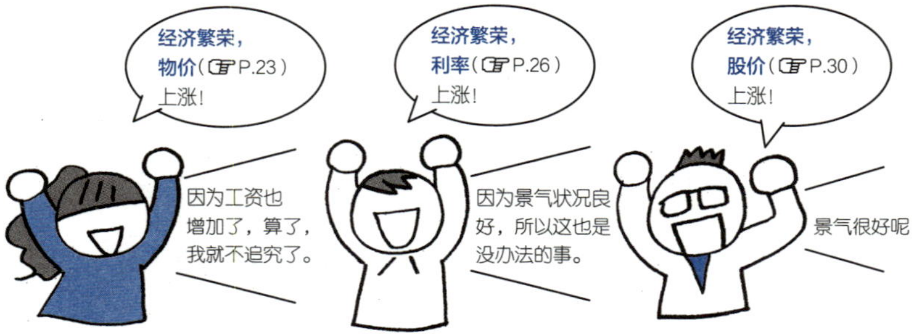
经济繁荣，
物价（☞P.23）
上涨！
因为工资也
增加了，算了，
我就不追究了。
经济繁荣，
利率（☞P.26）
上涨！
因为景气状况良
好，所以这也是
没办法的事。
经济繁荣，
股价（☞P.30）
上涨！
景气很好呢！

区分经济是繁荣还是萧条，有两种方法。

一种方法是当经济增长超过平均增长趋势时称为"**繁荣**"；低于平均增长趋势时称为"**萧条**"。从这个角度出发，景气状况只有繁荣或者萧条两种，不存在中间状态。

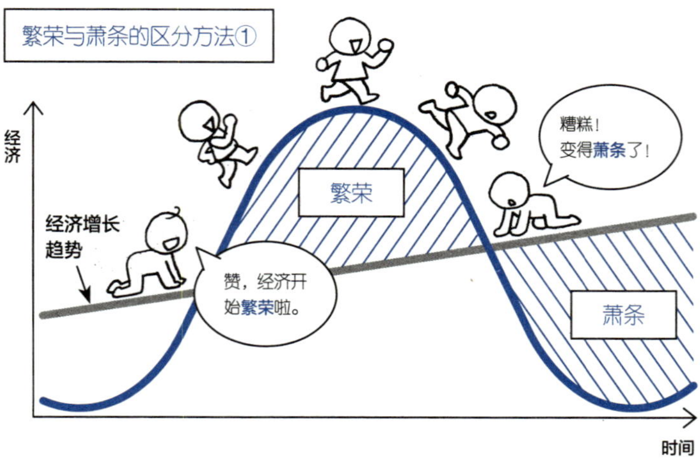
繁荣与萧条的区分方法①
经济
经济增长
趋势
赞，经济开
始繁荣啦。
繁荣
糟糕！
变得萧条了！
萧条
时间

萧条

不景气

区分经济是繁荣还是萧条的另一种方法是处于接近景气高峰时的良好经济状态，被称为“**繁荣**”；处于接近景气低谷的不良经济状态被称为“**萧条**”（**不景气**）。这种区分方法在繁荣和萧条之间，加入了景气回复期和景气衰退期，形成了“景气回复→繁荣→景气衰退→萧条”这样的景气循环。

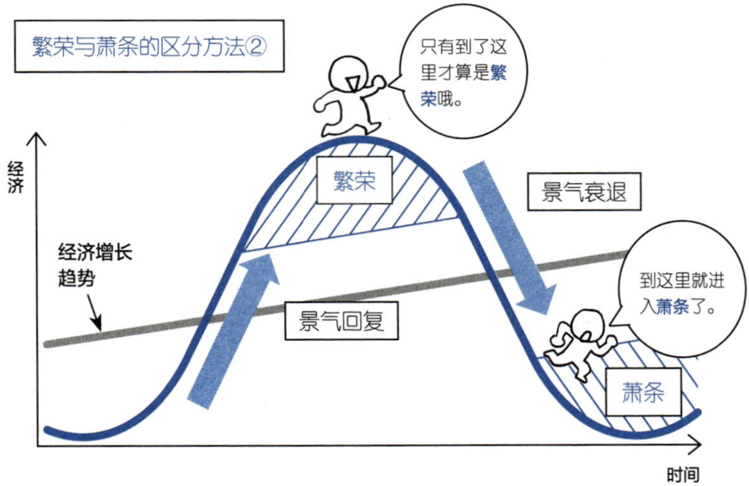
繁荣与萧条的区分方法②
只有到了这里才算是繁荣哦。
经济
繁荣
景气衰退
经济增长趋势
到这里就进入萧条了。
景气回复
萧条
时间

萧条会导致经济停滞，企业生产和个人消费也会减少。除了物价、利率和股价等会下跌以外，租金也会停留在较低水平无法增长。另外，社会整体的工作岗位会减少，失业率将会上升。

经济萧条导致工资停滞不前！
这样一来就没钱消费了。
经济萧条导致消费减少！
企业也只能减产了。
经济萧条导致缺乏工作岗位！
因为企业减产导致这种局面出现。

景气指标

究竟如何判断景气状况是好是坏呢？这时就需要了解“**景气指标**”了。狭义的景气指标指的是日本政府每月公布的**经济景气指数**，广义的景气指标则包含日本银行每3个月公布一次的针对企业的问卷调查（**短观**）和**GDP速报**等统计指标的情况。

除此之外，还有分时效的景气指标。比如与景气发展态势几乎保持同步的指标（**一致指标**），有先行而动的指标（**先行指标**），也有延迟表现的指标（**滞后指标**）。按时效范围不同，景气指标一般分为以下三种。

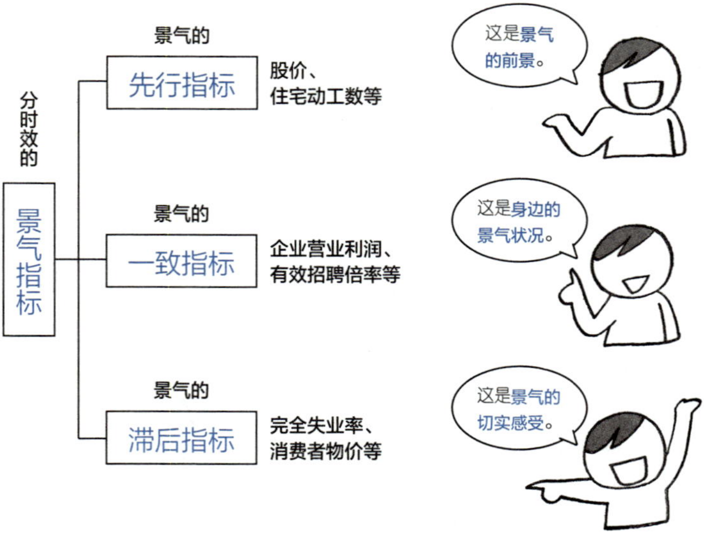

先行指标，让我们了解景气的前景。
一致指标，让我们了解身边的景气状况。
滞后指标，让我们切身体会景气的衰退或者恢复。

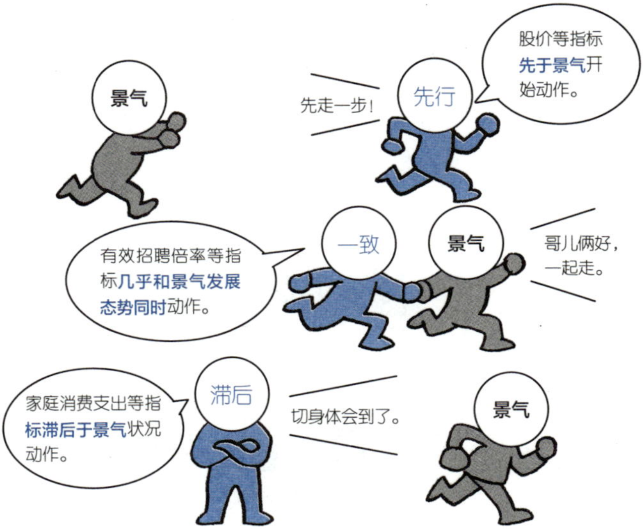

景气
先走一步！
先行
股价等指标先于景气开始动作。
有效招聘倍率等指标几乎和景气发展态势同时动作。
一致
景气
哥儿俩好，一起走。
家庭消费支出等指标滞后于景气状况动作。
滞后
切身体会到了。
景气

短观报告 日银短观、全国企业短期经济观测调查

景气指标之一的“**短观报告**”（**日银短观，全国企业短期经济观测调查**），其实是**日银**（**日本银行** ☞ P.226）每季度所进行的问卷调查的结果。问卷调查以全日本约1万家公司（经营者）为对象，调查他们对于景气的现状怎么看［**景况感**，（☞ P.270）］，如何考量经济发展前景（景气预测）等问题。

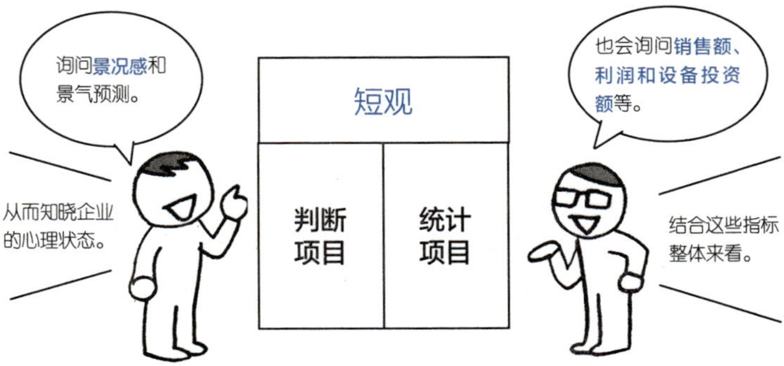

询问景况感和景气预测。
从而知晓企业的心理状态。
短观
判断项目
统计项目
也会询问销售额、利润和设备投资额等。
结合这些指标整体来看。

GDP

国内生产总值

为什么“**GDP**”（**国内生产总值，Gross Domestic Product**）的速报会成为景气指标之一呢？那是因为GDP反映了整个**国家的经济规模**。当经济规模扩大时，会形成“经济活动活跃→景气良好”的关系，反之，当经济规模缩小时，会形成“经济活动停滞→景气不好”的关系。

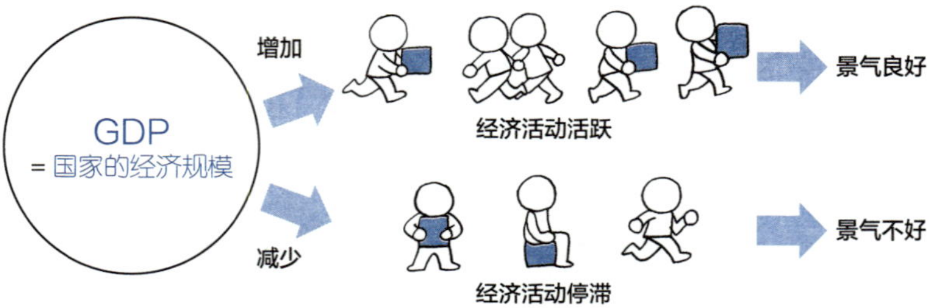
GDP
= 国家的经济规模
增加
经济活动活跃
景气良好
减少
经济活动停滞
景气不好

GDP是指在一定时期内“**国内产出附加值的总额**”。其中“**国内**”是关键点。

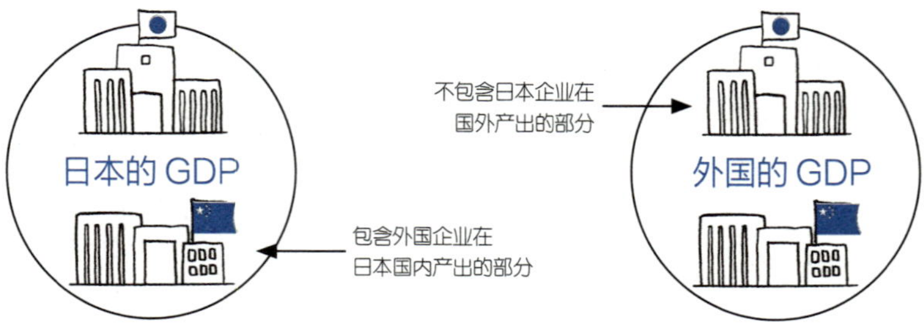
日本的 GDP
包含外国企业在
日本国内产出的部分
不包含日本企业在
国外产出的部分
外国的 GDP

通过计算各国的GDP，能够比较出各国的经济规模。通过计算**人均GDP**（☞ P.170）则能够测算出该国的生产率。

日本
你们的 GDP
比较高啊。
看人均的话，
还是日本高哦。
中国

那么问题来了，“**附加值**”（☞ P.162）又是什么呢？概括来讲，附加值就是人和企业为商品或服务所添加的价值。

附加值的含义

例如，将用90日元从制造商那里采购的产品，以100日元的价格销售出去，其中的差额——10日元，就成了**附加值**。

那家供货的制造商，用70日元采购零部件，将其组装后，以90日元的价格销售出去，其中的差额——20日元，就成为**附加值**。

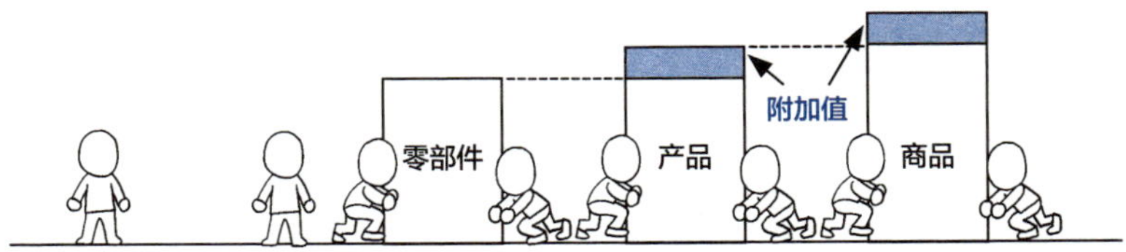

那家零部件制造商，用40日元采购原材料以制造零部件，再将其以70日元的价格销售出去，其中的差额——30日元，就成为**附加值**。

原材料供应商生产原材料，并将其以40日元的价格销售出去，那40日元就成为**附加值**。

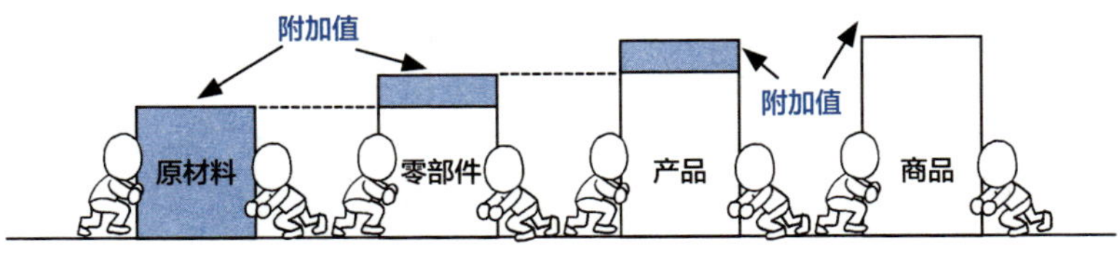

像这样，国内的人和企业产出的所有附加值的总和就是GDP。需要注意的是，这里的零部件、产品和商品，其自身的价值并没有计算到附加值内。

外需

GDP中不包含日本企业在国外产出的附加值，却包含在日本生产出口到国外的部分。这其实属于国外的需求，简称“**外需**”。然而，由于要减掉进口的部分，实际上计入外需的是用出口额减去进口额得到的“净出口”额。

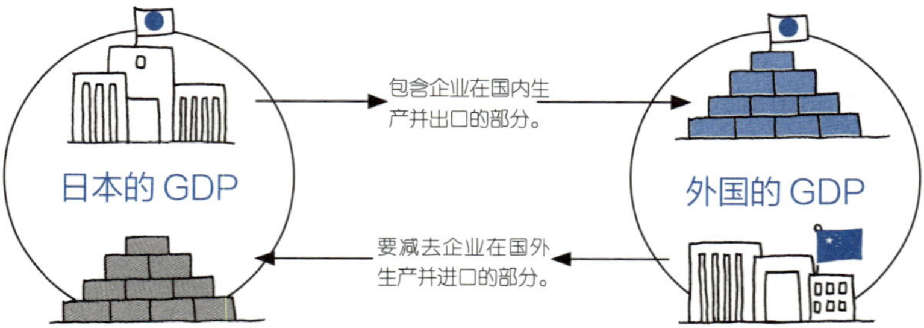

日本的 GDP
包含企业在国内生产并出口的部分。
外国的 GDP
要减去企业在国外生产并进口的部分。

内需

国内的需求被称为“**内需**”。GDP就是外需和内需之和。在内需中，不仅包含私营企业部分，还包含政府公共投资等。GDP就是“私人部门”“政府部门”（**公共部门**，☞ P.202）和“海外部门”（净出口）附加值的总和。

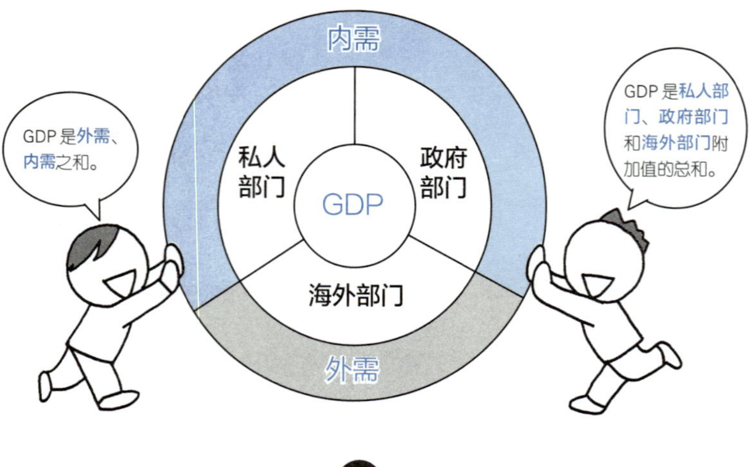

内需
GDP 是外需、内需之和。
私人部门
GDP
政府部门
海外部门
外需
GDP 是私人部门、政府部门和海外部门附加值的总和。

分季度GDP速报（Quarterly Estimates，QE）

内阁府针对**每季度**进行估算，并在季度结束后的一个半月发表“**GDP速报值**”，简称“**QE**”，也是景气指标之一。GDP在1次速报之后，仍有可能进行2次速报、确报、确确报来对其数值进行更正，这样的情况屡见不鲜。

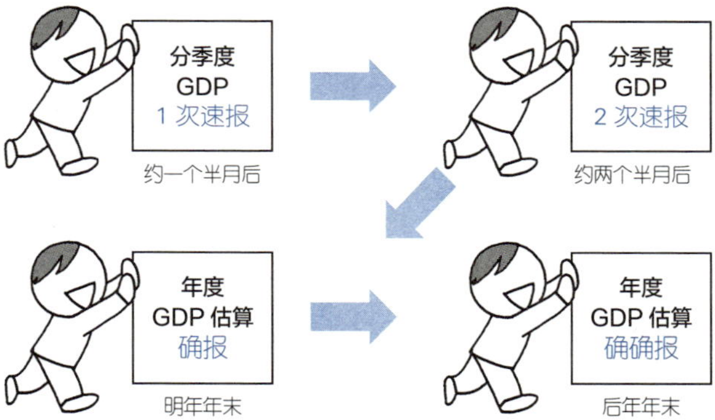

GNP 国民生产总值

与GDP相对，“**GNP**”是**国民生产总值**。因为是“国民”，所以也包含日本企业在国外产出的附加值。以前也会作为评测景气的指标来使用，但是在引入**国民经济核算**（☞ P.164）之后，现在更为重视能够正确反映景气状况的GDP。

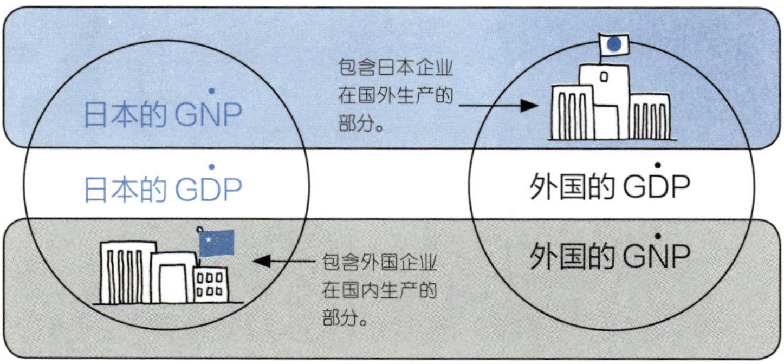

财政

GDP计算的是私人部门、政府部门和海外部门的附加值总和（☞P.18），而这其中政府部门的经济活动称为“**财政**”。具体是指政府通过税金、国债等手段募集资金，实施社会保障等公共服务，或者修建道路等公共设施。

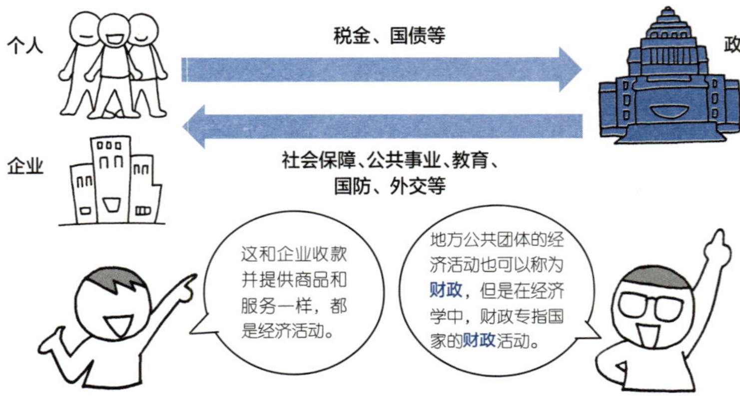
个人
企业
税金、国债等
政府
社会保障、公共事业、教育、国防、外交等
这和企业收款并提供商品和服务一样，都是经济活动。
地方公共团体的经济活动也可以称为财政，但是在经济学中，财政专指国家的财政活动。

基础财政收支（Primary Balance，PB）

从表示国家财政收入的“**岁入**”中去除国债（贷款部分），并从财政支出“**岁出**”中去除国债成本后，就能看出基础财政的平衡关系。近几年日本的PB持续处于亏损（赤字）状态。

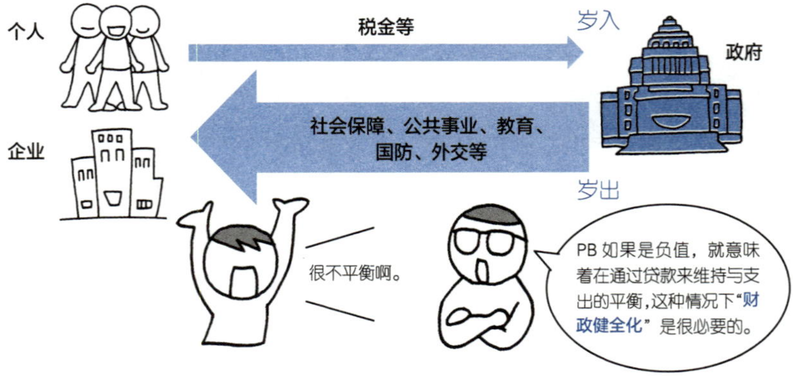
个人
企业
税金等
岁入
政府
社会保障、公共事业、教育、国防、外交等
岁出
很不平衡啊。
PB如果是负值，就意味着在通过贷款来维持与支出的平衡，这种情况下“财政健全化”是很必要的。

财政政策

政府通过财政手段所施行的经济政策称为“**财政政策**”。财政政策的作用主要有以下3个方面。

财政政策的第 1 个作用

⇒ **是对公共设施进行必要的建设整修**

资源配置 ☞P.203

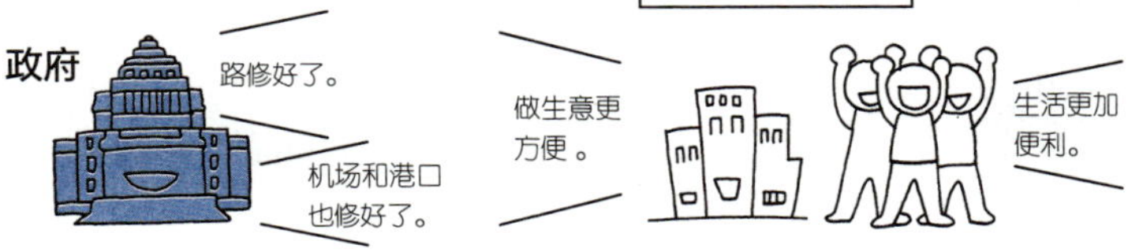

政府
路修好了。
机场和港口也修好了。
做生意更方便。
生活更加便利。

财政政策的第 2 个作用

⇒ **是对收入进行公正的分配**

收入再分配 ☞P.204

从高收入人群中收取较多的税金。
完善低收入人群的社会保障。

财政政策的第3个作用，是在景气状况不好的时候改善现状并稳定经济。国家的财政规模是十分巨大的，通过**财政政策**能够对景气状况施加影响。

财政政策的第 3 个作用

⇒ **是减弱景气变动**

稳定经济 ☞P.204

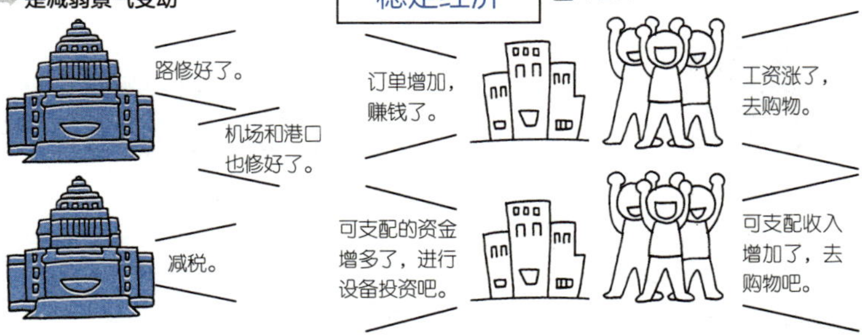

路修好了。
机场和港口也修好了。
订单增加，赚钱了。
工资涨了，去购物。
减税。
可支配的资金增多了，进行设备投资吧。
可支配收入增加了，去购物吧。

基础建设能够直接增加企业订单，从而刺激经济。减税能让企业和个人的可支配资金增加，有提振**设备投资**（☞ P.277）和消费的作用。这么一来，政府就控制住了景气状况。

金融政策

与政府的财政政策相对应，作为日本**中央银行**的**日本银行**（☞ P.226）**所施行的经济政策**则称为“**金融政策**”。日银的金融政策往往通过在一定的标准下引导市场利率，或者调节流通资金量等手段影响景气状况。

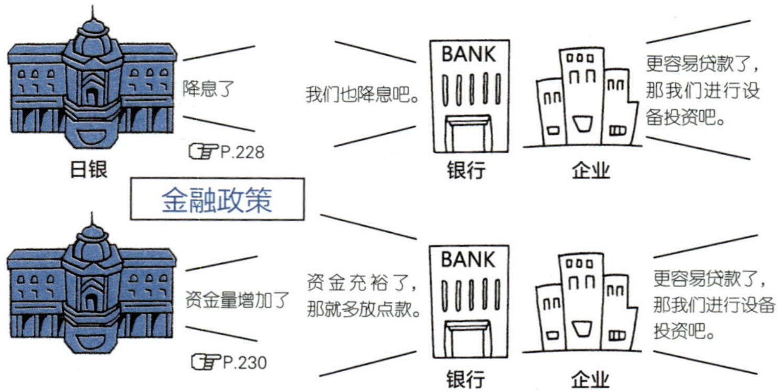

日银
降息了
☞P.228
我们也降息吧。
BANK
银行
更容易贷款了，那我们进行设备投资吧。
企业
金融政策
资金量增加了
☞P.230
资金充裕了，那就多放点款。
BANK
银行
更容易贷款了，那我们进行设备投资吧。
企业

金融政策以前也会使用“**法定利率操作**”（☞ P.228）和“**存款准备金率操作**”（☞ P.232）等手段，不过现在基本以“**公开市场操作**”，即通称的“**操作**”（☞ P.230）为中心来展开。其操作手段一般是指以金融机构为对象而进行的放贷和国债买卖等。

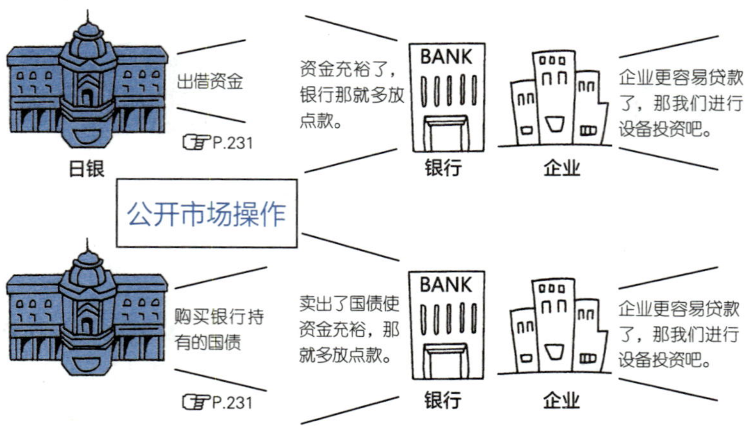

日银
出借资金
☞P.231
资金充裕了，银行那就多放点款。
BANK
银行
企业更容易贷款了，那我们进行设备投资吧。
企业
公开市场操作
购买银行持有的国债
☞P.231
卖出了国债使资金充裕，那就多放点款。
BANK
银行
企业更容易贷款了，那我们进行设备投资吧。
企业

物价

日银采取金融政策，最重要的目标就是保证“**物价稳定**”。甚至可以把日银叫作“物价守护者”。

> 日本银行法　第二条
> 日本银行（……），要通过**谋求物价稳定**来助益国民经济健全发展（……）。

为什么“物价稳定”是金融政策最重要的目标呢？我们虽然常说物价上升和物价下降，然而“物的价值”其实并没有变化。1个面包，不管卖100日元还是110日元，它终究是1个面包，变化的只是“货币价值”而已。

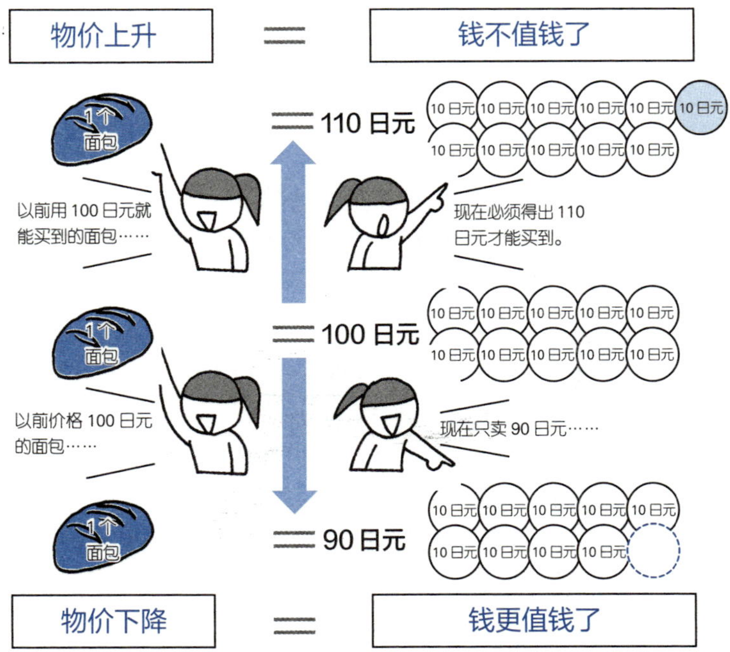
物价上升
=
钱不值钱了
1个面包
= 110 日元
以前用 100 日元就能买到的面包……
现在必须得出 110 日元才能买到。
1个面包
= 100 日元
以前价格 100 日元的面包……
现在只卖 90 日元……
1个面包
= 90 日元
物价下降
=
钱更值钱了

如果货币价值变化无常，那么人们既无法安心花钱，也无法安心存钱。因此，**物价稳定**是一切经济活动的基础。

物价稳定目标

物价和**景气**之间有着密切的联系。景气扩大时，物价有随之上涨的趋势；景气衰退时，物价有随之下降的趋势。

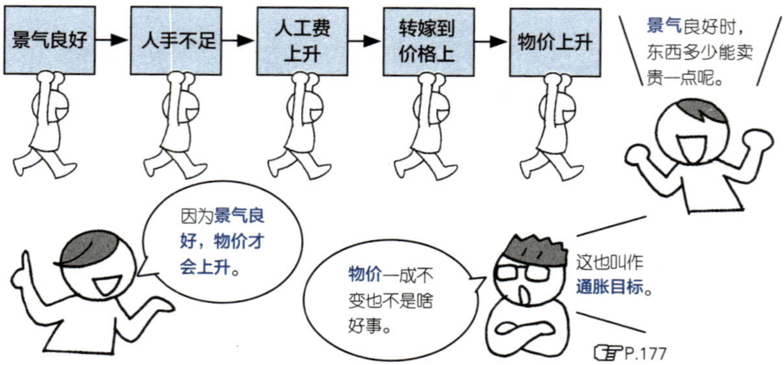

因此，日银以物价稳定为目标，并不是指物价上涨率为0。比如2018年1月，就以物价上涨率2%为“**物价稳定目标**”。

物价上涨率 通胀率

“**物价上涨率**”指的是物价相对上一个月或者上一年上涨的百分比。可以从各种**物价指数**（P.174）的变动中计算出物价上涨率。

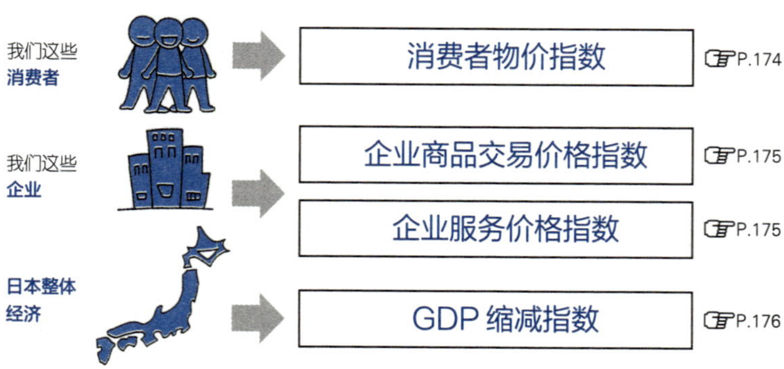

其中，日银的“物价稳定目标”，是指居民消费物价与前一年相比上涨率不超过2%。

通货膨胀 通胀

物价持续上涨的状态称为“**通货膨胀**”。和景气状况联系到一起，可以说，在经济形势良好的时候，更容易引发**通胀**。

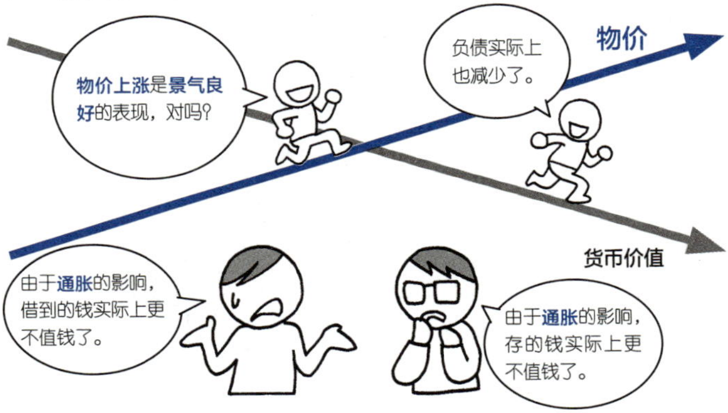
物价上涨是景气良好的表现，对吗?
负债实际上也减少了。
物价
货币价值
由于通胀的影响，借到的钱实际上更不值钱了。
由于通胀的影响，存的钱实际上更不值钱了。

通胀会让负债减少，同时也会使借到的钱和存的钱贬值。所以，过度的通胀并不可取。

通货紧缩 通缩

“**通货紧缩**”正好是通胀的反面，即物价处于持续下跌的状态。在经济不景气时更容易引起通缩。

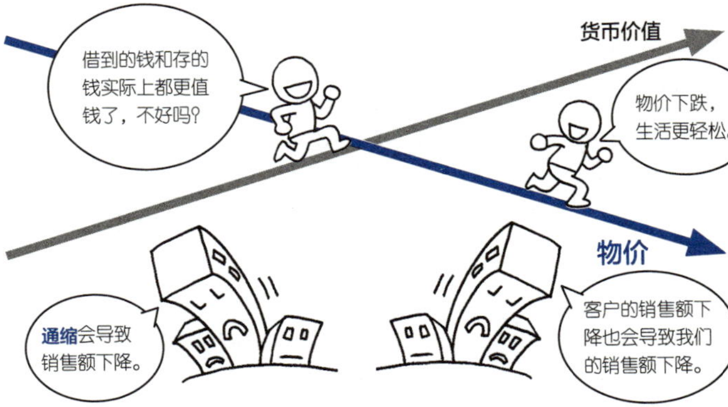
货币价值
借到的钱和存的钱实际上都更值钱了，不好吗?
物价下跌，生活更轻松。
物价
通缩会导致销售额下降。
客户的销售额下降也会导致我们的销售额下降。

这种状态一旦持续下去，会陷入通缩和经济不景气的无限恶性循环中，即进入“**螺旋式通缩**”（☞P.178）。

利率

利率和**景气**之间也有密切的联系。利率是指贷款时通过借出金钱而获得利润的比率。获得的利润金额称为“**利息**”或者“**利钱**”。

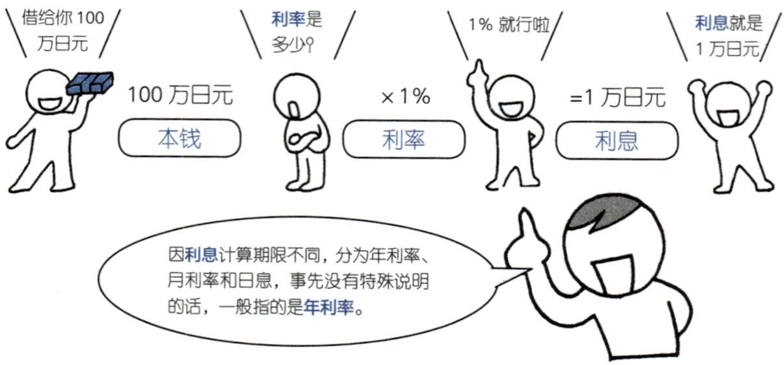
借给你100万日元
利率是多少?
1%就行啦
利息就是1万日元
100万日元
本钱
×1%
利率
=1万日元
利息
因利息计算期限不同，分为年利率、月利率和日息，事先没有特殊说明的话，一般指的是年利率。

根据存款储蓄种类的不同，利率会有所差异。经济学中出现的利率一般是指整体的利率水平。而整体利率水平是由人们想借钱的需求和想借出钱的供给之间的关系所决定的。因此，景气良好时，利率有随之上涨的趋势；而景气恶化时，利率有随之下跌的趋势。

想进行设备投资
想消费
想借钱
我借给你
欢迎光临!
需求如此旺盛，不如提高利率吧。
利率高了，更难借到钱了。

放弃设备投资
放弃消费没办法。
利率太高
利率好高啊。
唉……
需求如此消沉，不如降低利率吧。
利率低了，更容易借到钱了。

像这样，利率也会反作用于景气状况。利率水平在景气良好时上升，在景气恶化时下降，它总是在**抑制景气变动的方向上来回浮动**。这是利率和景气之间的基本关系，当然也有特殊情况（☞P.29）。

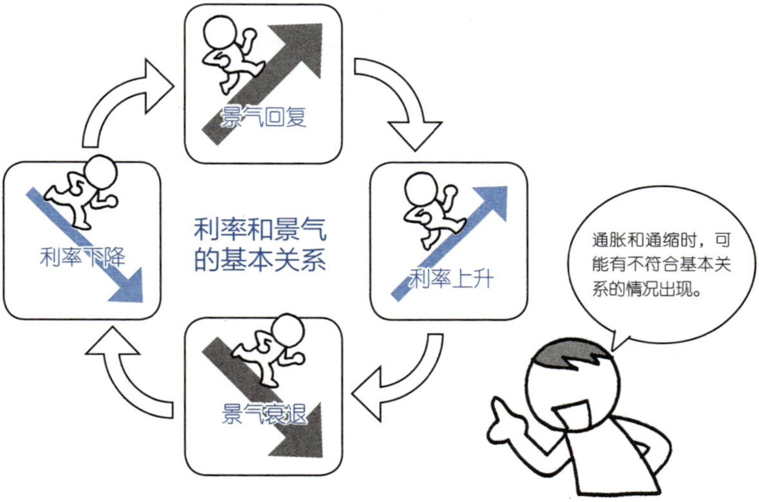

长期利率 经济体温计

利率包括“**长期利率**”和“**短期利率**”。资金借贷期限超过1年时的利率称为“**长期利率**”。长期利率水平是由市场对未来的预期所决定的，正因为反映了对景气状况未来的预期，所以也把长期利率水平叫作“**经济体温计**”。

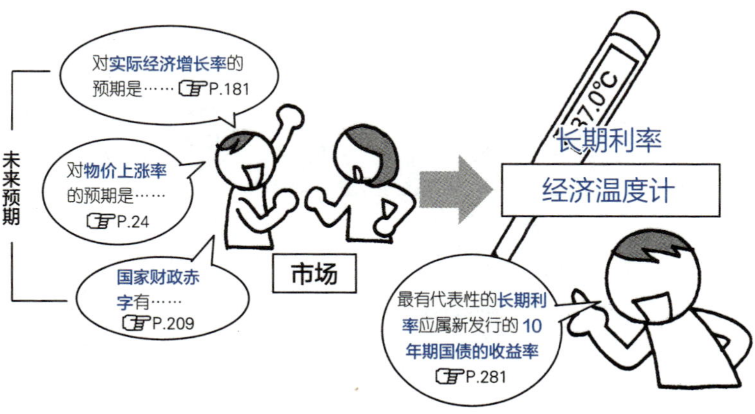

短期利率

与长期利率相对应，借贷期限未满 1 年的利率称为“短期利率”。短期利率水平与其说是由市场决定的，倒不如说是由金融政策决定的。这是因为日银将短期利率部分视为金融政策的操作目标。这也就是能反过来利用利率和景气之间的关系，通过利率的上升、下降，对景气状态施加影响的原因。

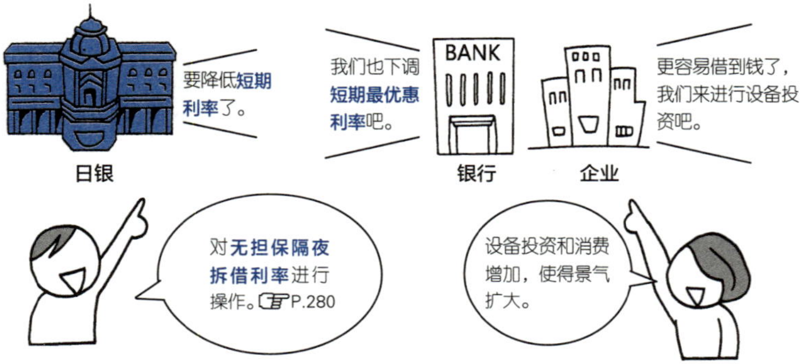
要降低**短期利率**了。
日银
我们也下调**短期最优惠利率**吧。
BANK
银行
更容易借到钱了，我们来进行设备投资吧。
企业
对**无担保隔夜拆借利率**进行操作。☞P.280
设备投资和消费增加，使得景气扩大。

最优惠利率 最优惠贷款利率

银行向信用良好的企业贷款时的利率称为“最优惠利率”。其中有短期也有长期，分别叫作“短期最优惠利率”和“长期最优惠利率”。短期最优惠利率会受到短期利率水平的影响，长期最优惠利率会在短期的基础上上浮一定的百分比。这样一来，短期利率水平就会对其他利率产生影响。

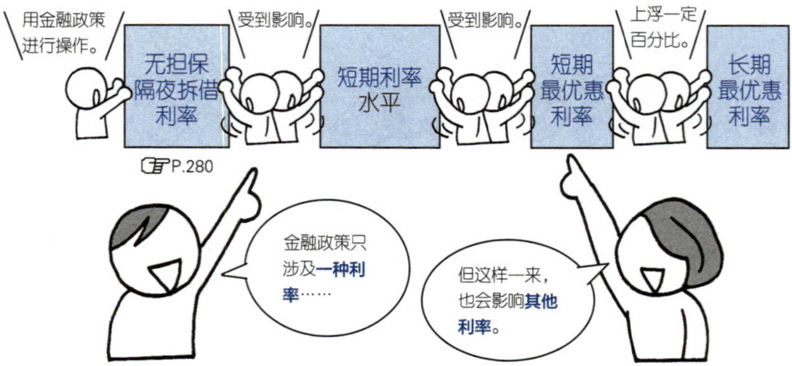
用金融政策进行操作。
无担保隔夜拆借利率
☞P.280
受到影响。
短期利率水平
受到影响。
短期最优惠利率
上浮一定百分比。
长期最优惠利率
金融政策只涉及**一种利率**……
但这样一来，也会影响**其他利率**。

经济滞胀

如前文所示（☞ P.27），利率和景气的基本关系存在特殊情况。例如，景气在衰退中却发生了**通胀**，本该下降的利率反而上升，使得景气状况愈加恶化。萧条和通胀并存的状况，被称为“**经济滞胀**”。

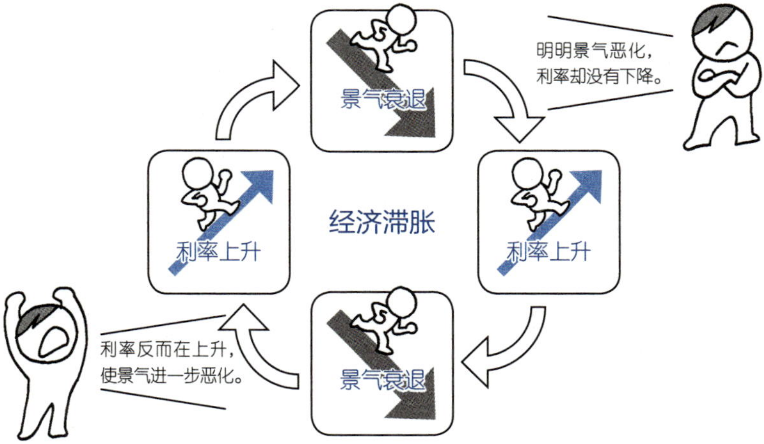
景气衰退
明明景气恶化，
利率却没有下降。
利率上升
经济滞胀
利率上升
利率反而在上升，
使景气进一步恶化。
景气衰退

反之，**通缩**的时候，利率本应降低来促进景气扩大，但有时候，无论怎么降低利率，景气也无法回复。近年来，日本所经历的长期通缩，正是以这种模式展开的。

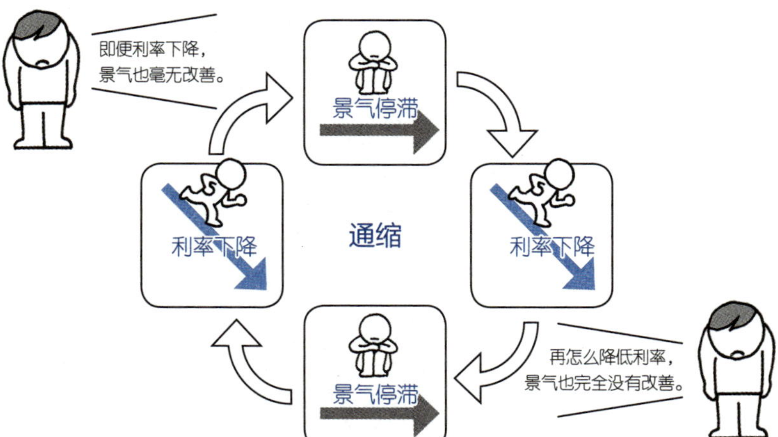
即便利率下降，
景气也毫无改善。
景气停滞
利率下降
通缩
利率下降
景气停滞
再怎么降低利率，
景气也完全没有改善。

股价

经济之镜

"**股价**"和**景气**之间的密切关系是无须用言语来形容的。一言以蔽之，股价是景气状况的**先行指标**（☞ P.14），因此也被称作"经济之镜"。然而，它们之间的关系并不仅限于此，股价上涨会领先于景气扩大，并促进景气扩大程度进一步提升。

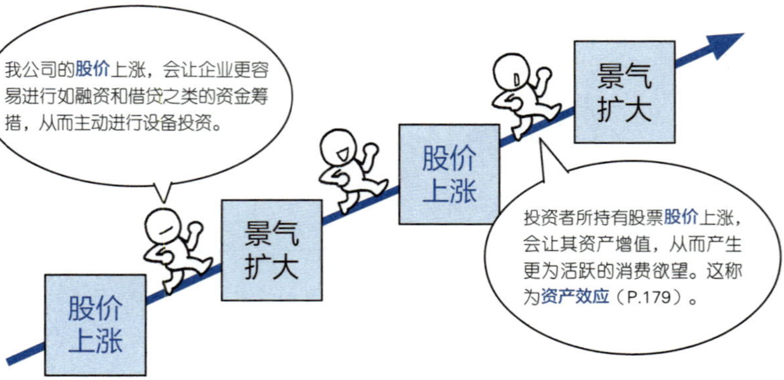

我公司的股价上涨，会让企业更容易进行如融资和借贷之类的资金筹措，从而主动进行设备投资。
股价上涨
景气扩大
股价上涨
景气扩大
投资者所持有股票股价上涨，会让其资产增值，从而产生更为活跃的消费欲望。这称为资产效应（P.179）。

作为景气状况的先行指标，股价在**景气高峰**（☞ P.197）到来之前就会开始下跌。接下来，股价下跌会进一步助长景气衰退。可以看出，股价和景气之间存在上升和下跌的相互作用。

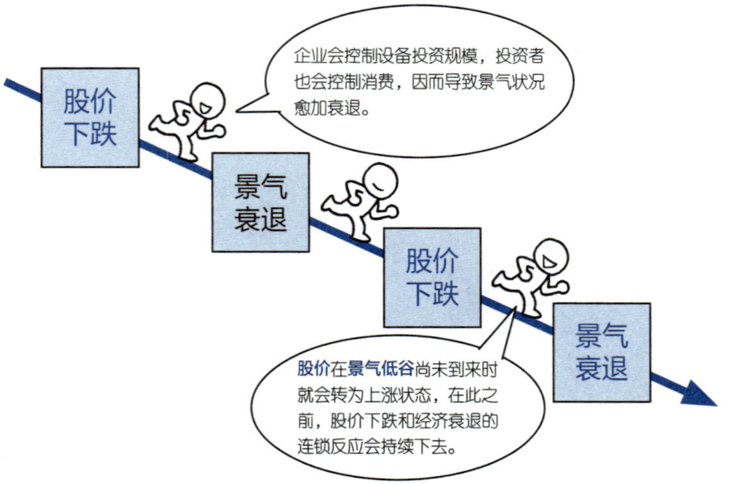

股价下跌
企业会控制设备投资规模，投资者也会控制消费，因而导致景气状况愈加衰退。
景气衰退
股价下跌
景气衰退
股价在景气低谷尚未到来时就会转为上涨状态，在此之前，股价下跌和经济衰退的连锁反应会持续下去。

日经平均股价 日经平均，日经 225

无论景气状况是好是坏，企业各自的股价总有涨有跌。为了观察整体股价水平而引入了所谓“**股价指数**”的概念。“**日经平均股价**”就是表示东京证券交易所（东证）股价的代表性股价指数。

这是由日本经济新闻社根据东证的数据计算出的。
选定东证市场1部具有代表性的225只交易品种。
日经平均股价 日经225
每5秒计算一次并公布。
是225只交易品种股价的加权平均值。
批准采纳的交易品种将可以替换原有交易品种。

东证股价指数 Tokyo Stock Price Index，TOPIX

另一个代表性的股价指数就是“东证股价指数”，是由东京证券交易所每秒计算一次并公布的。一般会规定某一个时间点的数值为100或者1000的整数，股价指数就是以之为基准做比较得出的数值。东证股价指数是以1968年1月4日的收盘价为基准的，其值规定为100。

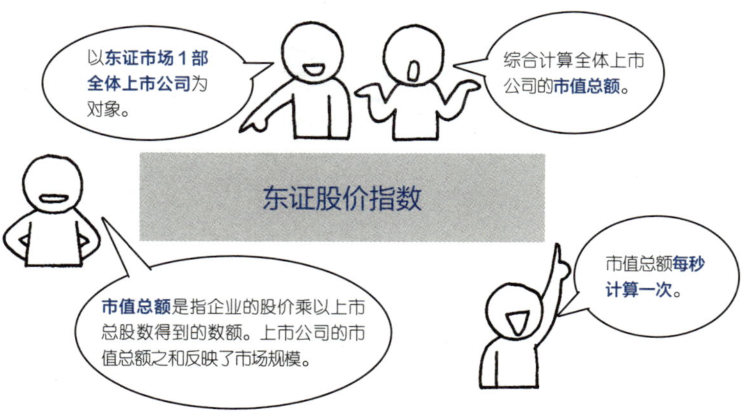
以东证市场1部全体上市公司为对象。
综合计算全体上市公司的市值总额。
东证股价指数
市值总额是指企业的股价乘以上市总股数得到的数额。上市公司的市值总额之和反映了市场规模。
市值总额每秒计算一次。

汇兑

国际汇兑、外汇

“**汇兑**”和景气也存在互相影响的关系。“汇兑”原本是指不动用现金而将款项支付给收款人的手段总称。然而到了今天，说起汇兑基本都是在指**国际汇兑**。因此，汇兑与景气之间有密切的联系，确切来说是**国际汇兑市场**（☞P.54）的动向和景气有密切关系，不过这种关系并不简单。

景气对汇兑施加影响

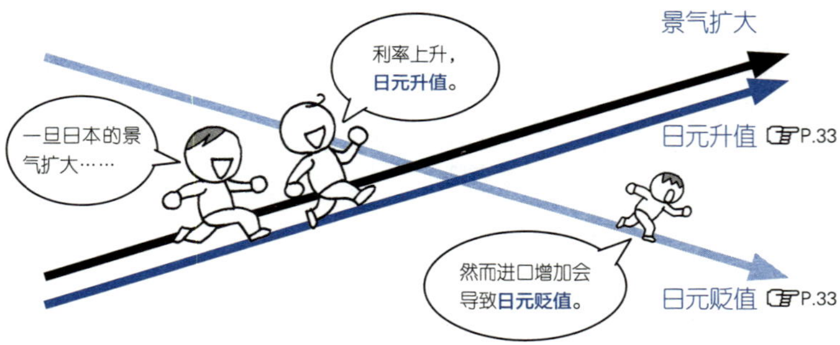
一旦日本的景气扩大……
利率上升，日元升值。
然而进口增加会导致日元贬值。
景气扩大
日元升值 ☞P.33
日元贬值 ☞P.33

汇兑对景气施加影响

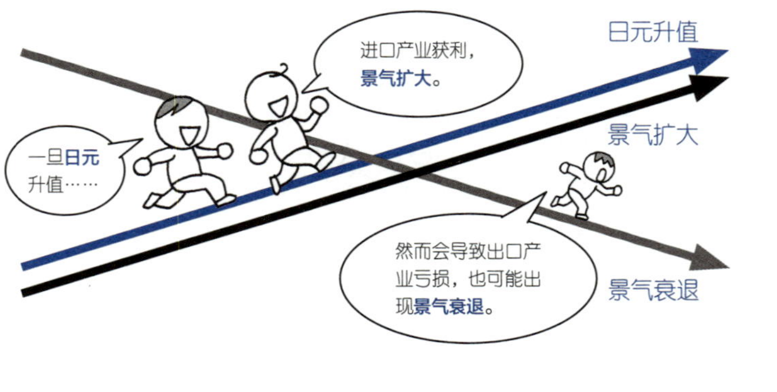
一旦日元升值……
进口产业获利，景气扩大。
然而会导致出口产业亏损，也可能出现景气衰退。
日元升值
景气扩大
景气衰退

因此，景气和汇兑之间既可能有加成关系，也可能有减缩关系。究竟哪种关系起主导作用，还得取决于当时的经济状况和国际形势。

日元升值　日元升值美元贬值，日元升值欧元贬值等

出现“**日元升值**”的时候，就意味着汇兑市场中“日元”金额减少了，这里的“金额”指的是在外汇市场中表示“1美元能买到多少日元”的金额。

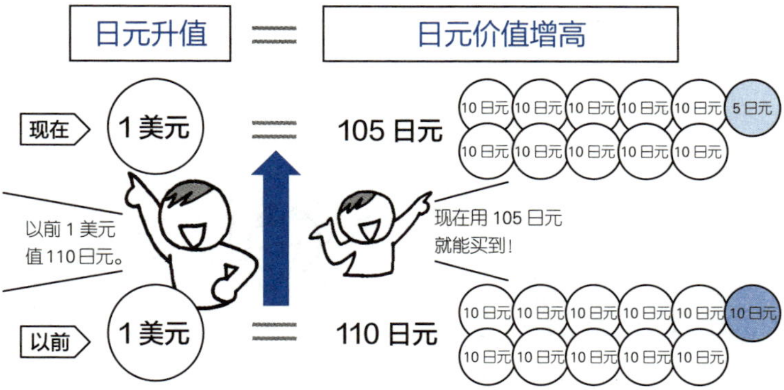

一般而言，出现日元升值时，人们脑海会浮现景气变坏的印象。这是由于日本曾长期处于**贸易顺差**（☞ P.48）状态，即出口大于进口。

日元贬值　日元贬值美元升值，日元贬值欧元升值等

在以出口为主的情况下，当出现“日元贬值”时，出口行业受到的益处要远大于进口行业受到的损失，因此景气状况也会改善。

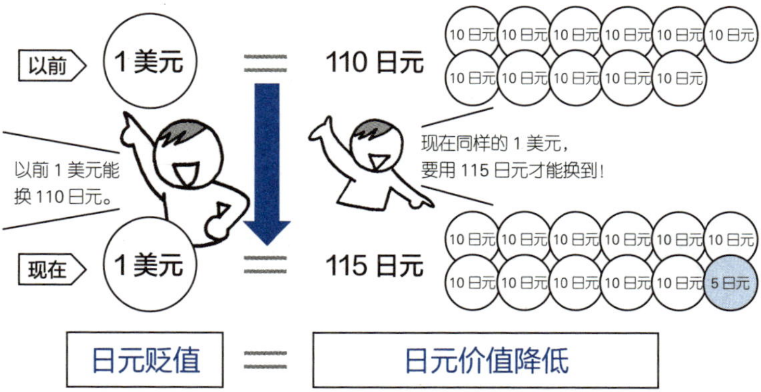

不过日本近年来也出现了好几年进口大于出口的**贸易逆差**（☞ P.48）状况。所以不能一概而论，即日元贬值并不意味着景气状况改善。

泡沫经济

泡沫、泡沫景气

当景气持续扩大时，在实体经济之外，会产生如膨胀的泡沫一样的经济状态，称为“**泡沫经济**”。而“**泡沫**”又是怎么产生的呢？

通常物品市场
泡沫经济市场
这东西贵了好多呢。
太贵就不买了。
股票还有很大上涨空间哦。
只要股票涨，有钱赚，我就买。

日本经济从20世纪80年代后半期开始经历的泡沫，是因为地价和股价的水涨船高，积聚起人们对于股票上涨收益的期待，从而进一步加剧了市场的投机成分。

泡沫破裂

然而，终究会有“**泡沫破裂**”的一天。当日本进入20世纪90年代时，泡沫导致地价和股价急速回落，景气状况急刹车。

通常的交易
泡沫破裂后的交易
钱还不起了。
用土地抵押吧。
钱还不起了。
成不良债权了！
抵押的土地廉价拍卖。

泡沫时期，银行同意通过抵押土地来进行融资。可泡沫破裂之后，银行会受困于长期的不良债权处理，甚至会出现社会问题。

失去的二十年

泡沫破裂之后，日本经济进入长期停滞时期（**失去的二十年**）。受到不良债权处理的拖累，金融机构相继破产。

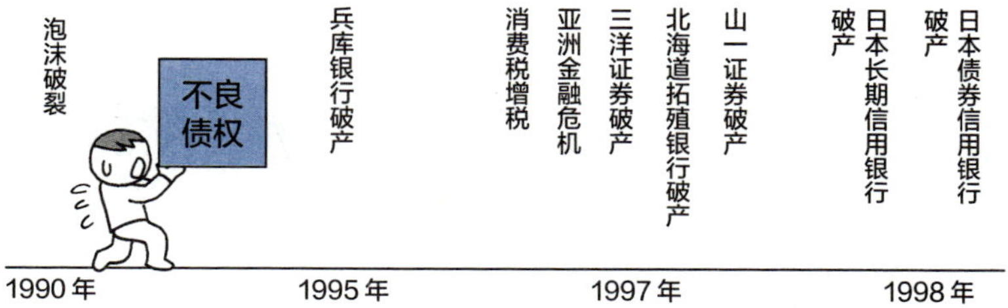

从2002年开始，日本进入一个名为“**伊弉冉（伊邪那美）景气**”（☞P.282）的景气回复期。但景气回复的幅度过于平缓，几乎让人感受不到。

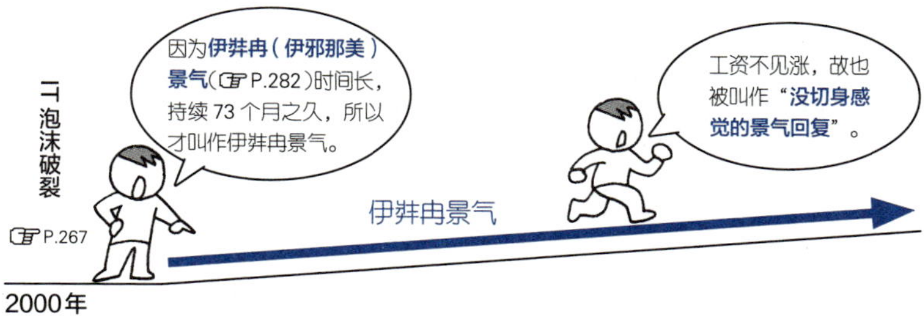

随后到了2008年，受到**雷曼事件**（☞P.67）的冲击，世界各地同时发生萧条，日本也再次落入负增长的境地。

自2012年开始，虽然从数据统计来看，日本进入了景气扩大的局面，但是幅度太过平缓，使得租金上涨幅度很小，有人说，这样下去会变成“失去的三十年”。

日本版金融大爆炸 金融系统改革

正值“失去的二十年”之时，政府积极推进金融系统改革。为了稳定经济形势，大规模放松了对金融交易设立的金融管制（☞ P.268）。现在金融市场理所当然的一些规则，都是那时出台的。

FX是指进行汇兑交易吧。
兆丰银行也持有证券公司股份呢。
在网络上进行证券交易手续费好便宜啊。
汇兑交易自由化 1998年
解禁金融机构企业持股限制 1998年
☞ P.269
股票交易手续费自由化 1999年

J-REIT是指房地产投资信托吧☞ P.267。
买一下试试。
ETF是指上市投资信托☞ P.262。
解禁房地产投资信托 2000年
解禁上市投资信托 2000年

20世纪80年代，英国所进行的金融制度改革称作“大爆炸”，仿照此名称，这次对金融管制的放宽和撤销被称为“日本版金融大爆炸”，基本上都是在1998—2001年实施的。之后，也进一步放宽了对银行、保险、证券等行业的监管。

在邮局就可以买投资信托了。
变得好方便啊。
在银行窗口也能买保险了。
解禁邮局投资信托销售 2005年
解禁银行窗口保险销售 2007年

零利率政策

另外，日银在泡沫破裂后，采取了振兴经济的金融政策，即所谓的**货币宽松**（☞ P.266），其中代表性的政策就是**降息**。泡沫破裂之后，日本在1999年迎来了最坏的经济状况，日银将短期利率水平引导至0.15%（**零利率政策**）。

尽可能推进降低无担保隔夜拆借利率（☞ P.280）的政策。
到 0 也不错。
零利率政策来啦！
这么低的利率实际上跟 0 也差不多吧？
オーッ
利率可没法再降低了。
当时的日银总裁

量化货币宽松

一旦暂时解除零利率政策，马上就在21世纪初，再次迎来了**IT泡沫**（☞ P.267）的破裂。与此同时推行的政策，是为了谋求景气回复而增加市场资金量供给，即“**量化货币宽松**”。具体做法是，日银从金融机构购买债券，以增加经常账户余额。

将会进行金融市场调节，使日银的经常账户余额达到 × 万亿日元的程度。
主要操作目标是日本银行的经常账户余额。
这就是量化货币宽松。
利率引导呢？
嗯嗯。
只靠利率还是有局限性吧？
当时的日银总裁

量化和质化货币宽松 异次元宽松

量化货币宽松政策暂时解除之后，日银在2013年将操作目标变更为**货币基数**（☞ P.223）。在持续买入CP、公司债券、ETF、J-REIT的基础上，也开始购买长期国债（**量化和质化货币宽松**）。由于开始买入国债，对**长期利率**（☞ P.27）造成了直接的影响。

将会进行金融市场调节，使长期国债的保有量以每年大约 × 万亿日元的步调增加（质化货币宽松）。
和之前的政策不在一个次元。
异次元宽松来啦！
在量化的基础上加上了质化吗？
质化欸。
和之前的量化货币宽松有何不同？
当时的日银总裁

负利率政策

2016年引入了“**附加负利率的量化和质化货币宽松**”政策。在经常账户制度中设定了“**政策余额利率**”，并在这里应用了–0.1的“**负利率**”。更是从同年9月开始，引入了“**附加长短期利率操作的量化和质化货币宽松**”的政策。

对日本银行经常账户的政策余额利率应用 –0.1% 的负利率。
为了改变现在 10 年期国债利率的现状（0% 的程度），日银将买入长期国债。
负利率仅适用于金融机构。
利率是负的？
不买入国债了吗？
当时的日银总裁

安倍经济学

日银的金融政策，也是“**安倍经济学**”放出的第1支箭。安倍经济学，指的是安倍晋三内阁的经济政策，特别是指2012年所组成的第2次安倍政权采取的经济政策。其主要的政策以3支箭和新3支箭的形式来表现。

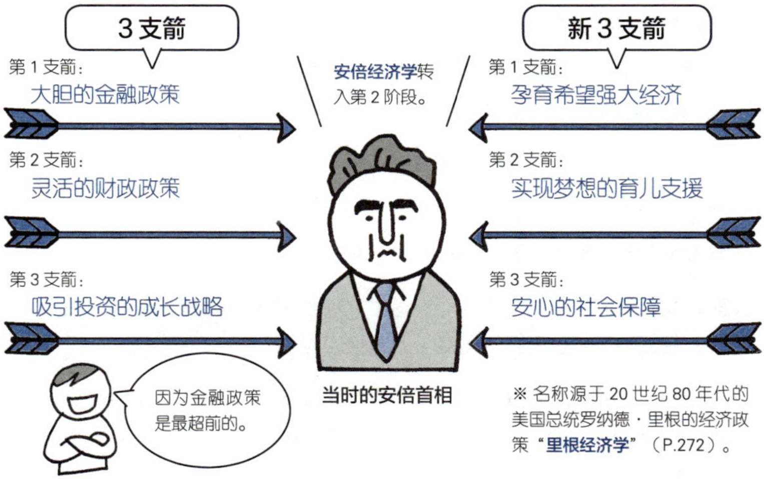
3支箭
第1支箭：
大胆的金融政策
第2支箭：
灵活的财政政策
第3支箭：
吸引投资的成长战略
安倍经济学转入第2阶段。
新3支箭
第1支箭：
孕育希望强大经济
第2支箭：
实现梦想的育儿支援
第3支箭：
安心的社会保障
当时的安倍首相
因为金融政策是最超前的。
※名称源于20世纪80年代的美国总统罗纳德·里根的经济政策“里根经济学”（P.272）。

格差社会

“**格差社会**”是一种阶级差异巨大的社会形式，特别是指在收入和资产等经济层面的阶级差异巨大。即使是发达国家，也免不了出现中产阶级消亡、富裕阶层和贫困阶层两极分化严重的情况。格差社会如今已成为世界性的问题。有的人认为，安倍经济学扩大了日本社会的阶级差距，也有一些人不情愿地承认，安倍经济学缩小了阶级之间的差距。

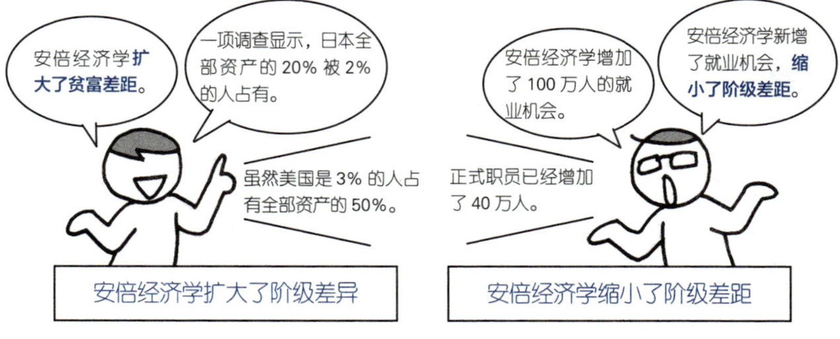
安倍经济学扩大了贫富差距。
一项调查显示，日本全部资产的20%被2%的人占有。
虽然美国是3%的人占有全部资产的50%。
安倍经济学扩大了阶级差异
安倍经济学增加了100万人的就业机会。
安倍经济学新增了就业机会，缩小了阶级差距。
正式职员已经增加了40万人。
安倍经济学缩小了阶级差距

用1分钟回顾一下！

本章的要点

- □ 对景气而言，存在“景气回复→繁荣→景气衰退→萧条”这样的循环。
- □ 景气状况的好坏，可以根据日银短观和GDP速报等景气指标来进行判断。
- □ GDP是指一定时期内国内产出附加值的总额。
- □ 国家基础财政收支被称为Primary Balance。
- □ 政府施行的财政政策具有三种功能：1. 资源配置；2. 收入再分配；3. 稳定经济。
- □ 日本银行（日银）作为日本的中央银行，通过公开市场操作等手段来施行金融政策。
- □ 日银金融政策最为重要的目标是稳定物价。
- □ 股价是景气状况的先行指标。代表性的股价指数主要有日经平均股价（日经225）和东证股价指数（TOPIX）。
- □ 汇兑也会对景气施加影响。例如，日元升值时会让进口行业更赚钱，使得景气扩大。然而对出口行业来说则是负面消息，也可能会导致景气衰退。
- □ 日银在2013年进行了量化和质化货币宽松（异次元宽松），在2016年进行了附加负利率的量化和质化货币宽松，这些都是为了保证物价稳定施行的金融政策。

who's who

卡尔·门格尔（1840—1921年）

奥地利著名经济学家。与杰文斯、瓦尔拉斯等同时发现了“边际效用理论”（☞P.99，P.249），是现代经济学的创始人。主要著作《国民经济学原理》。

Chapter 2

国际经济

身边的经济学关键词②

经济全球化

当今世界，跨国贸易和跨国投资非常活跃，资金和劳动力也能自由流动。正因如此，各国均以自己专精的领域为重点进行经济活动，从而推进**国际分工**（☞ P.266），使互利共赢成为可能。

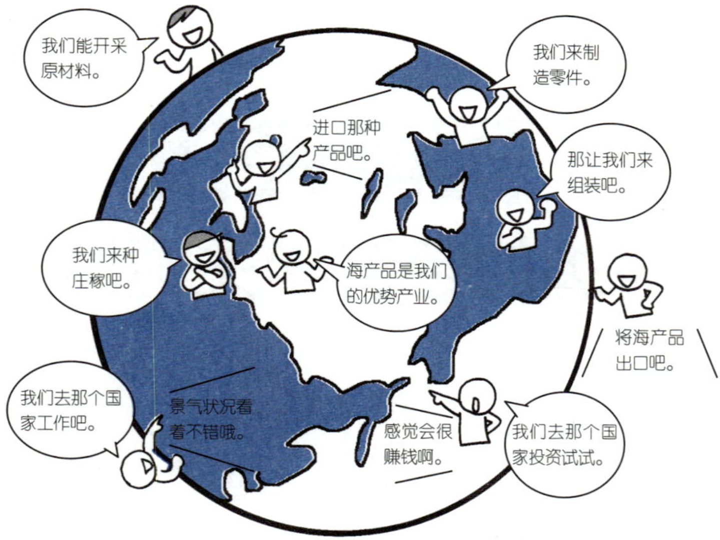
我们能开采原材料。
我们来制造零件。
进口那种产品吧。
那让我们来组装吧。
我们来种庄稼吧。
海产品是我们的优势产业。
将海产品出口吧。
我们去那个国家工作吧。
景气状况看着不错哦。
感觉会很赚钱啊。
我们去那个国家投资试试。

为何要推进"**经济全球化**"呢？一是因为20世纪90年代初结束了东西"冷战"之后，除了少部分国家之外，世界上大多数国家都转型为**市场经济**（☞ P.77）；二是因为计算机和网络等信息通信技术的进步和普及。

你们国家也是市场经济吗？
那么我们可以一起做生意。
虽然对方在地球的另一面。
现在也转型成市场经济了。
我们也是市场经济哦。
中国
不过属于社会主义市场经济☞ P.277。
这和在国内做交易没什么不同。

G7 Group of 7、发达国家 7 国财务部长 – 中央银行总裁会议

经济全球化也给世界带来了各种各样的问题。为了解决这些问题，会定期召开“**G7**”会议，也就是“**发达国家7国财务部长–中央银行总裁会议**”，来互相沟通磋商相关内容。而且G7可不仅仅指**G7峰会**（**首脑会议**）。

G20 20 国集团、20 国财务部长 – 中央银行总裁会议

经济全球化自然有其益处，这在世界上经济快速增长的新兴国家中表现得更为明显。G7、新兴国家加上俄罗斯和欧盟举行的会议就是“**G20**”。G20的GDP总和占全世界GDP的90%，其贸易总额也占到全世界的80%。

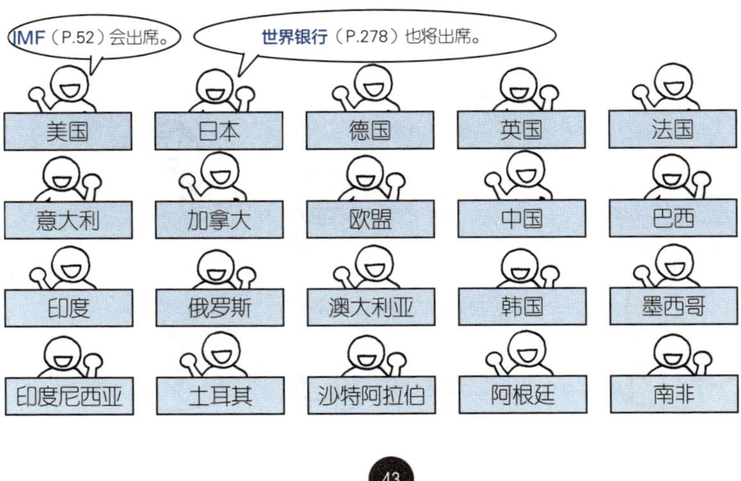

贸易

进出口

世界经济是由“**贸易**”联系起来的。国与国之间买卖商品和服务的交易作为经济全球化的基础，反过来也能对各国**GDP**（☞ P.16）的发展动向产生巨大的影响。因此，G7提出了“反对贸易保护”的声明。

本国优先！
G7反对的贸易保护指的是啥？
☞P.46
据说要重新审视自由贸易协定。
☞P.47、59
为什么美国要这么做啊？
因为他们国家的贸易收支是赤字啊！
☞P.48
也得看看经常收支和国际收支情况啊！
☞P.49、50
谁叫美元是主要通货呢？
☞P.53

贸易会受到**外汇市场**（☞ P.54）的剧烈影响。为了避免这一点，并实现货币统一，在欧洲形成了**欧元区**（☞ P.62）。除了欧元区这样的经济综合体之外，世界上还有不少通过**经济合作协定**来加强贸易的案例。

也要退出经济合作协定！
经济合作协定是什么？
☞P.60
TPP也是经济合作协定之一。
☞P.61
RCEP的交涉也在进行中。
☞P.61
当然也可能发生类似欧元危机的事情。
☞P.68

比较优势原理

比较优势，比较优势原则

关于贸易，经济学中有一个概念叫“**比较优势**”。比较优势不是从价格这种**绝对优势**（☞ P.270）层面来考虑的，而是通过出口本国最具优势性的产品（具有比较优势的产品），同时进口不具有比较优势的产品，使利益扩大化的思想。

例如，A 国和 B 国分别生产 1 个橘子和 1 个苹果，成本表示如下：

A 国耗费的成本
60 日元
40 日元
B 国耗费的成本
100 日元
50 日元
可以看出，A 国具有“绝对优势”啊。

只从上图中来看，A 国无论哪种水果都不需要从 B 国进口，B 国也不会在国内生产任何一种水果，因为从 A 国进口看上去更为合算。不过……
每当 A 国向 B 国出口一个橘子时，很明显 B 国就可以用原本要生产这个橘子的成本的二分之一来生产一个苹果。这样一来，A 国可以用出口橘子得到的钱，购买在 B 国生产的苹果，也就是把 B 国生产的苹果进口到本国。

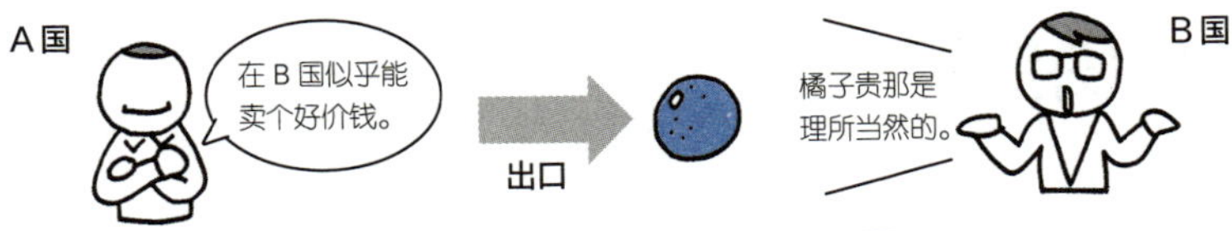
A 国
在 B 国似乎能卖个好价钱。
出口
橘子贵那是理所当然的。
B 国

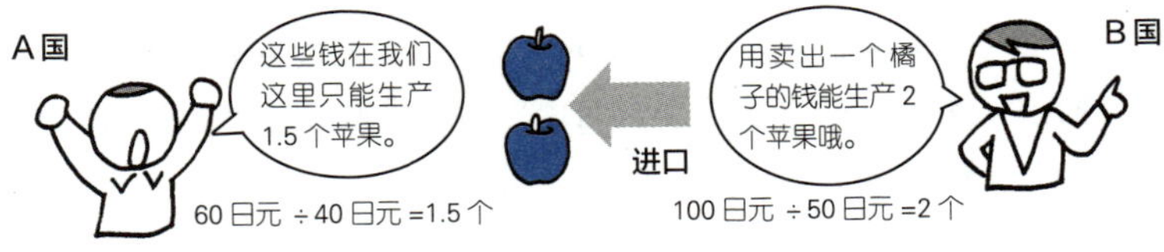
A 国
这些钱在我们这里只能生产 1.5 个苹果。
60 日元 ÷40 日元 =1.5 个
进口
用卖出一个橘子的钱能生产 2 个苹果哦。
100 日元 ÷50 日元 =2 个
B 国

同样地，B 国也可以用出口 2 个苹果得来的钱，再进口 A 国生产的橘子。

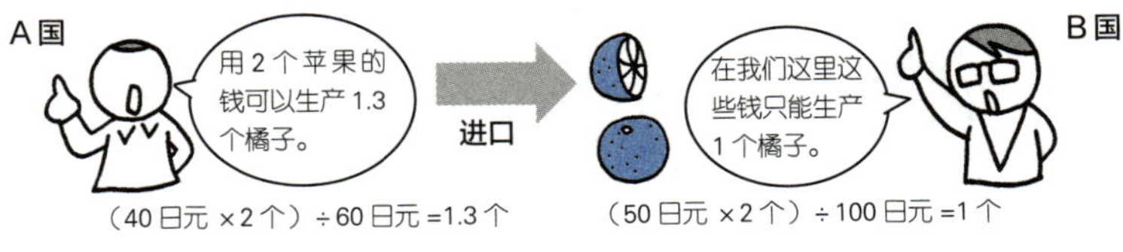
A 国
用 2 个苹果的钱可以生产 1.3 个橘子。
（40 日元 ×2 个）÷60 日元 =1.3 个
进口
在我们这里这些钱只能生产 1 个橘子。
（50 日元 ×2 个）÷100 日元 =1 个
B 国

像这样互相出口具有比较优势的物产，能够让双方都合算。最开始倡导这种原理的人，就是**大卫 · 李嘉图**（☞ P.212）。

贸易保护 保护主义

虽然运用比较优势原则进行贸易，能够让国家之间互惠互利，不过对有些人而言，比如对B国种植橘子的农户而言，他们的利益因国家进口海外产品而受到了损害。而为了保护本国产业对国际贸易加以限制的行为就是“**贸易保护**”，或者直接称为“**保护主义**”。

A国
这是向你们出口的便宜橘子。
关税
要交**税金**。
B国
A国橘子的价格变得和国产橘子差不多了。
A国
这是向你们大量出口的橘子。
非关税壁垒
控制进口量。
B国
国产橘子也有市场啦。

自由贸易

“**自由贸易**”与贸易保护相反，它不受关税限制，是自由进行的贸易。历史上，19世纪的**重商主义**（☞ P.244）思想导致了贸易保护的出现，而由**亚当·斯密**（☞ P.78）等人提出的自由贸易思想则与其针锋相对。当然，那些受自由贸易冲击的产业的反对声音也很强烈。

A国
这是向你们出口的橘子。
关税呢？
进口限制呢？
完全**自由**，
请进，
请进！
没有。
反对！
B国
多谢！
居于**比较劣势**（P.258）的产业当然要反对了。

NAFTA 北美自由贸易协定

自由贸易只能在部分国家和地区之间进行。美国、加拿大和墨西哥之间的“NAFTA”就是其中之一。

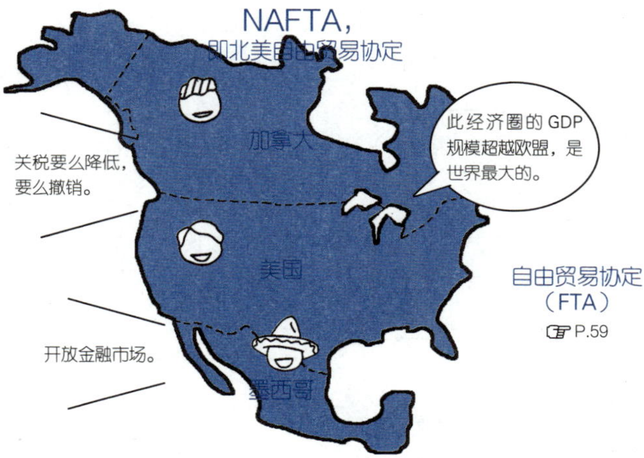
NAFTA，
即北美自由贸易协定
此经济圈的GDP规模超越欧盟，是世界最大的。
加拿大
关税要么降低，要么撤销。
美国
开放金融市场。
墨西哥
自由贸易协定（FTA）
P.59

此协议于1994年生效。

WTO 世界贸易组织(World Trade Organization)

1995年设立“WTO”的主要目的在于推行自由贸易。到2017年，其加盟国和地区已经达到164个。

加盟国必须遵守《WTO协定》。
总部在瑞士的日内瓦。
制定的相关贸易规则不仅适用于商品贸易，还涉及服务和知识产权贸易方面。
WTO 协定
由WTO设立的协定及其附属协定组成，在附属协定中制定了各种各样的贸易规则。部分规则从GATT继承。
WTO
GATT
（关税及贸易总协定）
WTO的前身。由于贸易发展需要GATT。随着GATT的发展，WTO成立了。

在WTO协定中，制定了自由贸易协定等与贸易相关的各种规则。这些规则可作为贸易交涉时的依据，也可作为处理贸易纷争时的准绳。

贸易收支

美国之所以主张保护主义，其理由之一就在于“贸易收支”。贸易收支就是进口额和出口额之差。有时候会看整体的进出口状况，有时候则会看对不同国家的具体贸易收支。对日本而言，无论是哪种贸易收支，都可以通过财务省每月发表的贸易统计知晓。

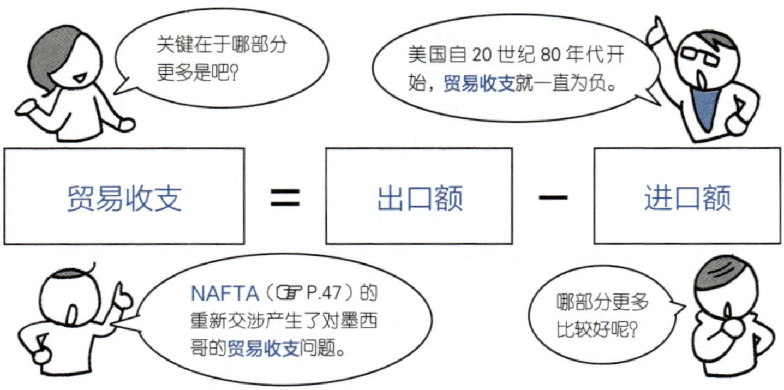
关键在于哪部分更多是吧？
美国自 20 世纪 80 年代开始，贸易收支就一直为负。
贸易收支 ＝ 出口额 － 进口额
NAFTA（☞P.47）的重新交涉产生了对墨西哥的贸易收支问题。
哪部分更多比较好呢？

贸易赤字和贸易黑字

贸易收支为负即为**贸易赤字**（逆差），贸易收支为正则为**贸易黑字**（顺差）。一旦贸易赤字增加，本国货币就有贬值的趋势，同时也会造成GDP减少等各种各样的影响。如果贸易黑字增加，则反而会使本国货币升值、GDP增加。

美国对日本贸易收支的例子

美国
贸易赤字
日本
获得的美元多了。
日本
把美元换成日元吧。
美国
本国货币贬值
（日元升值，美元贬值）
美国
贸易赤字
美国
贡献 GDP 的海外部门减少了。
美国
GDP减少

经常收支

本来，国与国之间的贸易就不仅仅只包括物品交易。除了物品交易之外，将服务交易等方面的收支也考虑进来，就形成“**经常收支**”。经常收支由下图所示的四部分构成。在日本，可通过财务省每月发表的国际收支统计来知晓经常收支的情况。

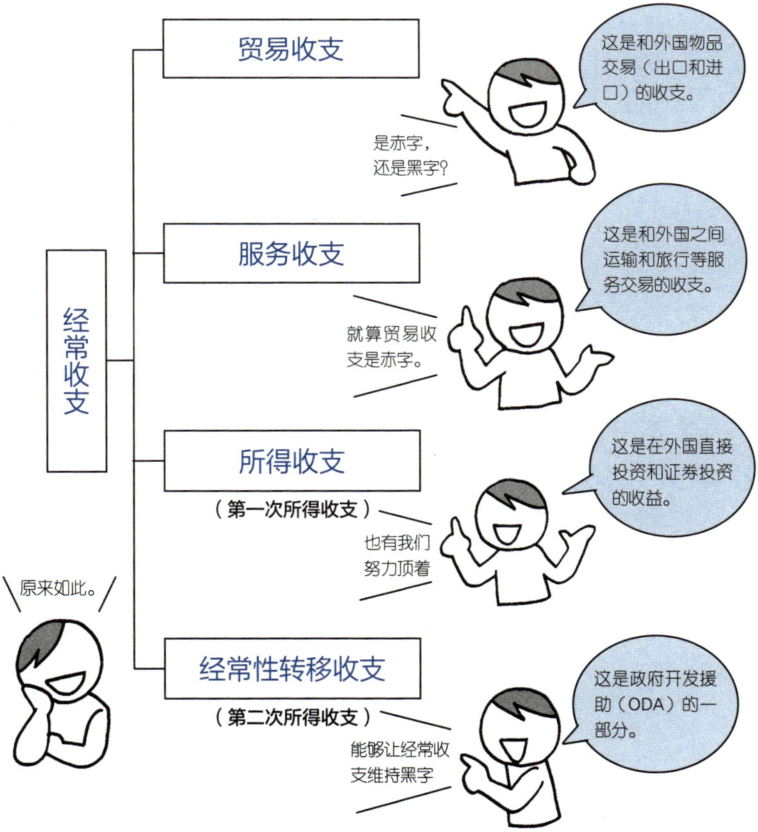
经常收支
贸易收支
这是和外国物品交易（出口和进口）的收支。
是赤字，还是黑字？
服务收支
这是和外国之间运输和旅行等服务交易的收支。
就算贸易收支是赤字。
所得收支
（第一次所得收支）
这是在外国直接投资和证券投资的收益。
也有我们努力顶着
原来如此。
经常性转移收支
（第二次所得收支）
这是政府开发援助（ODA）的一部分。
能够让经常收支维持黑字

美国的经常收支在长时间内持续处于赤字状态；日本近年来的贸易收支的赤字也在不断扩大，而经常收支虽有减小的趋势，不过算是勉勉强强维持在黑字状态。到了2016年，日本的贸易收支转为黑字的同时，经常收支黑字余额约为20.1万亿日元。

国际收支

国与国之间也会进行资本交易，但资本交易并不包含在经常收支内，而是将资本交易计入“**国际收支**”。国际收支是由前一项的“**经常收支**”和表示资本交易收支的“**资本收支**”所构成的。

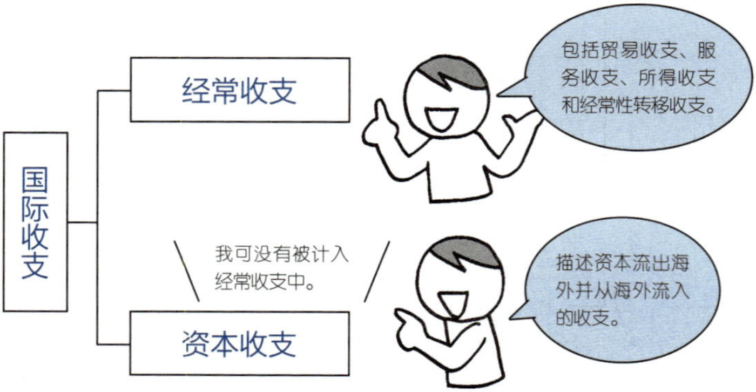
国际收支
经常收支
资本收支
包括贸易收支、服务收支、所得收支和经常性转移收支。
我可没有被计入经常收支中。
描述资本流出海外并从海外流入的收支。

资本收支

“**资本收支**”指的是在国际收支中，经由投资或借贷所产生资本流入、流出部分的收支。资本从日本流出时记为负数，资本从海外流入时记为正数，其合计为负则表示资本收支为赤字，合计为正则表示资本收支为黑字。

去投资海外的国债和股票吧。
资本从日本流出。
资本收支为负
去收购日本的公司吧。
资本流入日本。
资本收支为正

金融收支

国际收支的黑字部分或是赤字部分，又去了哪里呢？我们把这部分收支用“**金融收支**”来表示。金融收支其实就是对外金融资产和负债的收支情况，它是由对外投资增减和外汇储备增减两部分构成的。

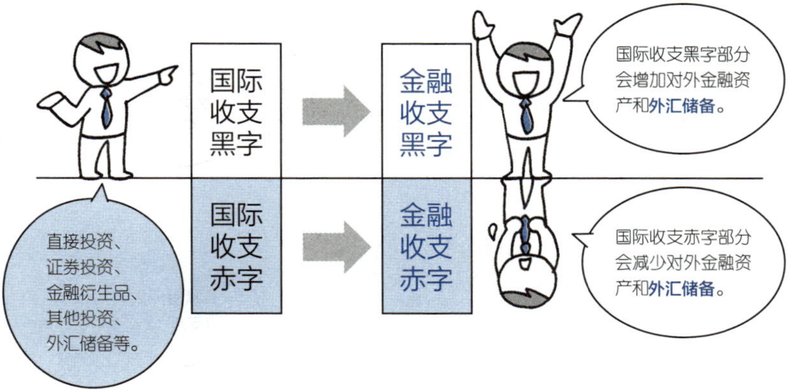
国际收支黑字
金融收支黑字
国际收支黑字部分会增加对外金融资产和外汇储备。
直接投资、证券投资、金融衍生品、其他投资、外汇储备等。
国际收支赤字
金融收支赤字
国际收支赤字部分会减少对外金融资产和外汇储备。

外汇储备 外汇储备额

中央银行或政府为了有效进行“**外汇干预**”（☞ P.57）所储备的资产就是“**外汇储备**”。当出于**货币危机**（☞ P.267）等原因造成无法偿还对外债务时，也可以使用外汇储备来应急。日本的外汇储备基本上是由外国的证券构成的，特别是美国财务部的证券（美国国债）。

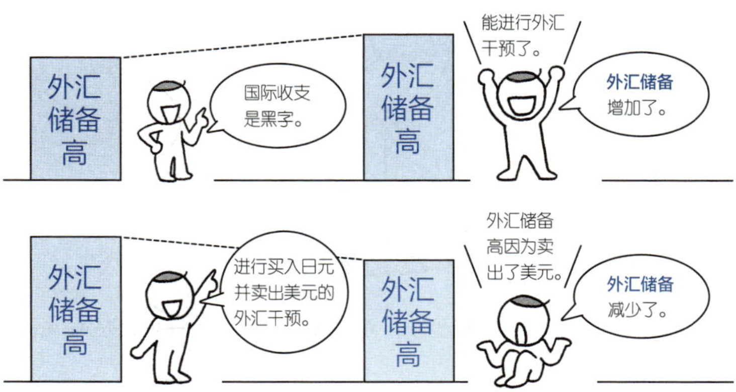
外汇储备高
国际收支是黑字。
外汇储备高
能进行外汇干预了。
外汇储备增加了。
外汇储备高
进行买入日元并卖出美元的外汇干预。
外汇储备高
外汇储备高因为卖出了美元。
外汇储备减少了。

违约 不履行债务

当运用外汇储备也无法偿还对外债务时，就构成了"违约"。"违约"本来是表示债券无法按照约定进行付息和偿还，但也用于国家之间无法偿还债务时。虽然这种情况并不经常出现，但也不是多么罕见的事情。

阿根廷在 2001 年宣布违约。
厄瓜多尔在 2008 年宣布外汇债务违约。
2014 年也是。
而且之前也违约了 5 次。
希腊在 2015 年陷入了违约的境地。
今后又会是哪个国家违约呢……
行了，别说了。

IMF 国际货币基金组织（International Money Fund）

IMF是为那些在偿付对外债务时遇到困难的国家提供融资而建立的国际机构。到2016年，已经有189个国家和地区加盟。

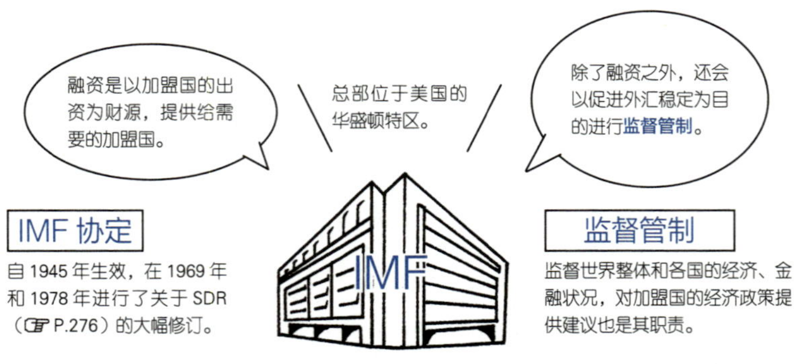

融资是以加盟国的出资为财源，提供给需要的加盟国。
总部位于美国的华盛顿特区。
除了融资之外，还会以促进外汇稳定为目的进行监督管制。
IMF 协定
自 1945 年生效，在 1969 年和 1978 年进行了关于 SDR（☞ P.276）的大幅修订。
IMF
监督管制
监督世界整体和各国的经济、金融状况，对加盟国的经济政策提供建议也是其职责。

顺带提一句，2015年希腊违约，正是因为从IMF融资了15亿欧元，过了还款期限无法偿还造成的。

国际通货 结算通货、国际结算通货、硬通货

“**国际通货**”并不是指国际货币基金组织的货币，而是指国际上的通用货币。具有以下条件的货币才能被称为国际通货：充足的信用、无论在哪国都可换取、可用于结算。不过由于并没有对国际通货的明确定义，所以把哪一种货币作为国际货币因国而异、因人而异。

以前……
我要换点钱。
要美元还是英镑?
两种都行。
能换取具有硬流通性的货币就是“硬通货”。
现在……
我要换点钱。
要欧元还是日元?
两种都行。
现在用“软通货”来指代除这四种之外的货币。

主要通货 基准通货、储备通货、关键通货

国际通货之中，位于核心位的货币叫作“**主要通货**”，从作为汇兑基准的层面来说叫作“**基准通货**”，从各国**外汇储备**的层面来说也叫作“**储备通货**”。美元是主要通货，而欧元是否属于主要通货，至今仍存在争议。

1920 年之前……
我用本国货币来支付。
信用不够。
用英镑来付。
主要通货会随着时代变迁而改变。
现在……
我用本国货币来支付。
要欧元我也可以给。
用美元来付。
外汇市场新闻经常播报“× 美元兑 × 日元”，谁是主要通货，显而易见。

国际汇兑市场

汇兑市场、外汇市场

换个角度看待货币交换，也可以看作用某种货币去购买其他种类货币的交易过程。进行此种交易的市场就称为“国际汇兑市场”。国际汇兑市场遍布世界各地，随着地球的自转一个接一个地开盘和收盘。因此，外汇交易全天24小时均可以进行。

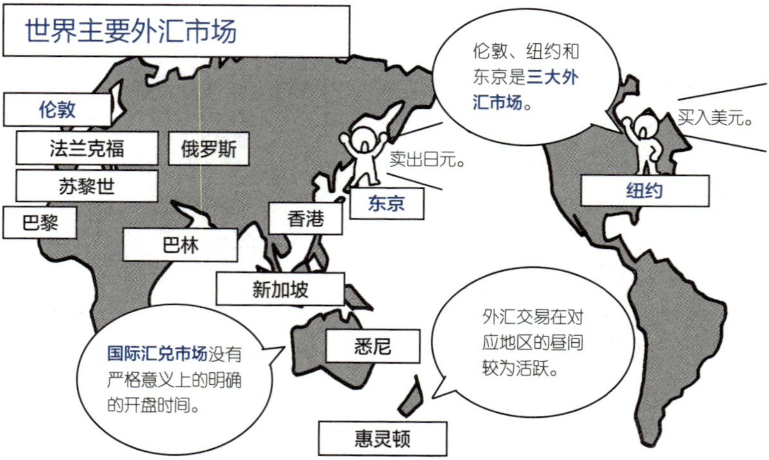

世界主要外汇市场
伦敦
法兰克福
苏黎世
巴黎
俄罗斯
巴林
香港
东京
新加坡
悉尼
惠灵顿
纽约
伦敦、纽约和东京是三大外汇市场。
卖出日元。
买入美元。
国际汇兑市场没有严格意义上的明确的开盘时间。
外汇交易在对应地区的昼间较为活跃。

虽然叫作市场，但是国际汇兑并不在交易所进行。国际汇兑市场是由电话和计算机网络所构成的抽象市场。和外汇相关的电视新闻中经常能看到很多人围坐在圆桌两旁的画面，他们就是作为外汇中介的“**外汇经纪人**”公司的职员。

我们是外汇经纪人公司的职员。
买入日元。
买入日元。
国际汇兑是一对一的交易。
借助电话和网络给交易做中介，促成交易。
卖出欧元啦。
英镑情况如何？
有时候银行也会自行寻找交易对象。

国际汇兑牌价

汇兑牌价、汇率

由于国际汇兑市场也属于市场的一种，所以也会因需求和供给关系的变动导致价格的波动，这种价格波动就体现在"**国际汇兑牌价**"上。外汇交易是一对一的交易，所以买卖双方必须在价格上达成一致才能使交易成立。交易没能成立的时候，就需要观察能使交易成立的价格变化趋势，调整后重新下单。对外汇牌价的调整也是通过这种手段进行的。

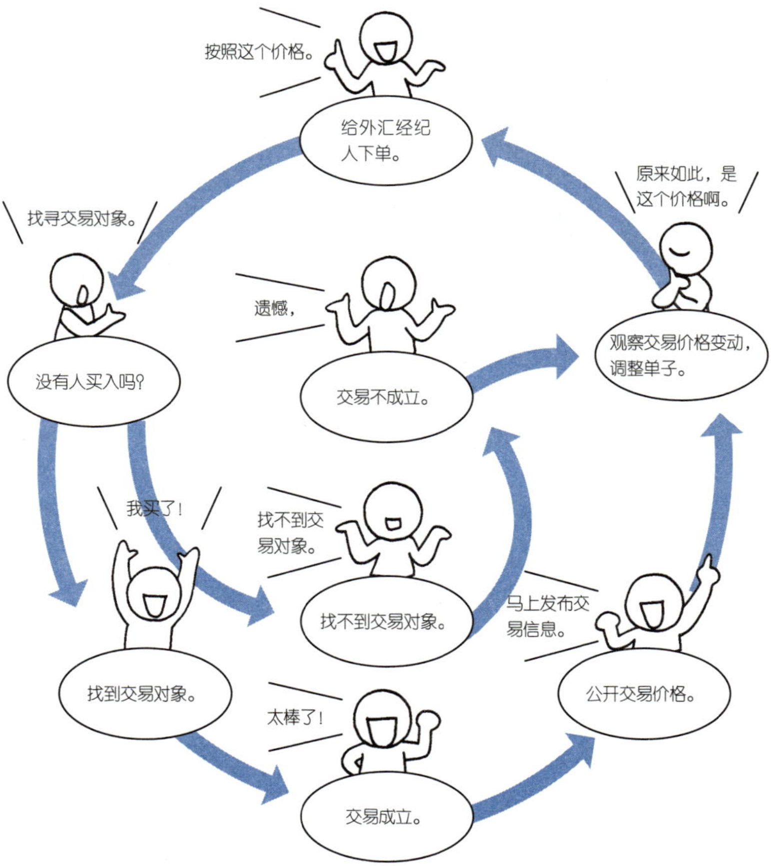
按照这个价格。
给外汇经纪人下单。
找寻交易对象。
没有人买入吗?
遗憾，
交易不成立。
原来如此，是这个价格啊。
观察交易价格变动，调整单子。
我买了！
找到交易对象。
找不到交易对象。
找不到交易对象。
马上发布交易信息。
公开交易价格。
太棒了！
交易成立。

一旦交易成立，外汇经纪人公司和新闻报道机构就会对外公布交易的价格。正是通过这样循环往复的操作过程，构成了国际汇兑牌价每时每刻的变化。

浮动牌价制　浮动汇兑牌价、浮动汇率制度、浮动制

“**浮动牌价制**”指的是像如今的日本外汇市场一样，汇兑牌价跟随市场供需关系而变动的机制。不过采取浮动牌价制的国家有时也会因剧烈的外汇变动而采取**外汇干预**（下一项）措施，所以并不能说牌价完全跟随市场变动。

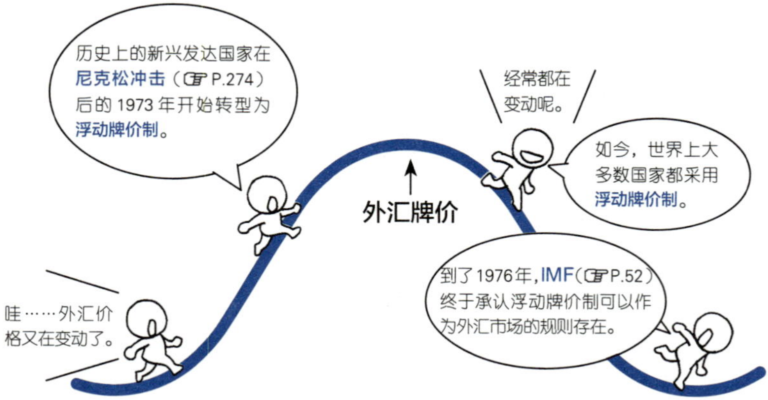

历史上的新兴发达国家在尼克松冲击（☞P.274）后的1973年开始转型为浮动牌价制。
经常都在变动呢。
如今，世界上大多数国家都采用浮动牌价制。
外汇牌价
到了1976年，IMF（☞P.52）终于承认浮动牌价制可以作为外汇市场的规则存在。
哇……外汇价格又在变动了。

固定牌价制　固定汇兑牌价，固定汇率制度

与浮动牌价制相对，用政策性手段将外汇牌价固定在一定水平的机制称为“**固定牌价制**”。固定外汇牌价的方法主要包括：利用外汇干预将外汇价格变动幅度收窄，以及利用外汇管制政策限制资金转移。

日本在1973年之前采用的也是固定牌价制。
如今，采用固定牌价制的仅有沙特阿拉伯等少数国家。
也有将外汇变动幅度压缩到极小的钉住美元制（☞P.261）。
1美元能兑换360日元哦。
外汇牌价
一直都维持不变哦。

外汇干预 外汇市场干预，外汇平衡操作

在外汇牌价剧烈变动的时候，为了抑制波动，稳定牌价，国家货币机构会参与交易，这种情况称为“**外汇干预**”。例如，通过在日元升值时卖出、在日元贬值时买入的手段来抑制外汇波动。此时，政府一般会直接干预私营机构的汇兑交易。

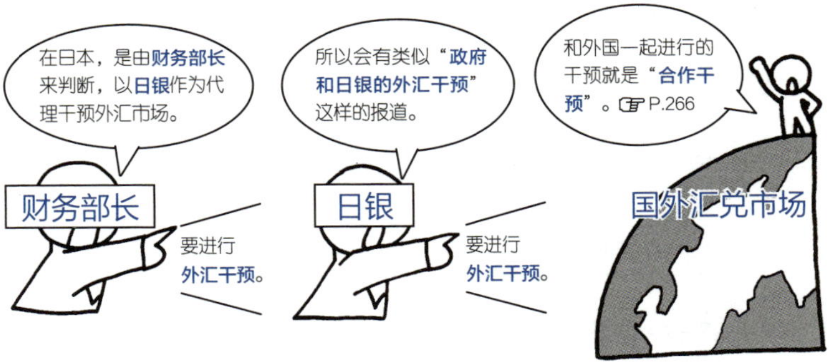

在日本，是由财务部长来判断，以日银作为代理干预外汇市场。
财务部长
要进行外汇干预。
所以会有类似“政府和日银的外汇干预”这样的报道。
日银
要进行外汇干预。
和外国一起进行的干预就是“合作干预”。☞P.266
国外汇兑市场

基本经济要素 经济基础条件

说到底，决定外汇市场走向的要因究竟是什么？虽然外汇干预等手段会在短期内影响外汇牌价的变动，但决定中长期走势的则是**经济增长率**和**国际收支水平等**。像这样的经济指标均可用“**基本经济要素**”来指代。

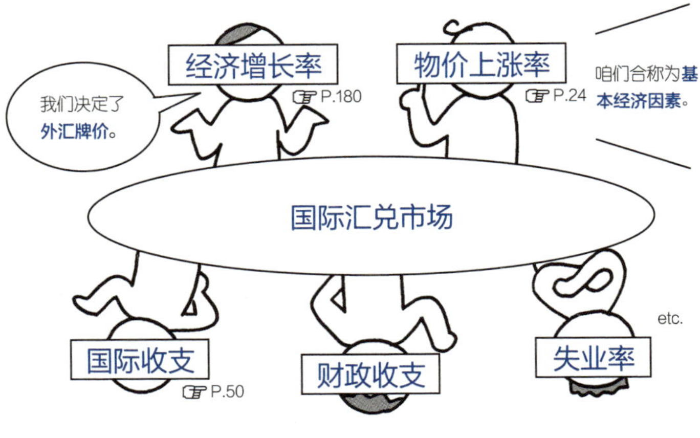

我们决定了外汇牌价。
经济增长率
☞P.180
物价上涨率
☞P.24
咱们合称为基本经济因素。
国际汇兑市场
国际收支
☞P.50
财政收支
失业率
etc.

经济融合

经济一体化

为了互利共赢，世界各经济体有形成联合经济体的趋向，其手段一般是通过**自由贸易协定**（**FTA**，下一项）来融合市场，或者通过使用统一货币（如欧元）来实现。下图是整理出来的东亚地区“**经济融合**”的动向，从中可以洞察出东亚各经济体在各个层面上探寻经济融合的尝试。其中狭义层面上的经济融合是以自由贸易协定为依据，比如针对**ASEAN**（东南亚国家联盟）的自由贸易协定**AFTA**。而类似TPP这样的经济融合，则被称为范围稍广的**EPA**（☞ P.60）。

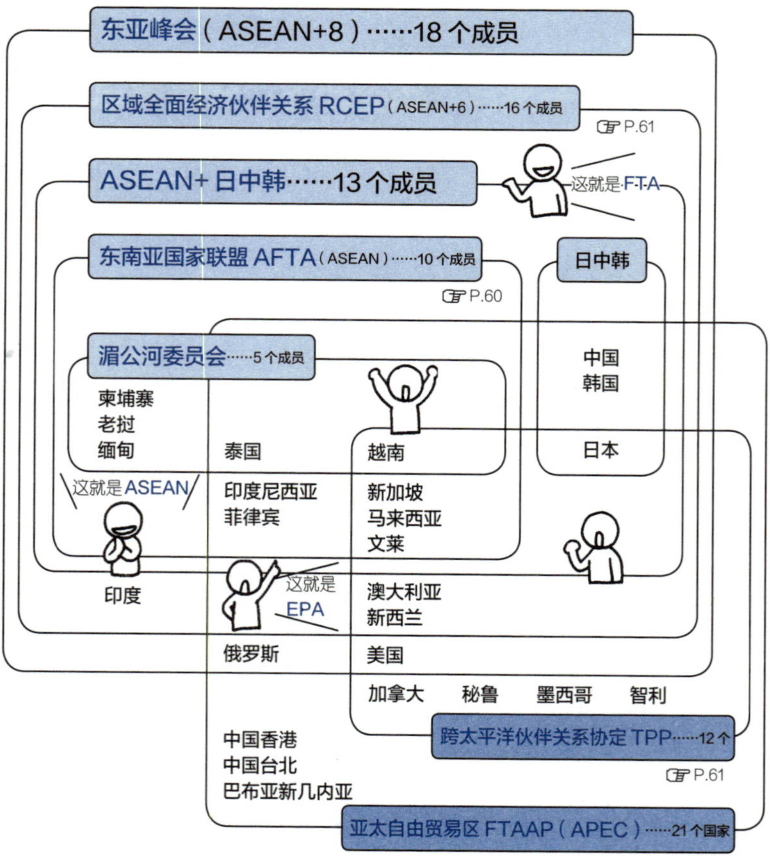

根据经济产业省《迎接东亚经济融合》制作而成（www.meti.go.jp）

FTA

自由贸易协定，Free Trade Agreement（Area）

“FTA”是旨在通过降低或者撤销关税以加强各经济伙伴关系的协定。比如涉及地域最广的FTA，就是由APEC的21个成员所共同倡议的“FTAAP”（亚太自由贸易区）。

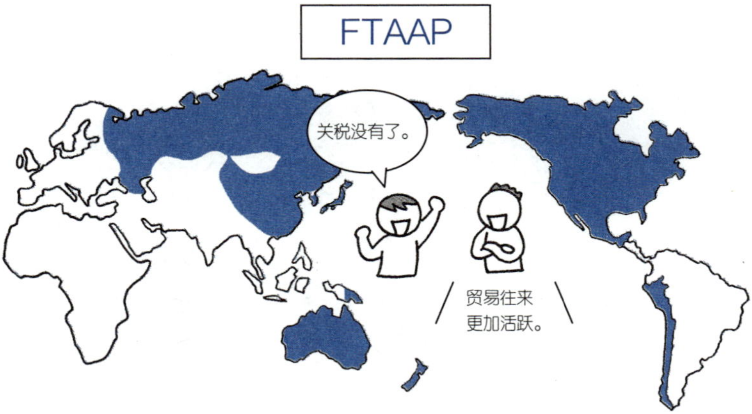
FTAAP
关税没有了。
贸易往来
更加活跃。

FTA是狭义层面的经济融合，因为自由贸易协定仅限于商品和服务贸易。另外，FTA对于协定之外的成员而言，反而很可能成为贸易壁垒般的存在。致力于推动世界自由贸易的WTO（☞ P.47）则网开一面地承认了FTA的有效性。

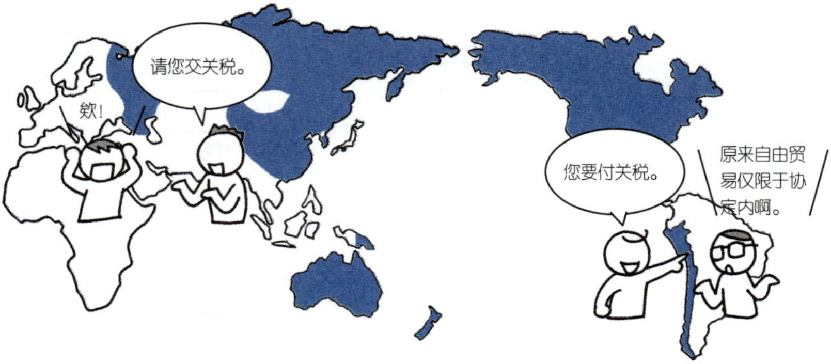
请您交关税。
欸！
您要付关税。
原来自由贸
易仅限于协
定内啊。

AFTA 东盟自由贸易区，ASEAN Free Trade Area

东盟地区的自由贸易协定，即**AFTA**，早已在多年前生效。到1999年，东盟10国均已加盟。2015年，区域内的关税几乎降到了0。东盟区域内的人口超过了6亿，比欧盟和NAFTA都多，是一个庞大的经济圈。

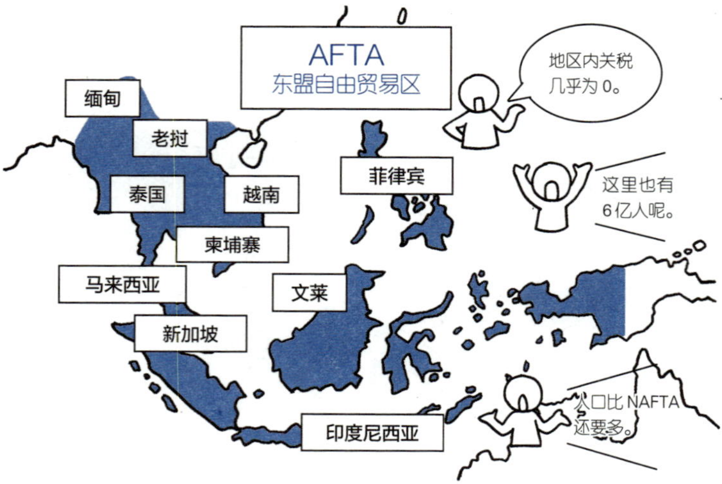
AFTA
东盟自由贸易区
地区内关税
几乎为 0。
缅甸
老挝
泰国
越南
菲律宾
柬埔寨
这里也有
6亿人呢。
马来西亚
文莱
新加坡
印度尼西亚
人口比 NAFTA
还要多。

EPA 经济合作协定，Economic Partnership Agreement

另外，削减或撤销关税和非关税壁垒，会使投资、人才流动、知识产权保护、制定公平竞争规则及其他各个方面的合作进一步深化，这种致力于在更广范围内强化经济关系的协定区别于FTA，我们有时称为“**EPA**”。

EPA
经济合作协定
关税没了。
投资更为
自由。
人才流动也
更加自由。
贸易往来更
加活跃。
互相保护
知识产权。
公平竞争
规则。
以及有其他很
多方面的合作。

TPP 跨太平洋伙伴关系协定、跨太平洋经济合作协定

与日本相关的具有代表性的EPA之一就是“TPP”。第58页图中的12个国家于2015年10月对TPP主要内容达成协议，并于次年2月正式签署。日本在2017年1月走完国内程序流程并缔结协定，然而，同月美国就宣布退出TPP。

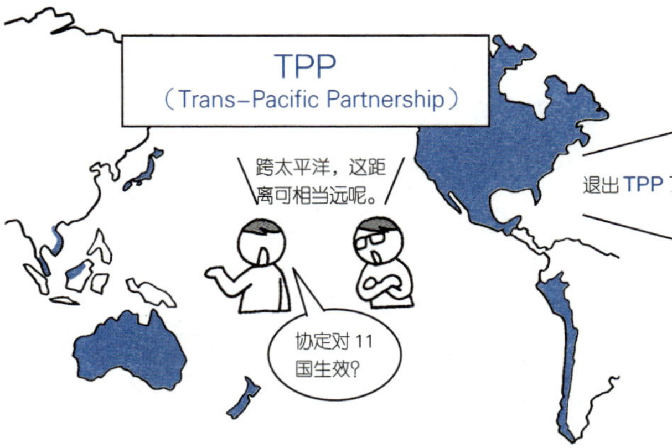
TPP
（Trans-Pacific Partnership）
跨太平洋，这距离可相当远呢。
退出 TPP 了。
协定对 11 国生效？

RCEP 东亚区域全面经济伙伴关系

另一个跟日本相关的EPA就是“RCEP”，是将东盟和日中韩、印度、澳大利亚、新西兰6个国家之间用FTA捆绑起来，旨在实现更为包容的广域经济合作的构想。如能实现，则会形成占据世界人口半数的广域经济圈。

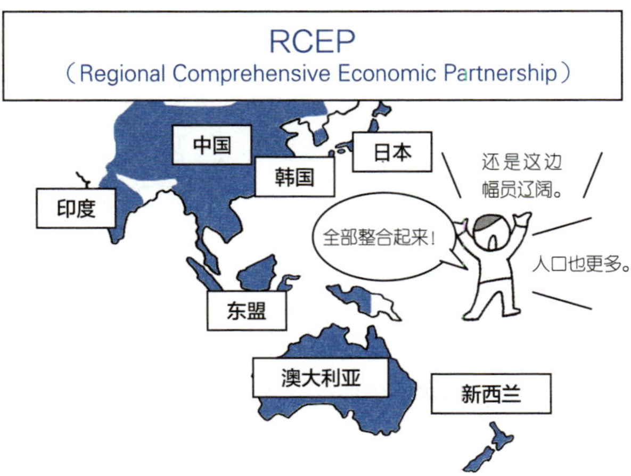
RCEP
（Regional Comprehensive Economic Partnership）
中国
日本
韩国
印度
还是这边幅员辽阔。
全部整合起来！
人口也更多。
东盟
澳大利亚
新西兰

欧元区

欧元圈、欧元区域

超越FTA或EPA的经济融合，甚至连货币都统一的经济体就是**EU**（**欧盟**）了。然而，欧盟中还有尚未将欧元引入的加盟国存在，所以将已经引入欧元的国家所组成的经济圈称作“**欧元区**”，用于和欧盟区分开来。

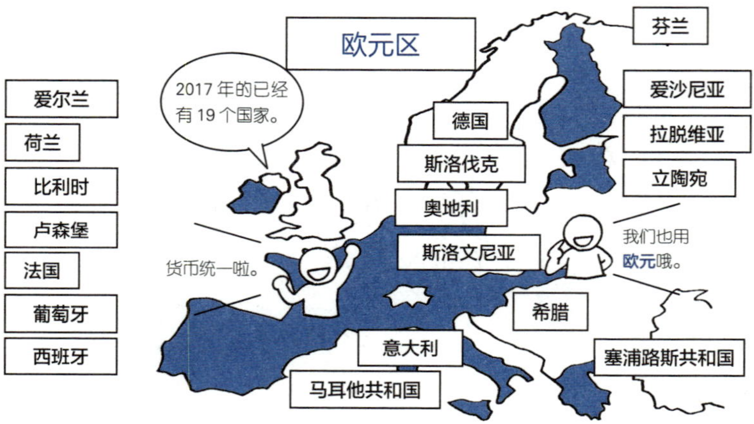
欧元区
2017年的已经有19个国家。
爱尔兰
荷兰
比利时
卢森堡
法国
葡萄牙
西班牙
货币统一啦。
德国
斯洛伐克
奥地利
斯洛文尼亚
意大利
马耳他共和国
希腊
芬兰
爱沙尼亚
拉脱维亚
立陶宛
我们也用欧元哦。
塞浦路斯共和国

货币统一让欧元区内的经济活动比引入欧元前更加活跃。不过，欧元区内的汇兑牌价实际上也被锁定。

一旦汇兑牌价被锁定……

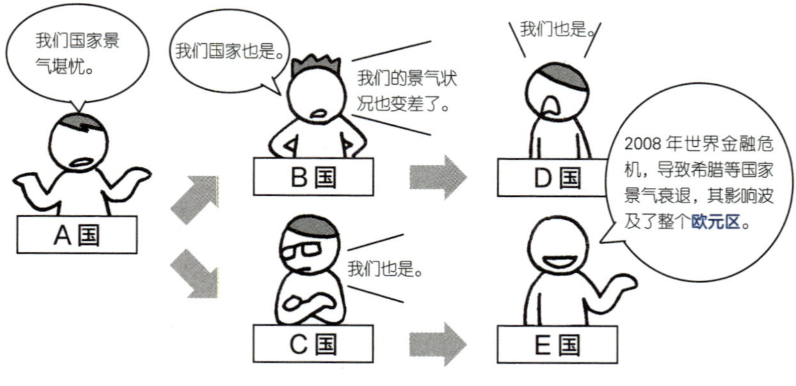
我们国家景气堪忧。
A国
我们国家也是。
我们的景气状况也变差了。
B国
我们也是。
C国
我们也是。
D国
E国
2008年世界金融危机，导致希腊等国家景气衰退，其影响波及了整个欧元区。

也有为了避免这样的情况发生而没有统一货币的经济圈，如**AEC**（☞P.257）这样的经济共同体。

AIIB 亚洲基础设施投资银行

还有一些国际金融机构，以促进各国经济合作和支援经济发展为目标。2013年的亚洲在中国的主导下创立了“AIIB”。创立初期，成员总共57个国家，其中包含欧洲发达国家。2017年扩大到70个国家和地区，已超越ADB。

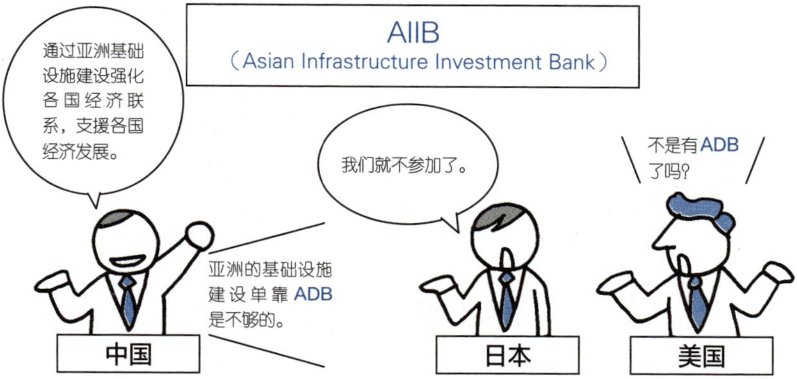
AIIB
（Asian Infrastructure Investment Bank）
通过亚洲基础设施建设强化各国经济联系，支援各国经济发展。
亚洲的基础设施建设单靠ADB是不够的。
我们就不参加了。
不是有ADB了吗?
中国
日本
美国

ADB 亚洲开发银行，Asian Development Bank

ADB是1966年由日本主导设立的国际金融机构，所以经常会同AIIB做比较。迄今为止，ADB一直在为加盟国中的发展中国家提供资金贷款、投资，以及项目开发所需的技术支持和建议。

ADB
（Asian Development Bank）
最大的出资国是日本和美国。
历代总裁都是由日本方面担任的。
让我们同亚太地区的贫困作战。
制定该组织的最重要目标就是削减贫困。
其实我们是第三大出资国。
美国
日本
中国

亚洲金融危机

东亚地区在1997—1998年，经历了大规模的**货币危机**（☞ P.267）。这场“**亚洲金融危机**”以泰铢的暴跌为开端，波及菲律宾、马来西亚、印度尼西亚、韩国等。

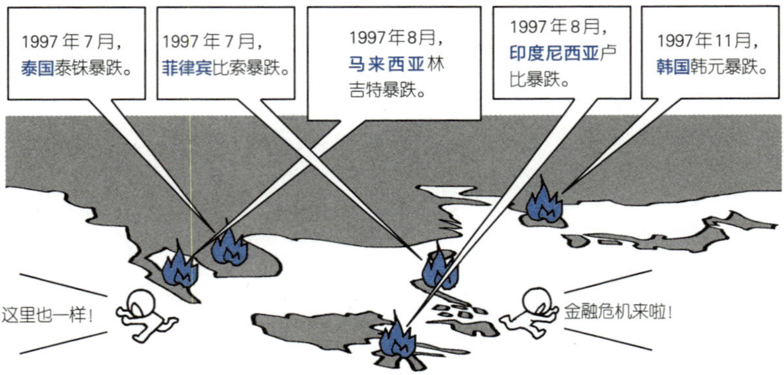
1997年7月，泰国泰铢暴跌。
1997年7月，菲律宾比索暴跌。
1997年8月，马来西亚林吉特暴跌。
1997年8月，印度尼西亚卢比暴跌。
1997年11月，韩国韩元暴跌。
这里也一样！
金融危机来啦！

在IMF、世界银行、ADB（上一项）的合作融资下，危机逐渐得到解决，但是局势严重到IMF介入泰国、印度尼西亚、韩国的管理，其影响甚至波及俄罗斯和拉丁美洲等地。有人说，这次金融危机也是引发1997—1998年日本金融危机的原因之一。另外，通过这次金融危机的洗礼，各国均认识到了建立地区金融合作体制的必要性。

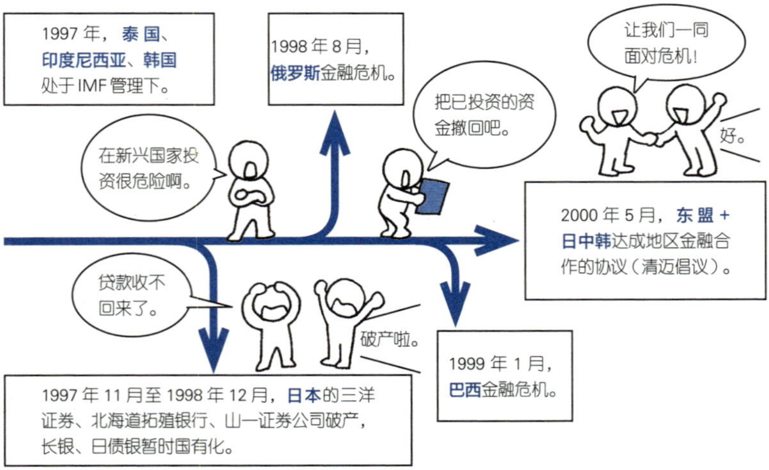
1997年，泰国、印度尼西亚、韩国处于IMF管理下。
1998年8月，俄罗斯金融危机。
让我们一同面对危机！
把已投资的资金撤回吧。
好。
在新兴国家投资很危险啊。
2000年5月，东盟+日中韩达成地区金融合作的协议（清迈倡议）。
贷款收不回来了。
破产啦。
1999年1月，巴西金融危机。
1997年11月至1998年12月，日本的三洋证券、北海道拓殖银行、山一证券公司破产，长银、日债银暂时国有化。

对冲基金

Hedge fund

引起亚洲金融危机的是被称为“**对冲基金**”的投资集团。对冲基金是投资信托的一种。与一般的公募投资信托不同，它属于私募投资信托。对冲基金会从富裕阶层和机构投资者手里汇聚巨额资金来进行操作。

拜托了。
投资者
对资产进行操作吧。
行情下跌时不会有损失，所以才叫作对冲(避险)基金。
对冲基金
利用金融衍生品(P.269)来操作。
难以监管。
金融监管机构
高风险，高回报。
就是投机性质啊。

对冲基金是怎么引起亚洲金融危机的呢？这是因为当时亚洲各国采用的是固定牌价制，各国货币看上去价值相对较高。而对冲基金对这些货币开始大规模做空，由于各国货币机构没有能力支撑买盘，不得不将汇兑机制改为浮动牌价制，这就导致货币大幅贬值和崩盘。

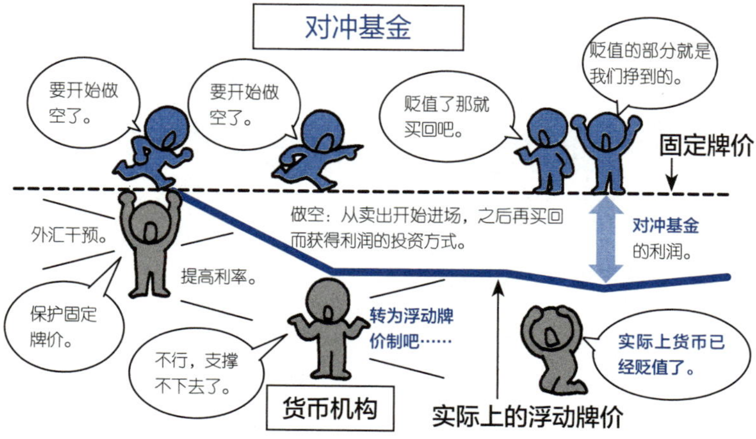

对冲基金
要开始做空了。
要开始做空了。
贬值了那就买回吧。
贬值的部分就是我们挣到的。
固定牌价
外汇干预。
保护固定牌价。
提高利率。
做空：从卖出开始进场，之后再买回而获得利润的投资方式。
对冲基金的利润。
不行，支撑不下去了。
转为浮动牌价制吧……
货币机构
实际上货币已经贬值了。
实际上的浮动牌价

次贷危机

次贷冲击、次级房贷问题、Subprime mortgage crisis

很多人还记得以2008年**雷曼事件**（下一项）为开端爆发的那次世界性金融危机吧？在演变成金融危机的过程中，美国的房贷急速扩大，房地产泡沫破裂，因此也将这次世界性金融危机称为“**次贷危机**”。

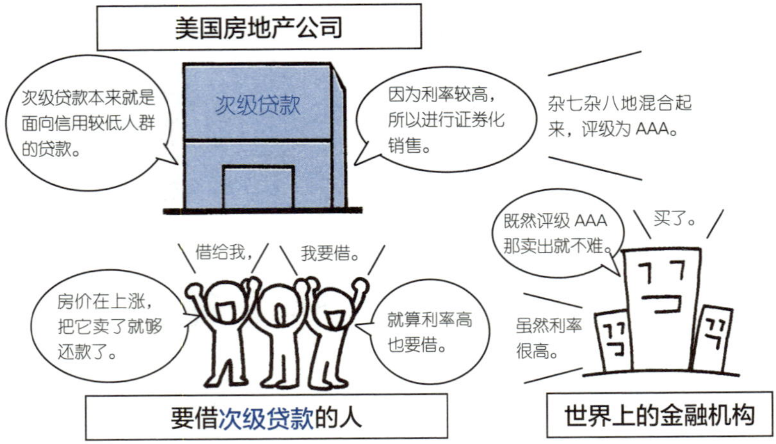
美国房地产公司
次级贷款
次级贷款本来就是面向信用较低人群的贷款。
因为利率较高，所以进行证券化销售。
杂七杂八地混合起来，评级为 AAA。
既然评级 AAA 那卖出就不难。
买了。
虽然利率很高。
借给我，
我要借。
房价在上涨，把它卖了就够还款了。
就算利率高也要借。
要借次级贷款的人
世界上的金融机构

随后，房地产泡沫破裂，然后转化为不良债权的次级贷款在全世界扩散，都不知道真正的持有者到底是谁。

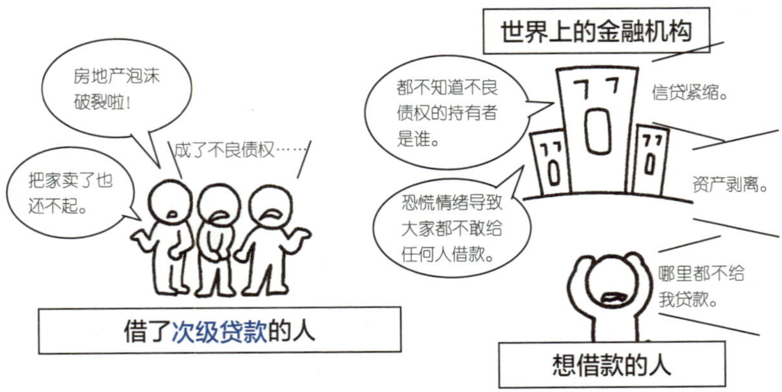
世界上的金融机构
房地产泡沫破裂啦！
成了不良债权……
把家卖了也还不起。
借了次级贷款的人
都不知道不良债权的持有者是谁。
信贷紧缩。
资产剥离。
恐慌情绪导致大家都不敢给任何人借款。
哪里都不给我贷款。
想借款的人

像这样无法借贷到资金的状况被称为**信贷紧缩**。这次世界性的信贷紧缩和雷曼事件密不可分。

雷曼事件

2007—2008年金融危机

在**雷曼兄弟**破产之前，美国已经持续出现和次级贷款相关的大型金融机构的破产。

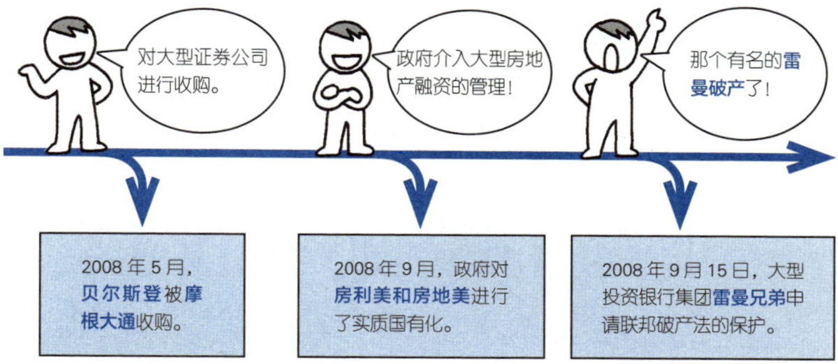
对大型证券公司进行收购。
政府介入大型房地产融资的管理！
那个有名的雷曼破产了！
2008年5月，贝尔斯登被摩根大通收购。
2008年9月，政府对房利美和房地美进行了实质国有化。
2008年9月15日，大型投资银行集团雷曼兄弟申请联邦破产法的保护。

雷曼兄弟破产后，随之而来的是大型金融机构的接连破产。2008年9月29日，美国国会否决了相关的救济法案，导致**道琼斯平均股价**跌幅创纪录地达到了777美元。

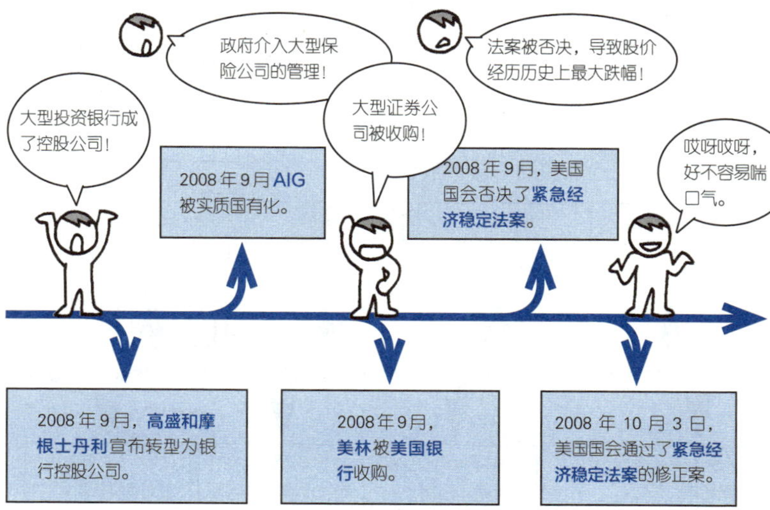
大型投资银行成了控股公司！
政府介入大型保险公司的管理！
大型证券公司被收购！
法案被否决，导致股价经历历史上最大跌幅！
哎呀哎呀，好不容易喘口气。
2008年9月AIG被实质国有化。
2008年9月，美国国会否决了紧急经济稳定法案。
2008年9月，高盛和摩根士丹利宣布转型为银行控股公司。
2008年9月，美林被美国银行收购。
2008年10月3日，美国国会通过了紧急经济稳定法案的修正案。

世界上其他主要国家的大型金融机构，也接连不断地出现破产，所以称这次金融危机为**世界金融危机**。受金融危机的影响，各国经济呈现负增长，同时也处于长期衰退的状况之中，因此又被称为**全球经济衰退**。

欧元危机

欧洲债务危机，欧洲国债危机

一旦发生了货币危机和金融危机，接下来就是**财政危机**了。2009年10月，外界发现希腊对自身财政赤字有瞒报，直接导致希腊国债（主权债券）在接下来的10年中崩溃，欧元自身信用低下，以及世界范围的股票熊市，而这正是“**欧元危机**”的开始。随后，危机向同样苦于财政赤字的爱尔兰、葡萄牙和西班牙等国家蔓延，事态严重，使得欧盟和IMF不得不向包括希腊在内的五个国家提供援助。

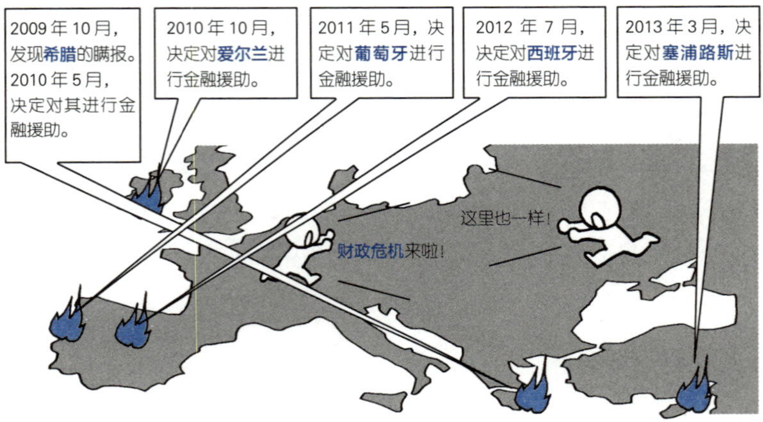
2009年10月，发现希腊的瞒报。2010年5月，决定对其进行金融援助。
2010年10月，决定对爱尔兰进行金融援助。
2011年5月，决定对葡萄牙进行金融援助。
2012年7月，决定对西班牙进行金融援助。
2013年3月，决定对塞浦路斯进行金融援助。
这里也一样！
财政危机来啦！

到了2016年，虽然接受金融援助的国家之中有4个国家不再需要援助，但是希腊仍然需要追加援助，导致危机并未完全平息。

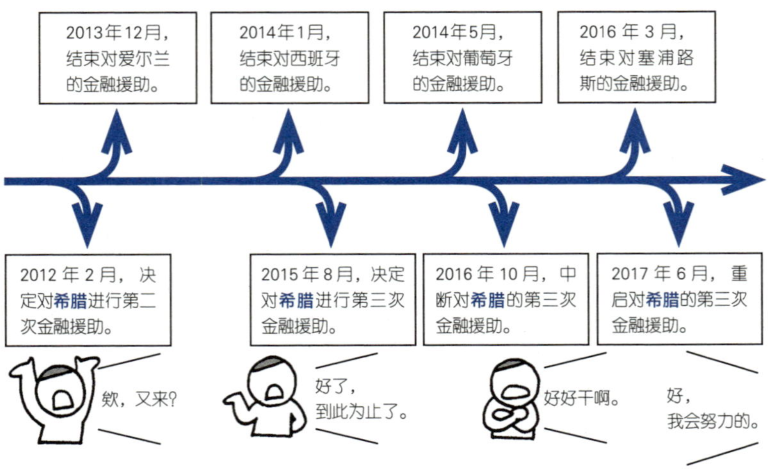
2013年12月，结束对爱尔兰的金融援助。
2014年1月，结束对西班牙的金融援助。
2014年5月，结束对葡萄牙的金融援助。
2016年3月，结束对塞浦路斯的金融援助。
2012年2月，决定对希腊进行第二次金融援助。
2015年8月，决定对希腊进行第三次金融援助。
2016年10月，中断对希腊的第三次金融援助。
2017年6月，重启对希腊的第三次金融援助。
欸，又来?
好了，到此为止了。
好好干啊。
好，我会努力的。

金融科技

FinTech

据说，作为金融界新兴趋势的“**金融科技**”就是雷曼事件中的产物。由于雷曼事件的影响，大批人才离开金融行业，特别是有大量的技术人员转移到了IT产业，开启了新金融服务和新金融业务。

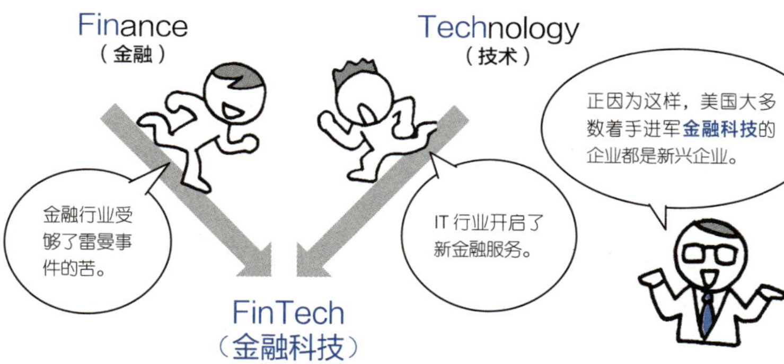
Finance
（金融）
Technology
（技术）
正因为这样，美国大多数着手进军金融科技的企业都是新兴企业。
金融行业受够了雷曼事件的苦。
IT 行业开启了新金融服务。
FinTech
（金融科技）

金融科技在美国接受程度颇高，其背景据说是由于雷曼事件的影响，导致人们对现有金融机构普遍抱有不信任感和不满，因而对新金融服务持欢迎态度。实际上，金融科技提供的服务基本都是现有金融机构中没有的。

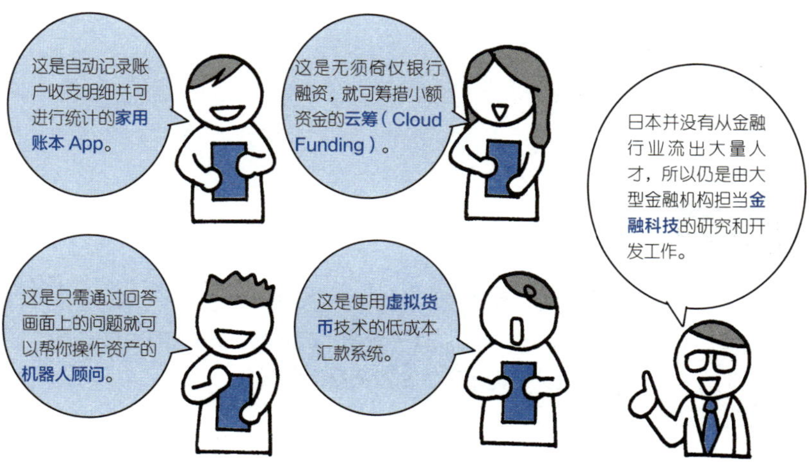
这是自动记录账户收支明细并可进行统计的家用账本 App。
这是无须倚仗银行融资，就可筹措小额资金的云筹（Cloud Funding）。
日本并没有从金融行业流出大量人才，所以仍是由大型金融机构担当金融科技的研究和开发工作。
这是只需通过回答画面上的问题就可以帮你操作资产的机器人顾问。
这是使用虚拟货币技术的低成本汇款系统。

用1分钟回顾一下！

本章的要点

- □ 世界经济由贸易联系起来，关于贸易方面在经济学中有个名为**比较优势**的概念。国家之间可以通过互相出口具有比较优势的产品来实现双赢。
- □ 出口额和进口额的差称为**贸易收支**。当贸易收支为负时是**贸易赤字**，当其为正时是**贸易黑字**。
- □ 除了贸易收支之外，还包含服务交易等方面收支，称为**经常收支**。经常收支与资本收支的和称为**国际收支**。
- □ 国际通用货币（**硬通货**）中，被各国当作外汇储备保有、居于核心位的货币，就是**主要通货**（**关键通货**）。
- □ 进行货币交易的市场就是**国际汇兑市场**，其中的外汇汇率每时每刻都在波动。
- □ 世界经济层面常通过**自由贸易协定**（FTA）和**经济合作协定**（EPA）来强化成员之间的经济联系。**NAFTA**（加拿大、美国、墨西哥）和**AFTA**（东盟10国）就是其中的代表。
- □ 由于现在世界经济的联系更加紧密，一旦哪里出现了货币危机，金融危机和财政危机就会立即蔓延开来。比如1997年的**亚洲金融危机**、2007年的**次贷危机**和2010年的**欧元危机**等。
- □ 自**雷曼事件**以后，被称为**金融科技**的新金融服务在IT行业中层出不穷。

who's who

维弗雷多 · 帕累托（1848—1923年）

意大利经济学者。基于**里昂 · 瓦尔拉斯**（☞P.256）的均衡理论，提出了“帕累托最优”概念。

Chapter 3

经济学基本关键词

经济

“**经济**”这个词语，是从英语“economy”翻译而来的。研究经济的学问被称为“**经济学**”，而“经济性”（economical，economy）则用来形容物有所值、低价格。

英语里叫
“economy”。
翻译为
“经济”。
研究经济的学问称为
“economics”。
翻译为
“经济学”。
这个词是
“economy”。
嗯，指的是
“经济性”。

中国古籍中也出现过“经世济民”的成语。所以，经济本来具有“整治天下，救助民众”的意味，然而到了今天，它已经失去了原有的含义。

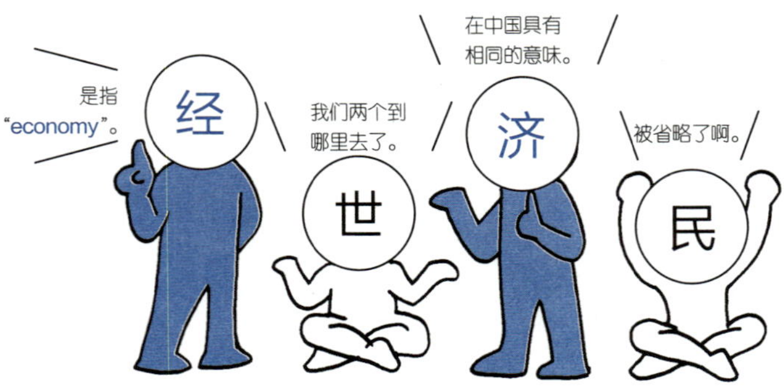
是指
“economy”。
经
我们两个到
哪里去了。
世
在中国具有
相同的意味。
济
被省略了啊。
民

商品和服务

我们的日常生活离不开经济。而为了能够生活下去，都需要些什么呢？在我们必需的事物当中，有形的称为“**商品**”，无形的称为“**服务**”。经济，指的就是人们之间交换必要的“**商品和服务**”的活动。

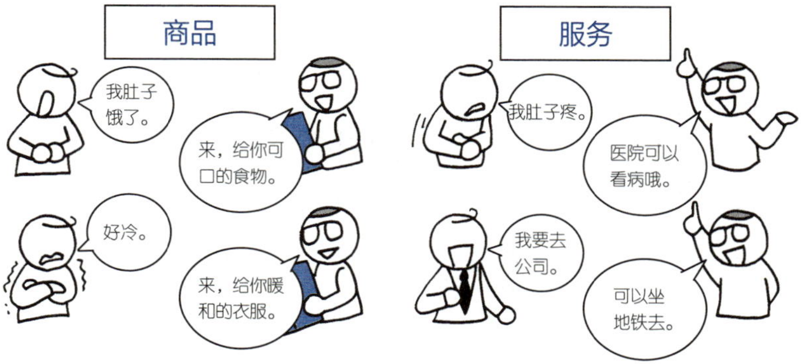
商品
我肚子饿了。
来，给你可口的食物。
好冷。
来，给你暖和的衣服。
服务
我肚子疼。
医院可以看病哦。
我要去公司。
可以坐地铁去。

经济活动

商品和服务又是如何进行交换的呢？对于现代经济而言，绝大多数场合都是用钱来进行交换的，这就是“**经济活动**”。经济活动不光在个人之间进行，也会在企业和政府等组织之间进行。

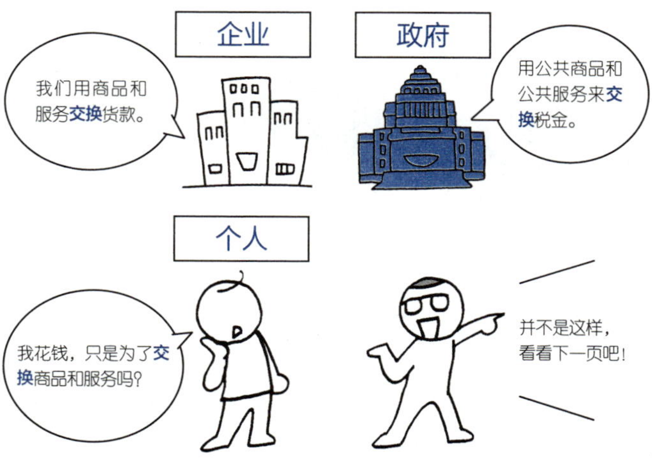
企业
我们用商品和服务交换货款。
政府
用公共商品和公共服务来交换税金。
个人
我花钱，只是为了交换商品和服务吗？
并不是这样，看看下一页吧！

经济主体

在经济学中，进行经济活动的单位被称作“**经济主体**”。都有哪些经济主体存在呢？对于这个问题有很多不同的答案，其中代表性的主流观点是将经济主体分为“**家庭**”（☞ P.98）、“**企业**”（☞ P.106）和“**政府**”（☞ P.203）三类。

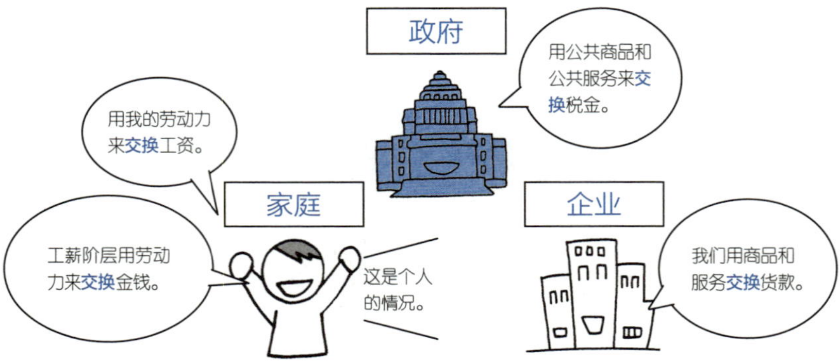
政府
用公共商品和公共服务来交换税金。
用我的劳动力来交换工资。
家庭
企业
工薪阶层用劳动力来交换金钱。
这是个人的情况。
我们用商品和服务交换货款。

这样一来，家庭、企业、政府三个经济主体之间的关系如下图所示。例如，对于家庭而言，其通过为企业和政府提供劳动力来交换工资，同时向政府缴纳税金。而政府向企业支付货款。经济主体间的关系称为**经济整体状况**。

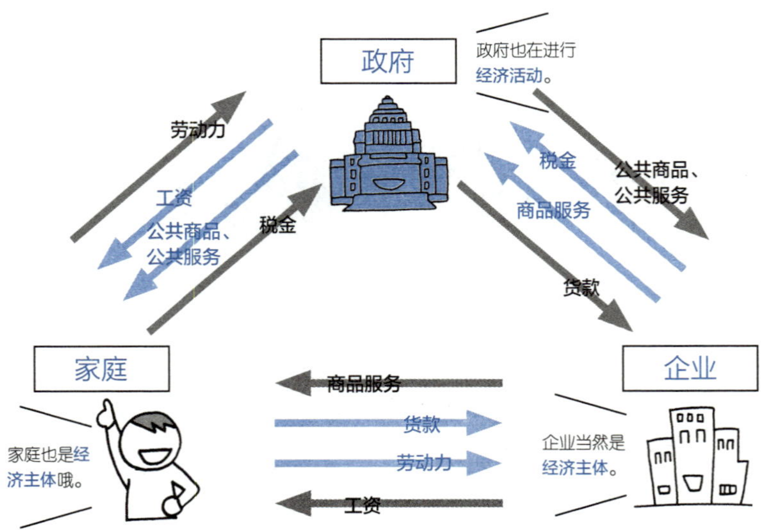
政府
政府也在进行经济活动。
劳动力
工资
公共商品、公共服务
税金
税金
商品服务
公共商品、公共服务
货款
家庭
企业
商品服务
货款
劳动力
工资
家庭也是经济主体哦。
企业当然是经济主体。

生产

各类经济主体都分别进行怎样的经济活动呢？由于商品和服务都会与金钱进行交换，因此，首先必须产出商品和服务，也就是进行“**生产**”。经济学认为，通过生产活动能够产出**附加值**（☞ P.162）。

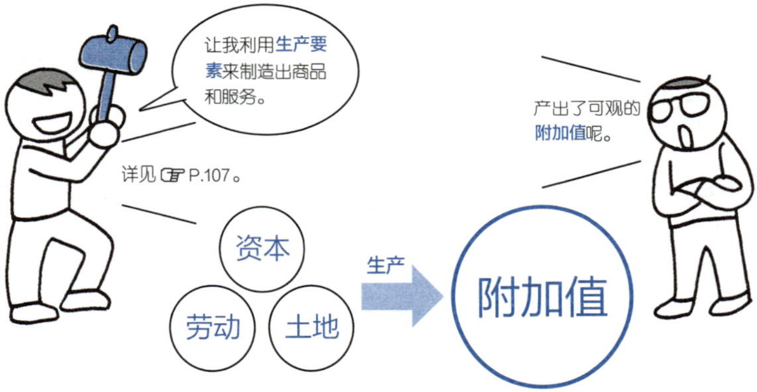

让我利用生产要素来制造出商品和服务。
详见☞P.107。
产出了可观的附加值呢。
资本
劳动
土地
生产
附加值

分配

第二个经济活动，就是将产出的附加值进行**分配**，即将附加值**分配**给三大生产要素的拥有者。也就是通过向股东分红、向职员支付薪水、向土地所有者支付土地租金的方式，将附加值作为具体的“收入”进行分配。

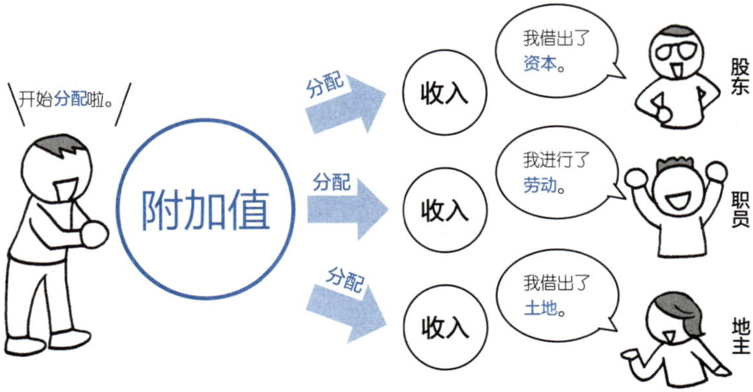

开始分配啦。
附加值
分配
分配
分配
收入
收入
收入
我借出了资本。
我进行了劳动。
我借出了土地。
股东
职员
地主

支出

所分配的“收入”，会流动到消费、储蓄或者投资中去，这就是我们要讲的第三个经济活动——“**支出**”。而这些支出将会唤起下一个循环的产生。以上三种经济活动，将分别以**国内总生产、国内总分配和国内总支出**来计算，而且使用**三种金额相等**的原则（☞ P.171）。

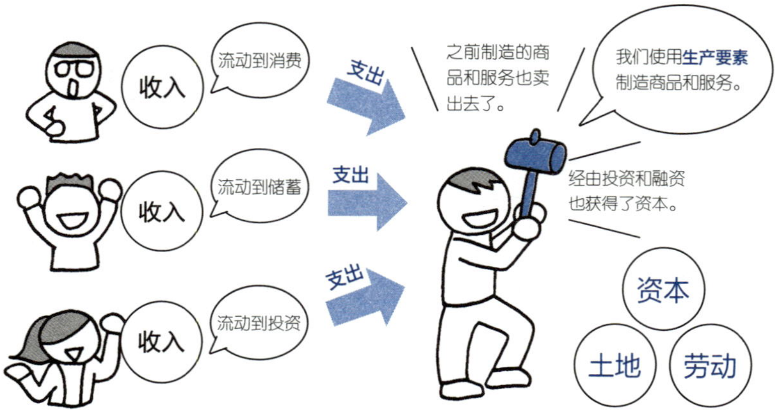
收入
流动到消费
支出
收入
流动到储蓄
支出
收入
流动到投资
支出
之前制造的商品和服务也卖出去了。
我们使用生产要素制造商品和服务。
经由投资和融资也获得了资本。
资本
土地
劳动

交换

在经济活动中，有一个重要概念，就是“**交换**”。凭借经分配所获得的收入获取必要的商品和服务，或是凭借产出的商品和服务来获取收入，是交换仅有的两种手段。而交换是经由“**市场**”进行的。

付出劳动，用分配的收入去购买生活必需的商品和服务。
将生产出的商品和服务卖掉，来获取能够分配的必要收入。
这样就能继续生活下去了。
交换
这样就能进行分配了。
对彼此都是有利的。
对彼此都是有利的。

市场经济

资本主义市场经济

在经济学中，把进行商品和服务交换的场所称作“**市场**”（☞ P.120）。简言之，就是指进行商品和服务买卖的场所。市场有根据价格的变化来自动调整需求和供给的功能，被称为“**市场机制**”（☞ P.125）。

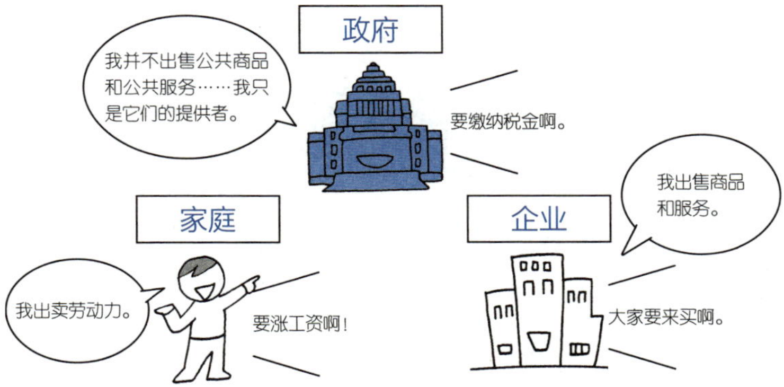

政府
我并不出售公共商品和公共服务……我只是它们的提供者。
要缴纳税金啊。
家庭
我出卖劳动力。
要涨工资啊！
企业
我出售商品和服务。
大家要来买啊。

把需求和供给的调节交给市场机制，让各个经济主体自由买卖商品和服务的经济体制就是“**市场经济**”。反之，让国家对供给和价格进行管制的就是“**计划经济**”（☞ P.268）。

计划经济
根据政府计划调节经济活动的经济运行体制。
市场经济
你那种方法怎么可能管用?
如果全权交给市场机制来调节，就会达到最佳的供给状态和价格。
也有“社会主义市场经济”哦（☞ P.277）。
贯彻到底就是“自由放任主义”了（☞ P.214）。
少许的国家干预也是必要的呢。

经济学

像前文中提到的，研究经济主体相互交换商品和服务的经济活动的学问就是“**经济学**”。因此，小到消费者个体的消费行为，大到世界范围的景气变动，都是经济学的涉猎范围。

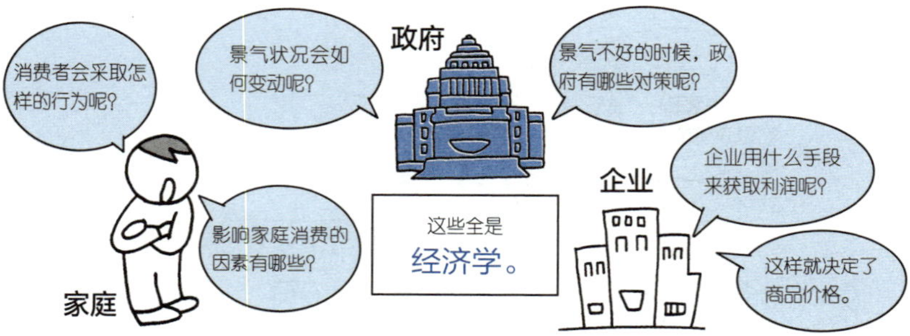
消费者会采取怎样的行为呢？
景气状况会如何变动呢？
政府
景气不好的时候，政府有哪些对策呢？
企业
企业用什么手段来获取利润呢？
影响家庭消费的因素有哪些？
这些全是
经济学。
这样就决定了商品价格。
家庭

经济学的历史，是随着社会进步由不断产生出的各种各样的学说推动发展而来的。我们有时候将近现代的经济学统称为“**现代经济学**”，而有着“现代经济学之父”之称的人就是**亚当·斯密**。现代经济学大致分为**微观经济学**和**宏观经济学**两大门类。

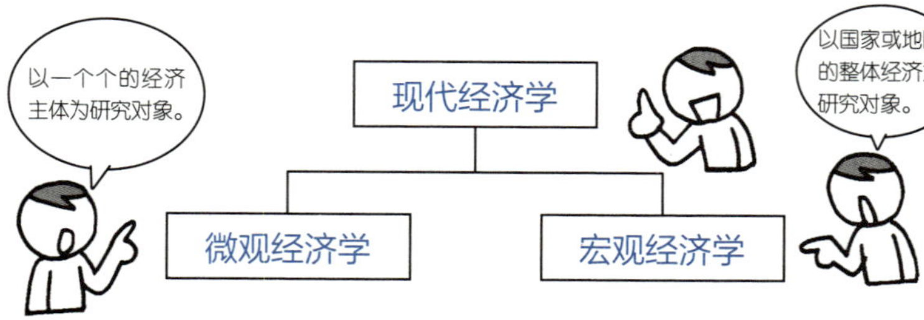
以一个个的经济主体为研究对象。
现代经济学
以国家或地区的整体经济为研究对象。
微观经济学
宏观经济学

who's who

亚当·斯密（1723—1790年）
出生于苏格兰的英国哲学家、经济学家。著有《国富论》，主张现代市场机制的基础是“**看不见的手**”。

微观经济学

“**微观经济学**”中的微观表示“小”的意思。到底有多小呢？小到对每个家庭、每个企业行为的分析。将这样的分析逐渐积累，就能进一步推测出消费者买什么、买多少会最为满足，以及企业的产量处于怎样的规模才能最赚钱。

消费者会采取何种消费行为？
企业将用何种方式决定价格？
买什么、买多少才会最为满足？
微观经济学
生产什么，以及生产多少才能最赚钱？

宏观经济学

与微观经济学相对，“**宏观经济学**”中的宏观则表示“大”的意思。它是对国家、地区或整体行业进行的总括分析。宏观经济学通过观察国家整体的GDP、物价及经济成长的相关数据，来对将来的经济状况进行预测，或者思考对当前经济状况行之有效的经济政策。

景气状况会如何变动呢？
何种经济政策是行之有效的？
该怎样决定消费和投资呢？
宏观经济学
为何会引起全球同时萧条？

最优化行为

对于经济学研究而言，有几个前提存在，其中之一就是“**最优化行为**”，即“**经济主体会采取符合其经济活动目的的最优化行为**”。换句话说，最优化行为前提指的是无论是个人还是企业，都必然会事先准确计算得失，并采取对自己最为有利的行为。

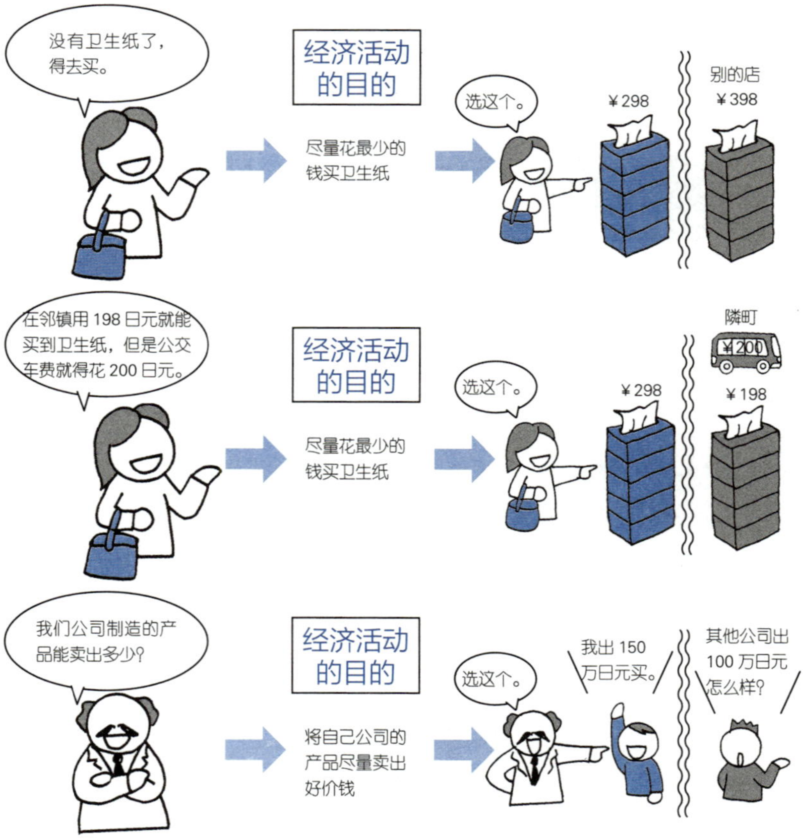
没有卫生纸了，得去买。
经济活动的目的
尽量花最少的钱买卫生纸
选这个。
¥298
别的店
¥398
在邻镇用198日元就能买到卫生纸，但是公交车费就得花200日元。
经济活动的目的
尽量花最少的钱买卫生纸
选这个。
¥298
隣町
¥200
¥198
我们公司制造的产品能卖出多少？
经济活动的目的
将自己公司的产品尽量卖出好价钱
选这个。
我出150万日元买。
其他公司出100万日元怎么样？

如果此前提不成立的话，就不能解释家庭的消费行为和企业的生产活动了。当然，其中也有一些个人和企业，出于其他原因并未采取最优化行为。不过从整体经济的高度来看，经济活动大体上都是以此为前提展开的。

刺激

经济学中的另一个前提，就是“**经济主体的经济活动是由自身决定的，并不会接受强行推销或强制劳动**”。如果此前提不成立，那么当你去调查消费者的消费行为时，得到的结论反而是：这样的消费行为是由其他决策者的意志所决定的。

确实是您自己决定
要购买的，对吧？
并不是其他人授意
你这样做的吧？
为何决定
买这个呢？
这一点也是
经济学的前提。
好烦啊。
自己决定的呗。

决定经济主体采取何种经济活动的因素是什么？其中一个重要因素就是“**刺激**”。这个词也有“诱因”和“动机”的意思，用来表示能够改变决策的事物。最容易理解的刺激就是**价格**（☞ P.85），当然，除此之外还有很多其他因素。

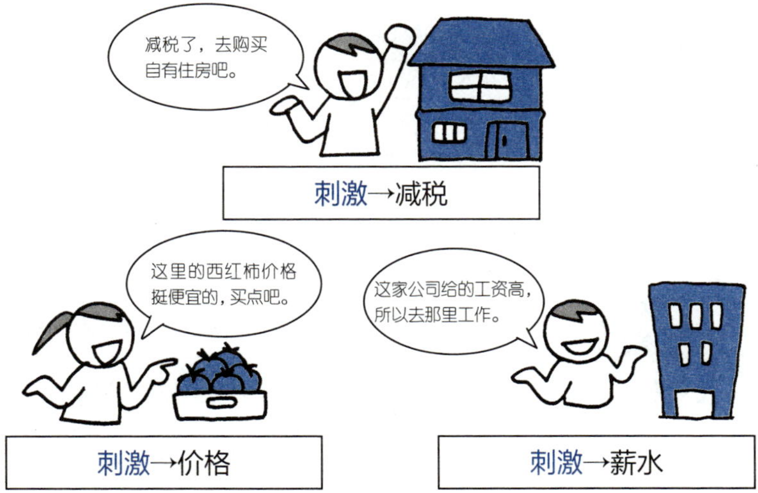

减税了，去购买
自有住房吧。
刺激→减税
这里的西红柿价格
挺便宜的，买点吧。
刺激→价格
这家公司给的工资高，
所以去那里工作。
刺激→薪水

稀缺性

稀缺性原理

经济学中一个重要思想就是“**稀缺性**”。稀缺性指的是资源、商品或者服务的数量满足不了人们的需求。例如，对于空气而言，只要全世界的人类都姑且能够呼吸的话，它就不具有稀缺性……

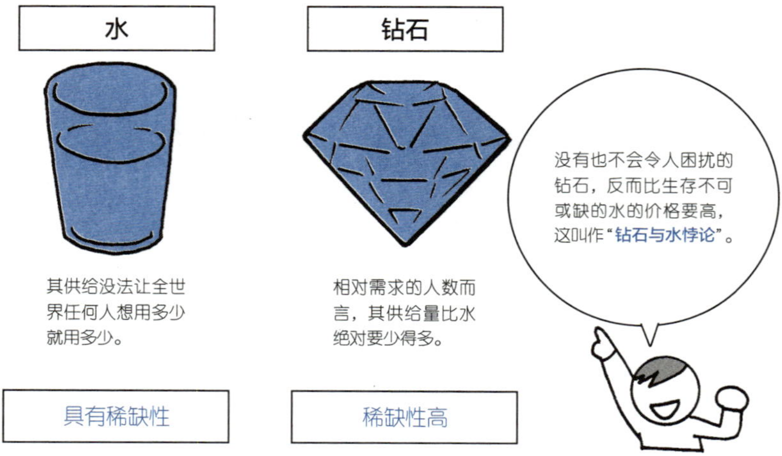

水
钻石
其供给没法让全世界任何人想用多少就用多少。
相对需求的人数而言，其供给量比水绝对要少得多。
具有稀缺性
稀缺性高
没有也不会令人困扰的钻石，反而比生存不可或缺的水的价格要高，这叫作“钻石与水悖论”。

稀缺性之所以重要，是因为它与解决经济学领域的诸多问题都有密切联系。例如，比起对于人类生存不可或缺的水，与生存无关的钻石的价格为什么反而贵得多，其原因就是钻石的**稀缺性高**得多。**权衡取舍**（☞ P.86）问题的出现，也和稀缺性分不开关系。

资源、商品和服务的经济价值是根据稀缺性决定的。
这就是稀缺性原理。
只要资源、商品和服务具有稀缺性，就会引起权衡取舍的问题。
正因为资源、商品和服务具有稀缺性，所以才会存在最优分配的经济学问题。

价值

“钻石与水悖论”也被称为“**价值悖论**”。其中的“价值”是指商品和服务的“**定价**”，换句话说就是，在市场中能够用多少金钱来与相应的商品或服务交换。交换的比率越高，其拥有的价值也就越高。

水
钻石
并不能换取很多钱。
能够换取很多钱。
只不过是水而已。
因为是钻石啊！
价值低
价值高

稀缺性越高其价值越高，这是**古典经济学派**（☞ P.245）的观点。为了解决价值悖论，古典经济学派将价值分为“**使用价值**”和“**交换价值**”两种。虽然水的使用价值很高，但其交换价值很低，所以水才比钻石要便宜很多。

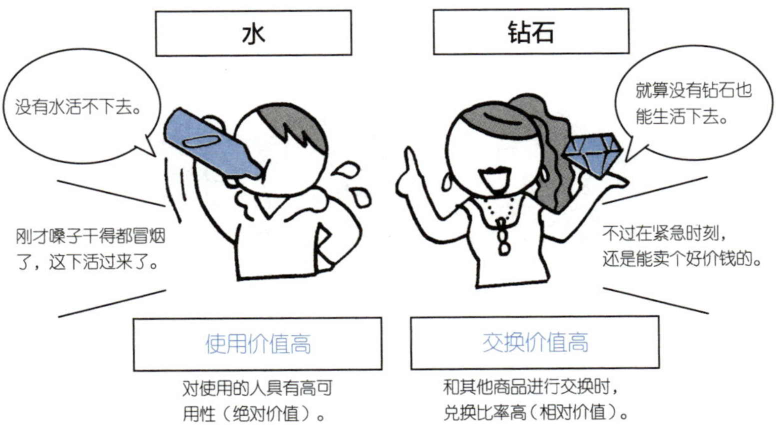
水
钻石
没有水活不下去。
就算没有钻石也能生活下去。
刚才嗓子干得都冒烟了，这下活过来了。
不过在紧急时刻，还是能卖个好价钱的。
使用价值高
交换价值高
对使用的人具有高可用性（绝对价值）。
和其他商品进行交换时，兑换比率高（相对价值）。

效用

现代经济学并不认为商品和服务本身具有价值。于是，现代经济学中使用“**效用**”这个术语来代替价值。具体来讲，效用就是指**人所感觉到的满足度**。正因为商品和服务具有效用，才会让人们愿意付出金钱来获取它们。

水
钻石
真好喝，
好满足。
刚才嗓子干
得冒烟了。
很漂亮吧，
好满足啊。
接下来就要
参加聚会了。
具有效用
具有效用

因为效用是由人所感知的东西，所以具有主观性。因此，不同的场合针对“是否具有效用”也会得出不同的结论。同时，“**边际效用**”（☞ P.99）也可以用来说明“钻石与水悖论”。

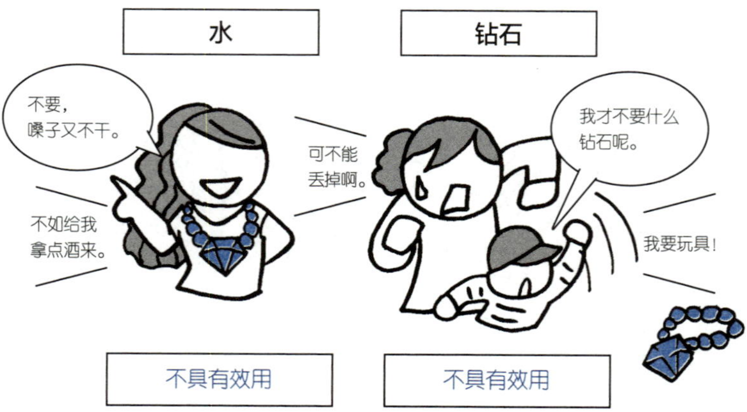

水
钻石
不要，
嗓子又不干。
不如给我
拿点酒来。
可不能
丢掉啊。
我才不要什么
钻石呢。
我要玩具！
不具有效用
不具有效用

利润

家庭（☞ P.98）作为经济主体时，会以最高满足度（效用最大化）为目的进行经济活动。而对于企业而言，其目的则在“利润”上。从“赚钱、获利”的角度来看，企业以“利润最大化”（☞ P.115）为目的进行经济活动。

效用最大化
利润最大化
以这个为目标！
很满足哦！
让我们以这个为目标！
好好赚钱！
家庭
企业

价格

“价格”是用来表示商品和服务的货币价值的。不过，它实际上还是一把用来衡量稀缺性（☞ P.82）的尺子。即便效用不变，稀缺性也会随着产量减少或者需求增加而变得越来越高，从而导致价格也会上涨。

就算价格高也要买。
卖吧。
卖吧。
抱歉，产量不足。
就算价格高一些也能卖出去。

权衡取舍

稀缺性还会带来“**权衡取舍**”的问题，类似“二律背反”，是经济学中另一个重要的概念。

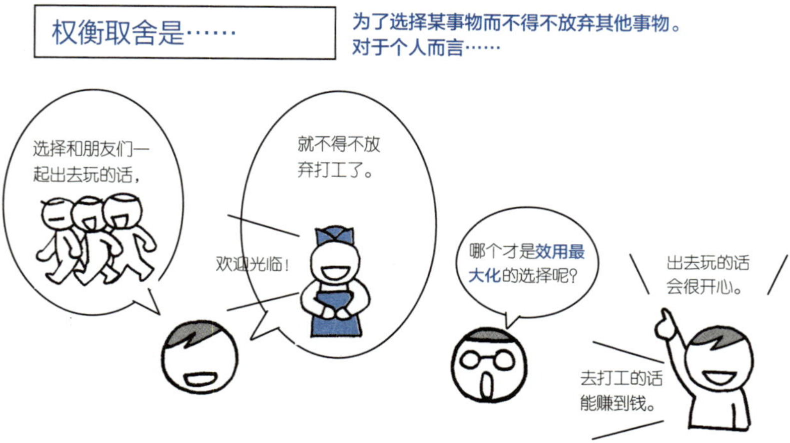

权衡取舍是……
为了选择某事物而不得不放弃其他事物。
对于个人而言……
选择和朋友们一起出去玩的话，
就不得不放弃打工了。
欢迎光临！
哪个才是效用最大化的选择呢？
出去玩的话会很开心。
去打工的话能赚到钱。

企业本来就是为了向消费者提供满足其需求的产品而存在的。然而，由于**生产要素**（☞ P.107）也具有稀缺性，所以一旦提供了某种商品，就不得不放弃制造其他商品。

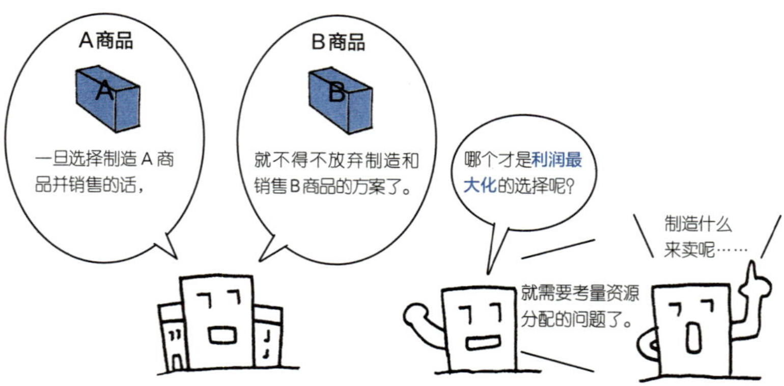

A商品
A
一旦选择制造 A 商品并销售的话，
B商品
B
就不得不放弃制造和销售B商品的方案了。
哪个才是利润最大化的选择呢？
制造什么来卖呢……
就需要考量资源分配的问题了。

像这样，从权衡取舍中引出了对资源最优配置的思考，而资源最优配置是经济学的重要目标之一。

成本

经济活动的过程，不但会获得效用和利润，还会耗费“**成本**”。企业生产自不用说，家庭消费也要花费成本。企业的成本主要是在**生产要素**（☞ P.107）中需要支付的工资和股息等，而对于家庭而言则是伴随消费过程的损失。

和朋友们一起
出去玩的话，
要花掉交通费和
餐费等成本。
对生产而言，则会产生分
配给生产要素的工资、股
息、地租等成本。
没办法，无论哪方
面都得付出成本。

机会成本

顺便说一下，经济学中，经过权衡取舍后舍弃的效用和利润也会计入“成本”来考虑。即假如做出这种选择后所获得的效用和利润，就成为做出其他选择时的损失，将这样的损失也作为一种成本来考虑，并将其称为“**机会成本**”。

机会成本是……	**做出了某种选择后，所放弃的其他选择可能获得的效用和利润。**

因为选择了和朋友
们一起出去玩，
就放弃去
打工了。
当时去打工的话
能获得的收入就
是机会成本。
对生产而言，放弃制造
的商品所能够产生的利
润就是机会成本。
哪种选择
更合算呢？

用1分钟回顾一下！

本章的要点

- □ 经济学中的**经济活动**，就是指用金钱来交换**商品和服务**的活动。
- □ 进行经济活动的单位称为**经济主体**，经济主体分为家庭、企业、政府三类。
- □ 经济活动包括**生产、分配**和**支出**。
- □ 用金钱来交换商品和服务的场所称为**市场**。市场会根据价格变化自动调整需求和供给，即**市场机制**在起作用。
- □ 经济学可以分为**宏观经济学**和**微观经济学**。
- □ 经济学中，有**最优化行为**和**刺激**等几个前提。
- □ 经济学中的重要概念之一就是**稀缺性**。古典经济学派的观点认为稀缺性越高，**价值**越高。
- □ 现代经济学中，**效用**（类似满足度）的思想变得重要起来。
- □ **家庭**以**效用最大化**为目的进行经济活动，**企业**则以**利润最大化**为目的。
- □ 稀缺性会导致**权衡取舍**问题的发生，即追求某一事物必须牺牲其他事物。

who's who

威廉姆·斯坦利·杰文斯（1835—1882年）

英国经济学者。和瓦尔拉斯、门格尔等人处于同一时期，在其主要著作《经济学理论》中展开阐述了“边际效用理论”。同时，作为经济周期方面“太阳黑子理论”的倡导者而被人们熟知。

Chapter 4

家庭·企业

微观经济学关键词①

边际

边际的概念

在展开微观经济学的话题之前，有个术语需要了解，这就是“边际”。经济学领域中的“边际”并不是指界限的意思，简单来讲，就是指增加量和增加率的问题。例如，效用的增加量就以“边际效用”（☞ P.99）的形式来体现。

当购买的啤酒数量从1罐变为2罐时，满足度会增加多少呢？
因为增加量就是“边际”，满足度就是“效用”，所以增加部分产生的“效用”就是“边际效用”。
今天要喝个够哦！

你可能会想，边际又有什么了不起的呢？然而在经济学的历史上，它是具有划时代意义的浓墨重彩的一笔。我们现在将19世纪70年代时边际以及效用（☞ P.84）思想的登场称为“边际革命”，并将其称为现代经济学的开端。

商品价值由稀缺性
生产成本
和使用的劳动力决定！
古典经济学派
不对！
商品价值应该用效用
和边际的思想来理解！
边际革命

需求

另外，还需要事先强调“**需求**”“**供给**”和**价格**（☞ P.85）之间的关系。一般而言，“**需求**”增加则价格上涨，需求减少则价格下跌。不过，需求也会反过来受到价格的影响。价格上涨会导致需求减少，价格下跌，需求则有增加的趋势。

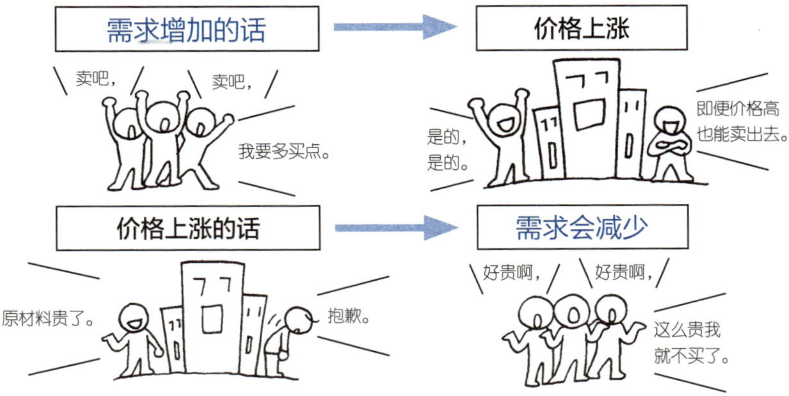
需求增加的话
价格上涨
卖吧，
卖吧，
我要多买点。
是的，
是的。
即便价格高
也能卖出去。
价格上涨的话
需求会减少
原材料贵了。
抱歉。
好贵啊，
好贵啊，
这么贵我
就不买了。

供给

“**供给**”和价格之间也有类似的关系。供给减少的话价格也会上涨，供给增加的话则价格下跌。同样地，供给也会反过来受到价格的影响。一般来讲，价格下跌会导致供给减少，价格上涨则供给会有增加的趋势。需求、供给和价格之间就是这样互相影响的。

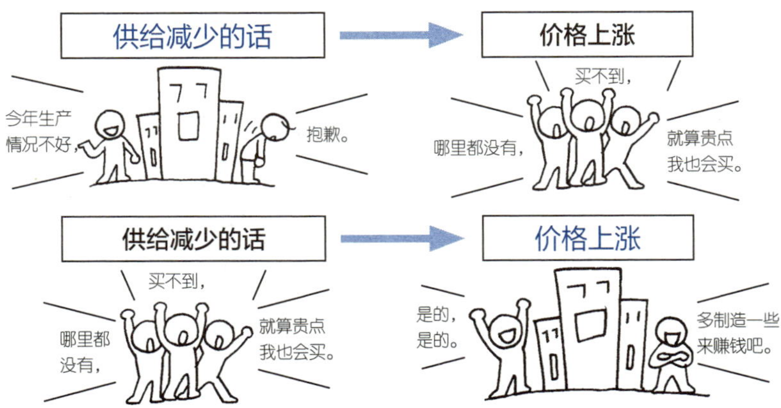
供给减少的话
价格上涨
今年生产
情况不好，
抱歉。
买不到，
哪里都没有，
就算贵点
我也会买。
供给减少的话
价格上涨
买不到，
哪里都
没有，
就算贵点
我也会买。
是的，
是的。
多制造一些
来赚钱吧。

需求曲线

如下图中表示需求、供给和价格之间关系的曲线就是“**需求曲线**”和“**供给曲线**”了。**需求曲线表明需求随价格上升而下降，随着价格下降而上升。**需求曲线一般是曲线而不是直线，这是因为**边际效用**（☞ P.99）并不是线性变化的。

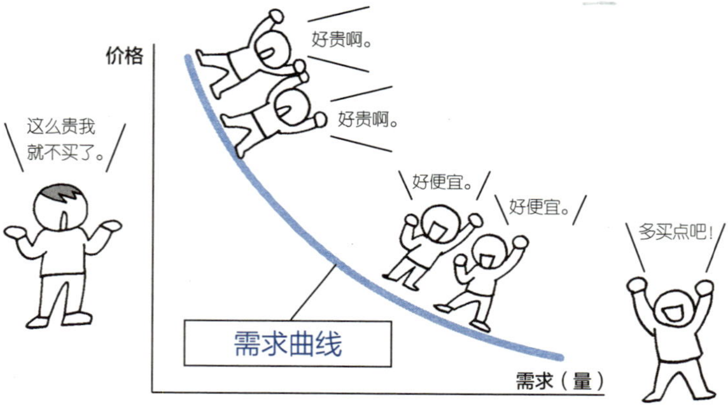
价格
好贵啊。
好贵啊。
这么贵我
就不买了。
好便宜。
好便宜。
多买点吧！
需求曲线
需求（量）

需求曲线也会随着价格之外的条件而变化。例如，如果人们自由支配的金钱增加，即便价格维持不变，也比之前有能力购买更多的东西。这时，需求曲线会有向图中右上方移动的趋势，这被称为“**需求曲线移动**”现象。

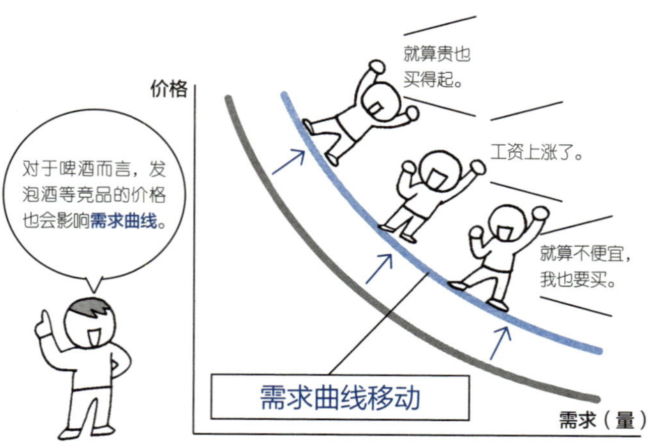
价格
就算贵也
买得起。
工资上涨了。
对于啤酒而言，发
泡酒等竞品的价格
也会影响需求曲线。
就算不便宜，
我也要买。
需求曲线移动
需求（量）

供给曲线

与需求曲线相对应，“**供给曲线**”表示供给和价格之间的关系，表明**供给随价格下跌而减少，随着价格上涨而增加**。一般来讲，**边际成本**（☞P.111）也不是线性变化的，所以供给曲线也同样是曲线，而不是直线。

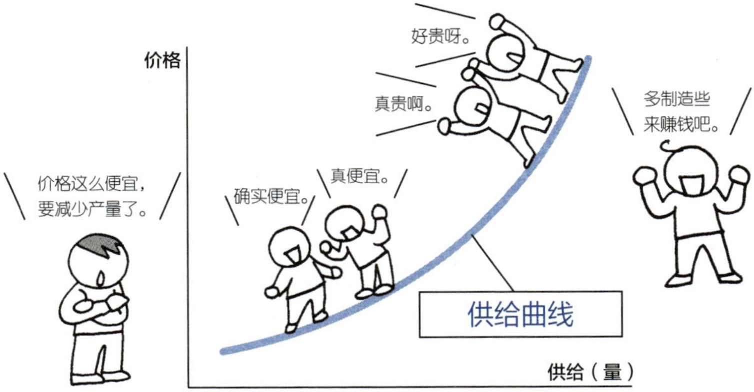

价格
好贵呀。
真贵啊。
多制造些
来赚钱吧。
价格这么便宜，
要减少产量了。
确实便宜。
真便宜。
供给曲线
供给（量）

除价格之外，其他条件也会对供给曲线施加影响，比如**生产成本**。一旦人工费等生产成本增加，而价格维持不变的话，就会导致生产者利润减少。这时，价格上涨而供给会减少，即引起了“**供给曲线移动**”。

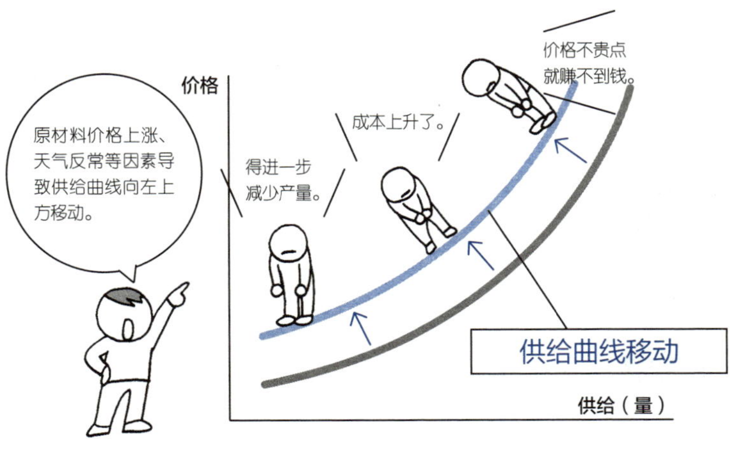

价格
原材料价格上涨、
天气反常等因素导
致供给曲线向左上
方移动。
价格不贵点
就赚不到钱。
成本上升了。
得进一步
减少产量。
供给曲线移动
供给（量）

供需平衡

均衡点，竞争均衡

从需求曲线和供给曲线中，能够了解市场中价格和交易量之间是如何稳定下来的。将需求曲线和供给曲线绘制在同一坐标系下，价格和交易量会在它们的交点处稳定，这个交点叫作“**均衡点**”，此处对应的价格叫作“**均衡价格**”，此处对应的需求和供给量则叫作“**均衡交易量**”。

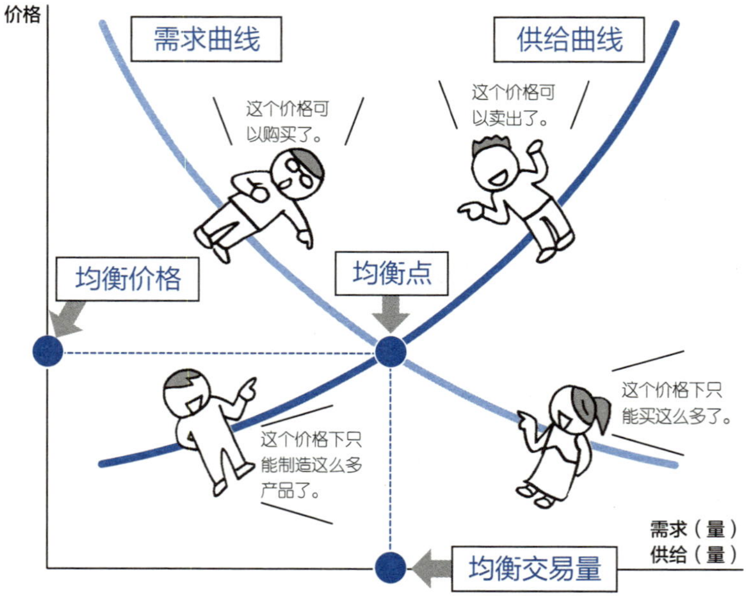

以图表形式构建了供给曲线和需求曲线的人，就是**阿尔弗雷德·马歇尔**。自马歇尔开始，将价格作为纵坐标成了经济学的传统，并一直保留到现在。

who's who

阿尔弗雷德·马歇尔（1842—1924年）
英国经济学者。在其主要著作《经济学原理》中首次提出需求和供给决定价格的关系。同时作为培养出**凯恩斯**（☞P.184）和**庇古**（☞P.118，P.154）的老师而被人们熟知。

需求过剩

如果市场的价格低于均衡点的话，会发生什么呢？如下图所示，会出现需求增加而供给减少的情况。这样一来，供给和需求变得不均衡，即需求超出供给，超出的部分就是“**需求过剩**”部分。而与之相反的情况称为“**供给过剩**”。

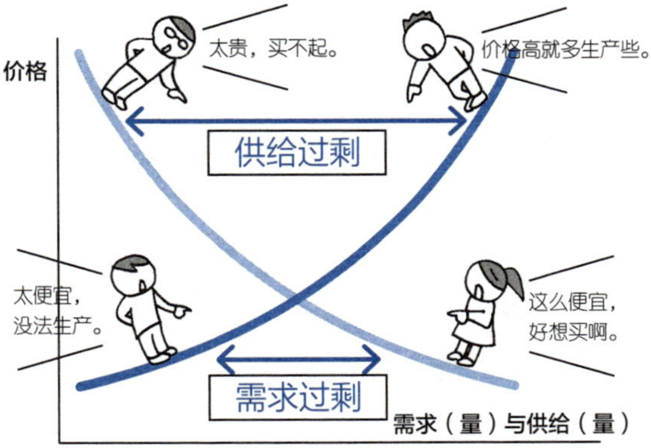
价格
太贵，买不起。
价格高就多生产些。
供给过剩
太便宜，
没法生产。
这么便宜，
好想买啊。
需求过剩
需求（量）与供给（量）

供给过剩

价格高于均衡点就会产生“**供给过剩**”现象。供给过剩出现时，价格将持续下跌，直到需求和供给达到均衡。反之，需求过剩出现时，价格将持续上涨，直到需求均衡为止，能通过调整**价格**来均衡供需关系。

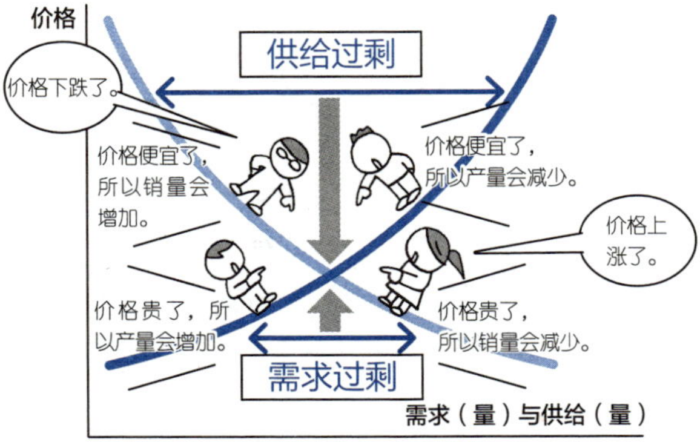
价格
供给过剩
价格下跌了。
价格便宜了，
所以销量会
增加。
价格便宜了，
所以产量会减少。
价格上
涨了。
价格贵了，所
以产量会增加。
价格贵了，
所以销量会减少。
需求过剩
需求（量）与供给（量）

需求弹性

需求价格弹性

在需求和供给中需要考虑"**弹性**"。弹性指的就是供需对应于价格的上涨或下跌具有多敏感的反应。其中"**需求弹性**"表示当价格上涨1%时，需求会减少的百分比。

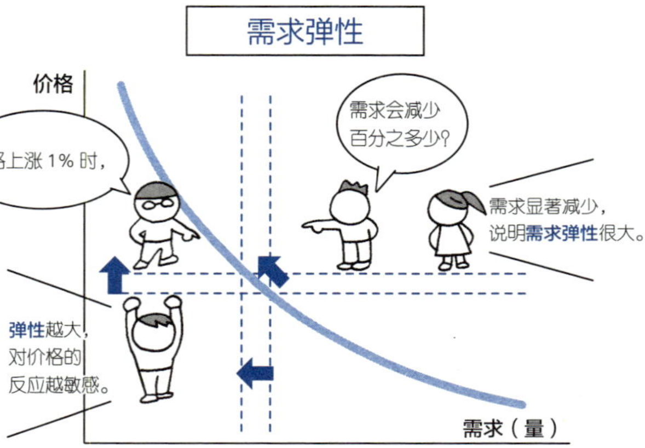

需求弹性
价格
价格上涨 1% 时，
需求会减少
百分之多少？
需求显著减少，
说明需求弹性很大。
弹性越大，
对价格的
反应越敏感。
需求（量）

弹性可以用曲线的斜率来表示。弹性小的曲线在图中具有更陡峭的斜率，这样的曲线也称为"**非弹性需求曲线**"。需求为弹性（弹性大的）的典型代表是奢侈品，需求为非弹性（弹性小的）的典型代表为生活必需品。

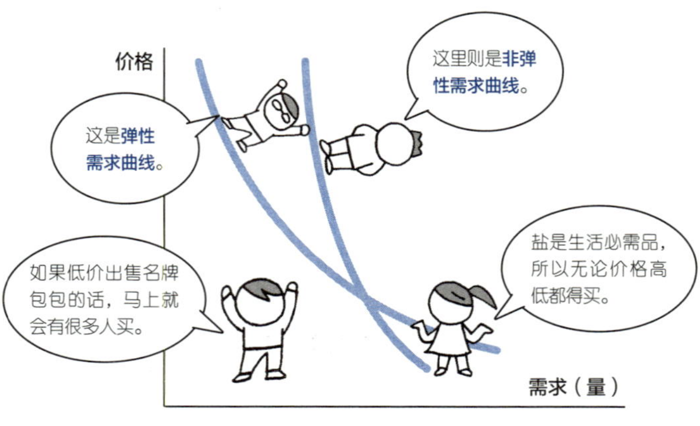

价格
这是弹性
需求曲线。
这里则是非弹
性需求曲线。
如果低价出售名牌
包包的话，马上就
会有很多人买。
盐是生活必需品，
所以无论价格高
低都得买。
需求（量）

供给弹性

供给价格弹性

“**供给弹性**”的描述也与需求弹性类似，即当价格上涨1%时供给会增加的百分比。同样地，也分为弹性供给曲线和非弹性供给曲线两种。供给曲线的弹性越大，供给对于价格上涨的敏感度越高，增加量也越多。

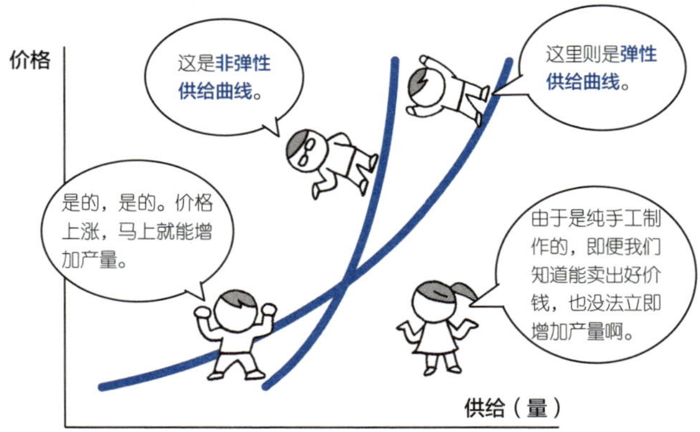
价格
这是非弹性供给曲线。
这里则是弹性供给曲线。
是的，是的。价格上涨，马上就能增加产量。
由于是纯手工制作的，即便我们知道能卖出好价钱，也没法立即增加产量啊。
供给（量）

不过，也有短期来看供给为非弹性，但长期来看则会变为弹性的情况存在。这是因为企业可以通过增强生产能力等手段，来弥补需求的不足。即从长远来看，非弹性需求也有可能变为弹性需求。

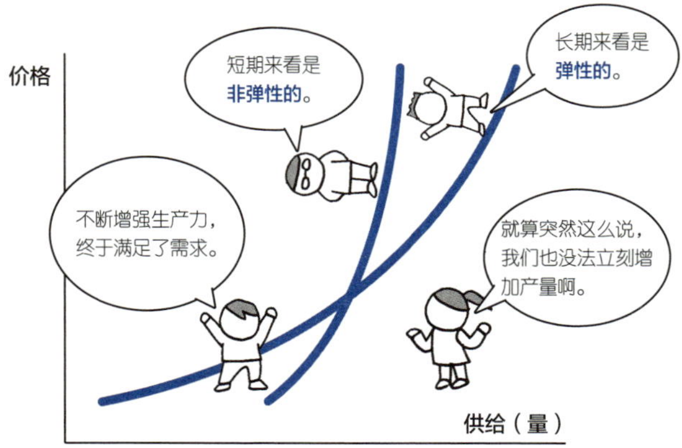
价格
短期来看是非弹性的。
长期来看是弹性的。
不断增强生产力，终于满足了需求。
就算突然这么说，我们也没法立刻增加产量啊。
供给（量）

家庭

让我们继续微观经济学的话题。**家庭**是进行经济活动的**经济主体**（☞ P.74）之一，家庭的单位通常并不是个人，而是指一起生活的一家人。家庭为企业和政府提供劳动力，并从中获取工资。虽然也有家庭将存的钱用于投资，或者将持有的**土地**供应出去（☞ P.107），但是其最重要的功能，是作为最小需求单位购买商品和服务来进行消费的。

我的零花钱。
我的工资。
大家的伙食费。
都属于我们家庭的范畴。
用赚得的工资、投资收益和出让土地获取的地租，
来买入商品和服务，进行消费。
家庭

家庭在其收入所局限的范围内“**需求**”商品和服务，从而将家庭**效用**最大化。

我想吃点心。
我要买啤酒。
我们来吃寿司吧。
有必要购入来进行消费的东西就叫作“需求”。
用什么能达到最高的满足度?
以效用最大化为目标进行经济活动。
家庭

边际效用

想达到效用最大化时需要考虑的重要因素便是“**边际效用**”。所谓边际效用，就是效用增加量（满足度）和消费增加量的比率。

$$\text{边际效用} = \frac{\text{效用增加量}}{\text{消费增加量}}$$

180日元的罐装啤酒就能让我很满足。
这表示，此时1罐啤酒的边际效用很大。
真好喝耶，冰镇的很够劲。
你自己喝吧……

但是，第2罐、第3罐啤酒可不一定同样好喝，边际效用是“**递减**”（**逐渐减小**）的。

边际效用递减法则 戈森第一定律

由于边际效用是递减的，所以只单纯消费啤酒的行为并不能达到**效用最大化**。从某个时间点开始，效用几乎不再增加。

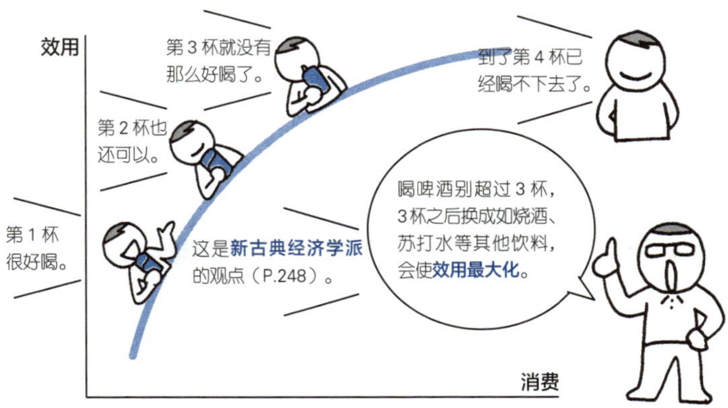

效用
消费
第1杯很好喝。
第2杯也还可以。
第3杯就没有那么好喝了。
到了第4杯已经喝不下去了。
这是新古典经济学派的观点（P.248）。
喝啤酒别超过3杯，3杯之后换成如烧酒、苏打水等其他饮料，会使效用最大化。

钻石比水还要贵，也是因为在有充足水资源的环境中，水的边际效用很小罢了（☞ P.84）。因此得出结论，价格是由稀缺性和边际效用来决定的。

收入效应

商品和服务的价格，会对家庭的消费行为产生影响。例如，价格下跌和实际收入增加的效果是相同的。这样一来，价格下跌时家庭自然也会尝试增加自己的消费吧。这种价格变化等同于实际收入变化，对消费施加的效果就是“**收入效应**”。

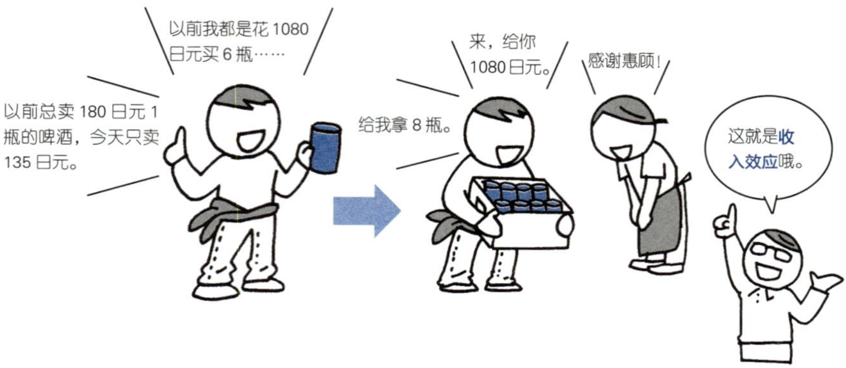

以前总卖 180 日元 1 瓶的啤酒，今天只卖 135 日元。
以前我都是花 1080 日元买 6 瓶……
给我拿 8 瓶。
来，给你 1080 日元。
感谢惠顾！
这就是收入效应哦。

反之，价格如果上涨的话又会怎样呢？当你不想改变此种商品或者服务的消费量时，就只能缩减其他商品和服务的消费了。类似这样，价格上涨等效于实际收入减少，从而导致对其他商品和服务的消费减少，也属于收入效应的范畴。

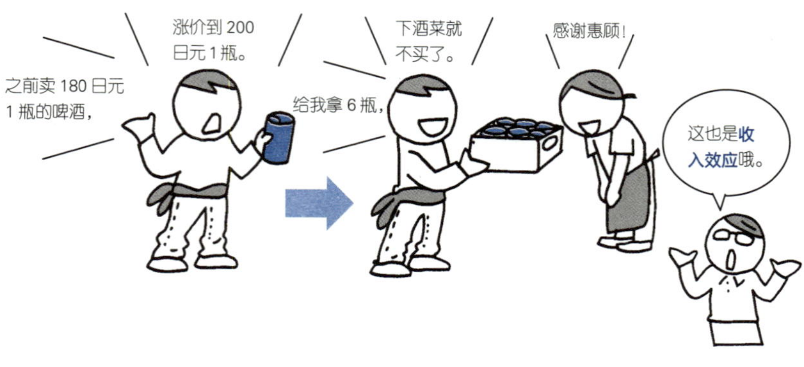

之前卖 180 日元 1 瓶的啤酒，
涨价到 200 日元 1 瓶。
给我拿 6 瓶，
下酒菜就不买了。
感谢惠顾！
这也是收入效应哦。

替代效应

商品或服务的价格上涨时，有时也会导致使用其他商品或服务来获得同样效用的消费行为出现。此时，实际收入并没有发生变化，所以不存在收入效应。将这种用其他商品或服务来替代的效应称为“**替代效应**”。

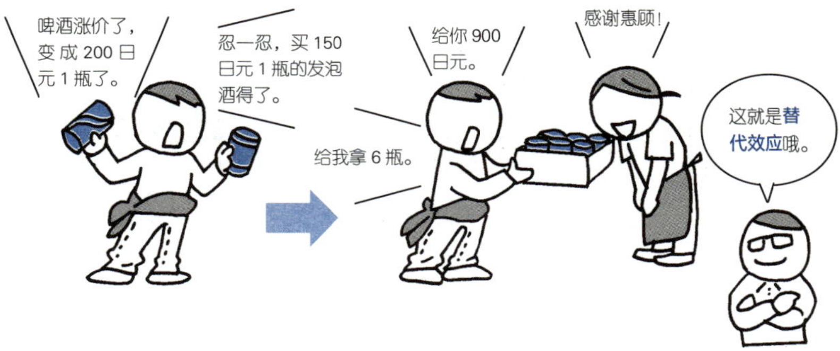
啤酒涨价了，变成 200 日元 1 瓶了。
忍一忍，买 150 日元 1 瓶的发泡酒得了。
给你 900 日元。
给我拿 6 瓶。
感谢惠顾！
这就是替代效应哦。

另外，如果其他商品或服务的价格没有发生变化，但由于与价格已经上涨的当前商品或服务对比，仍然会感觉到价格相对便宜，所以其消费也会增加。因此，减少价格变贵的商品或服务的消费，增加对价格相对便宜的商品或服务的消费，也是替代效应的一种。

啤酒涨价了，变成 200 日元 1 瓶了。
葡萄酒并没有涨价。
感觉葡萄酒价钱比较便宜。
给我拿葡萄酒。
感谢惠顾！
这也是替代效应哦。

正常商品 高档商品

对通常所说的商品和服务而言，当其价格下跌时，基于收入效应和替代效应的影响，其需求会沿着需求曲线增大。

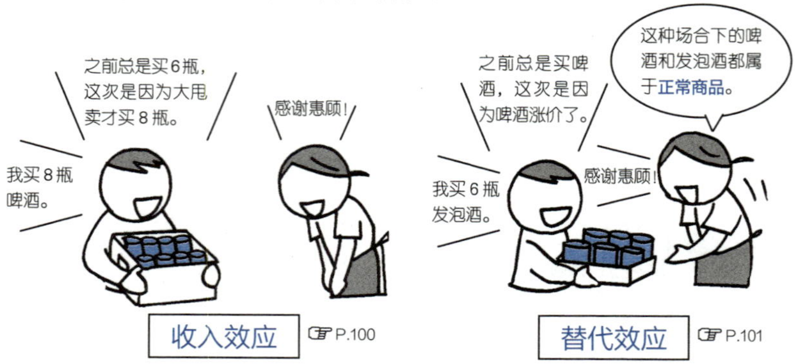
之前总是买6瓶，这次是因为大甩卖才买8瓶。
我买8瓶啤酒。
感谢惠顾！
收入效应
☞P.100
之前总是买啤酒，这次是因为啤酒涨价了。
我买6瓶发泡酒。
感谢惠顾！
这种场合下的啤酒和发泡酒都属于正常商品。
替代效应
☞P.101

像这样的商品和服务都称作“**正常商品**”或者“**高档商品**”。你可能会问了，为什么专门给它们起这样一个名字呢?

劣质商品 低档商品

那是因为，还有一类商品和服务当价格下跌时，它们的需求反而会减少，这种商品和服务就是“**劣质商品**”，或者称为“**低档商品**”。

之前总是买发泡酒，这次是因为啤酒大甩卖。
我买6瓶啤酒。
感谢惠顾！
收入效应
之前总是买啤酒，这次是因为啤酒涨价了。
我买6瓶发泡酒。
感谢惠顾！
之后啤酒价格如果下跌的话，发泡酒的需求也会减少。
替代效应

像这样，对于劣质商品（这里指发泡酒）而言，会因替代效应使需求增加，因收入效应使需求减少。

替代商品

某种商品或服务的需求会受到其他商品或服务的价格影响。特别是具有类似性质的其他商品或服务存在的话，则更会产生显著的影响。例如，苹果和橘子，两者都属于食品中的水果类，上市季节也高度重合。这样一来，会发生什么呢?

哎呀，苹果好贵哦。
橘子价格还跟平时一样。
就买橘子吧。
因为橘子相对比较便宜。
感谢惠顾!
这是因为橘子和苹果相比，橘子的价格相对便宜一些。

交叉替代效应

像上文中的情况那样，一方的价格上涨会引发另一方替代需求的出现，如果两种商品之间存在这样的关系，称这样的两种商品互为“**替代商品**”。并且，把因另一种商品价格变化引起的替代效应，专门称为“**交叉替代效应**”。

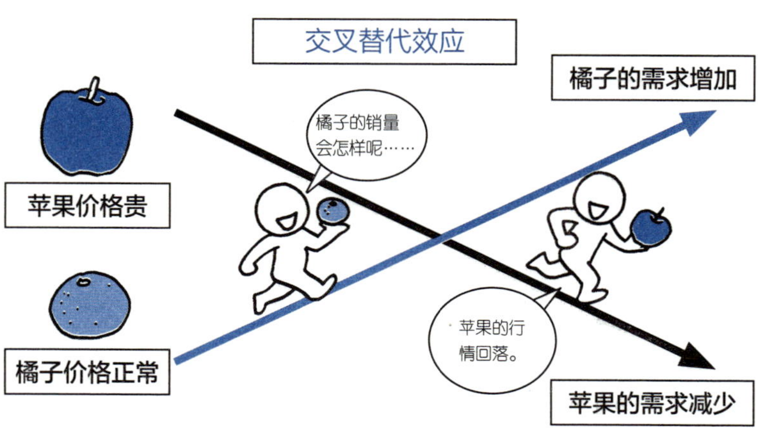

交叉替代效应
苹果价格贵
橘子价格正常
橘子的销量会怎样呢……
橘子的需求增加
苹果的行情回落。
苹果的需求减少

补充商品

当其他商品或服务的需求增加时，也有一些商品或服务的需求受其影响也会增加。例如，咖喱和福神酱菜。它们之间存在这样的关系：低价甩卖将导致一方需求发生变动，同时也会使另一方的需求往相同方向变动，称这样的两种商品互为“补充商品”。

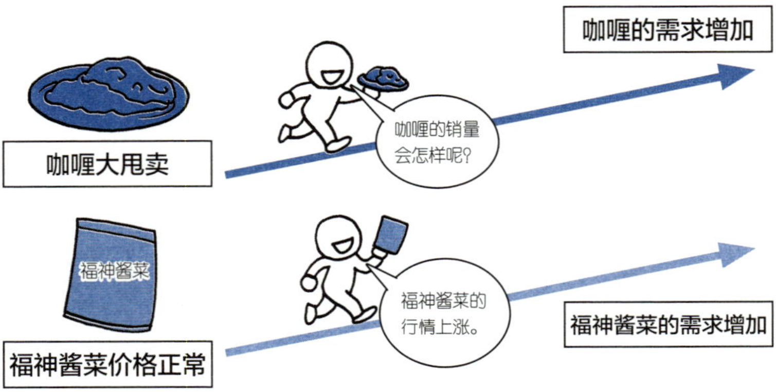

总体效应 总效应，价格效应

收入效应和替代效应综合起来称为“**总体效应**”或者“**价格效应**”。例如，当价格下跌时，无论是正常商品还是劣质商品，由于总体效应的影响，其需求都会增加。然而，对于劣质商品而言，当其收入效应比替代效应强时，也可能出现价格下跌反而需求减少的情况。

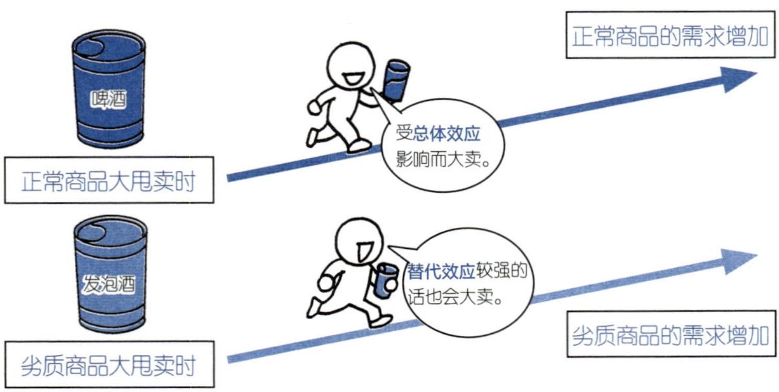

吉芬商品理论

吉芬悖论

明明价格上涨了，需求反而增加，价格一旦下跌，需求还会减少，这样的商品称为“**吉芬商品**”。此关键词源自发现这一现象的英国经济学家——**罗伯特·吉芬**。吉芬对19世纪爱尔兰马铃薯饥荒时价格与需求的变化做了研究，当时的情况如下图所示。

饥荒导致没有钱。
买不起面包和肉。
卖给我们马铃薯吧。
马铃薯现在也很贵哦。
比面包和肉要便宜。
也就是说，这是因为收入效应强于替代效应导致的。

随后饥荒结束，人们又开始能够买得起面包和肉了。

手头有点余裕了。
去买面包和肉。
再不吃马铃薯了。
马铃薯现在很便宜哦。
买面包和肉去了，不要马铃薯了。
这也是因为收入效应强于替代效应。

像这样，一旦劣质商品的收入效应强于替代效应，就会出现与通常状况相反的价格与需求的关系，此时称其为吉芬商品。

企业

微观经济学中，另一个重要**经济主体**（☞ P.74）就是“**企业**”。企业雇用家庭所提供的劳动者，投入资本等生产要素，进行商品和服务的生产活动。企业将产出的商品和服务在市场上销售，从而获得**利润**（☞ P.85）。

企业通过
生产和
销售
来获得利润
××公司
××工厂
××销售

家庭是以效用最大化为目的进行经济活动的，与之相对应，企业则是以**利润最大化**（☞ P.115）为目的。究其原因，企业不但要给劳动者支付薪水，还要向股东派发红利，更要为社会做出贡献，所以利润对于企业而言是不可或缺的。

企业使利
润最大化
来支付薪水
派发红利
为社会做贡献
这是企业
这是劳动者
这是投资者
这是政府
税金

生产要素

企业为了能够生产商品和服务所必需的东西叫作“**生产要素**”。虽然有很多种说法，但一般来讲，生产要素分为“**劳动**”“**资本**”“**土地**”三大类。

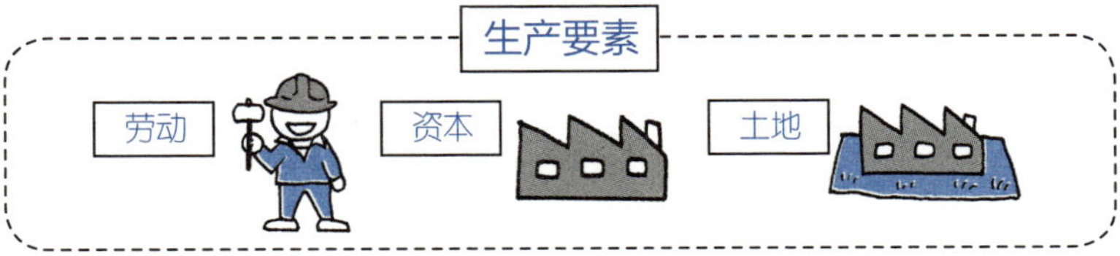

“**劳动**”除了体力劳动之外，也包含脑力劳动。企业为劳动力所支付的工资，就成为家庭（☞ P.98）的收入。

“**资本**”是指在生产和销售过程中所用到的机械设备和厂房等，企业须为资本支付相应利息。微观经济学认为，资本一直处于租用中，因此资本的租用费就是利率对应的部分。

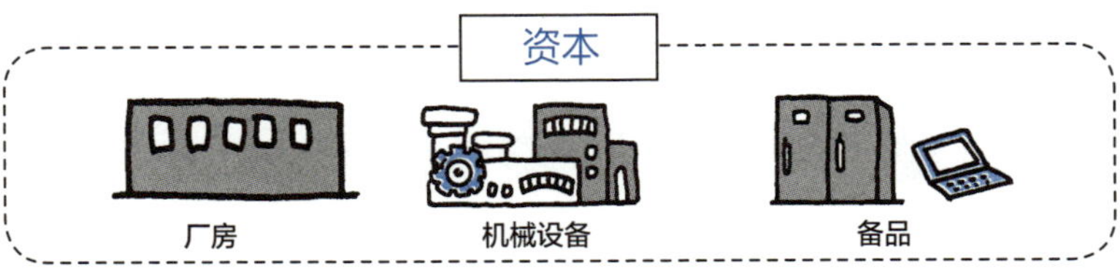

“**土地**”是获之于自然的生产要素，所以除了字面意义的土地之外，也包含其中的自然资源。为租用土地支付的费用就是地租。

边际生产

边际产品、边际生产力

就企业的生产而言，同家庭的**效用**（☞ P.84）一样，也能够用“边际”的思想来考虑问题。而“**边际生产**”就是“生产量增加部分”和“生产要素增加部分”的比率。

$$\text{边际生产} = \frac{\text{生产量增加部分}}{\text{生产要素增加部分}}$$

劳动者每增加 1 人，能增加多少产量呢？
因为销售行情良好，正在考虑增产。
你是在问边际生产的事情吧？
那样做是增加不了多少的。

然而，只增加某一种生产要素，其效果是很有限的。边际生产也遵循“递减”（逐渐减少）的规律。

边际生产递减法则 边际生产力递减法则

因为**边际生产也是递减的**，所以仅仅增加一种生产要素，并不意味着利润能够最大化，这就是“**边际生产递减法则**”。

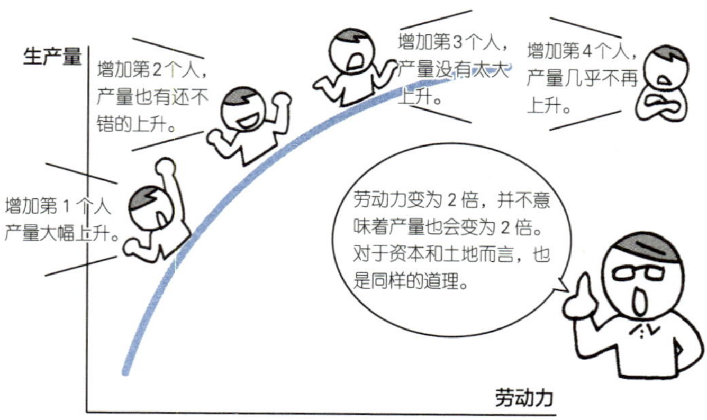

生产量
劳动力
增加第 1 个人产量大幅上升。
增加第 2 个人，产量也有还不错的上升。
增加第 3 个人，产量没有太大上升。
增加第 4 个人，产量几乎不再上升。
劳动力变为 2 倍，并不意味着产量也会变为 2 倍。对于资本和土地而言，也是同样的道理。

企业的产量是和利润直接关联的，因此边际生产将会以什么样的程度递减，对于企业而言就成为十分重要的信息。

生产函数

将生产要素的投入量和产量之间的关系用关系式表示出来，就会得到"**生产函数**"。劳动、资本和土地均可以得到各自的生产函数。对于某一个生产函数进行考量时，需要事先对其他生产要素做出一定假设。下图将生产函数用图表的形式表现了出来。

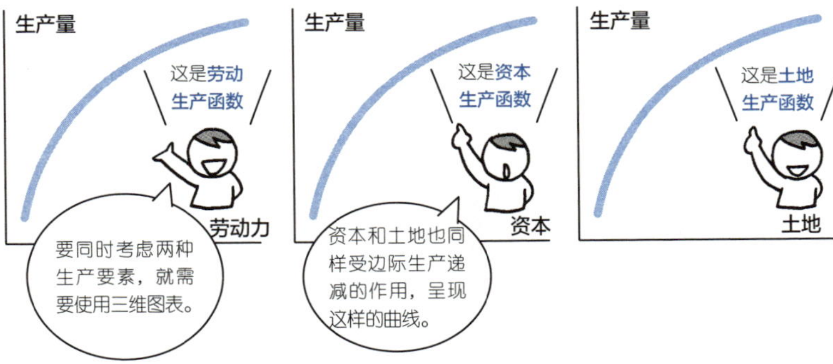

生产量
这是劳动生产函数
劳动力
要同时考虑两种生产要素，就需要使用三维图表。
生产量
这是资本生产函数
资本
资本和土地也同样受边际生产递减的作用，呈现这样的曲线。
生产量
这是土地生产函数
土地

边际分析

与边际效用和边际生产类似，对边际数值进行的分析统称为"**边际分析**"。边际分析中重要的并不是绝对值或平均值，而是"**边际值**"。除了边际效用、边际生产之外，还有**边际收入**（☞ P.114）和**边际成本**（☞ P.111）等概念。

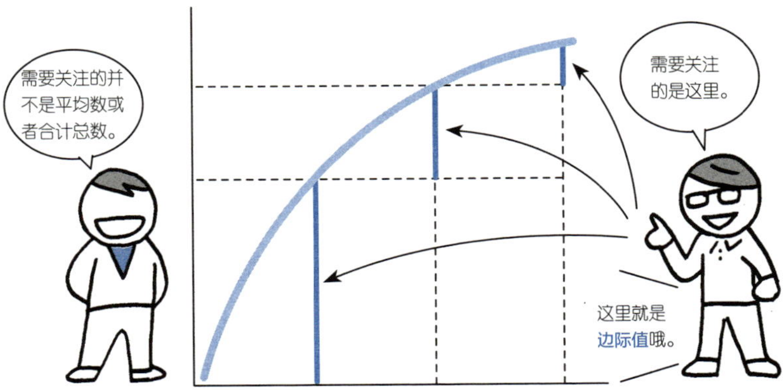

需要关注的并不是平均数或者合计总数。
需要关注的是这里。
这里就是边际值哦。

成本曲线

总成本曲线

企业在生产中，自然而然地需要耗费**成本**（☞ P.87）。从企业的**收入**（☞ P.279）中减去其成本后，得到的就是**利润**（☞ P.85）。为了达到利润最大化，在使**收入最大化**的同时也有必要使**成本最小化**。

利润 = 收入 － 成本

如何去做才能使利润最大化呢?
我想让我们公司的利润最大化。
有必要使成本最小化。
也有必要让收入最大化。

在成本最小化的前提下，可以用“**成本曲线**”来观察成本和产量的关系。如果产量增加，成本也自然会随之增加，因而成本曲线会往右上方延伸。不过，由于**边际生产是递减**的（☞ P.108），成本曲线并不是线性往右上方延伸的。

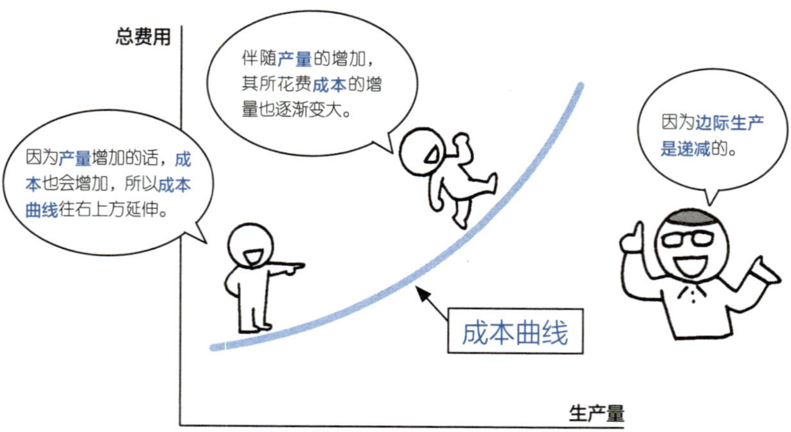
总费用
因为产量增加的话，成本也会增加，所以成本曲线往右上方延伸。
伴随产量的增加，其所花费成本的增量也逐渐变大。
因为边际生产是递减的。
成本曲线
生产量

边际成本 边际费用

在成本的范畴内，也可以用“边际”的观点来考虑问题，因此“**边际成本**”就是指成本的增加部分和产量的增加部分的比率。与边际生产递减相反，边际成本随着产量的增加是**递增（逐渐增大）**的。

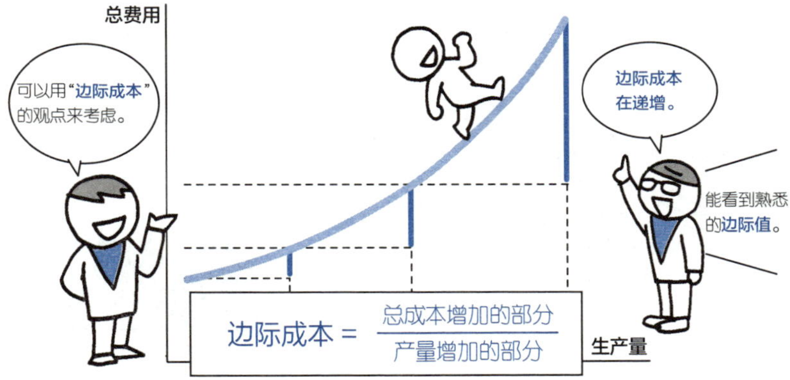

总费用
可以用“边际成本”的观点来考虑。
边际成本在递增。
能看到熟悉的边际值。
边际成本 = 总成本增加的部分 / 产量增加的部分
生产量

总成本 总费用

你是否注意到，成本曲线是从纵坐标总成本的一个大于零的定值开始的？这是因为，成本里包含**固定成本**和**变动成本**（下一项）。即便产量为零，也要花费一定的固定成本。把固定成本和变动成本合起来叫作“**总成本**”。

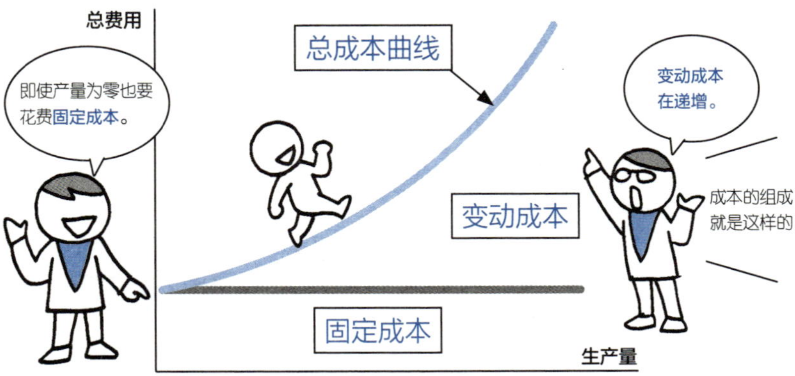

总费用
即使产量为零也要花费固定成本。
总成本曲线
变动成本在递增。
成本的组成就是这样的！
变动成本
固定成本
生产量

固定成本 固定费用

与产量无关，必然要花费一定数额的成本就是“**固定成本**”。具体哪些花费属于固定成本呢？人们对此有各种各样的看法。在日本，一般认为正规雇用的人工费、租金和机械设备**折旧费**（☞ P.283）等构成了固定成本。

虽说是产量下降导致的。
但薪水可不能降低。
销售额回落了呢。
设备折旧也是必需的。
那当然了。
人工费
那还用说。
折旧费

变动成本 可变成本、变动费用

另外，与产量的增减正比例相关的就是“**变动成本**”。制造业中为了制造产品而花费的**原材料成本**和销售行业售卖商品的采购成本（**销售成本**）就属于典型的变动成本。变动成本是随产量和销量的增减正比例变化的。

因为产量和销量降低了。
要减少原材料的采购成本。
销售额回落了呢。
要减少商品的销售成本。
没有办法啊。
原材料费
没办法。
销售成本

平均成本

用总成本除以产量，得到的数值称为“**平均成本**”。平均成本会随着产量的变化而变化。当产量越来越高时，总成本中的固定成本分摊到单个产品中的数额会越来越小。不过，变动成本的数额则会随着产量的增加越来越大。

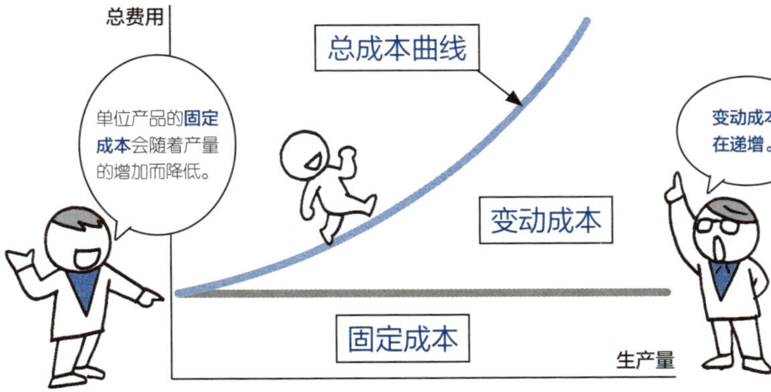

总费用
总成本曲线
单位产品的固定成本会随着产量的增加而降低。
变动成本在递增。
变动成本
固定成本
生产量

这样一来，产量低于某一数值时，平均成本是会随着产量的增加而持续降低的。而当产量超过那个数值之后，平均成本就开始升高。其中，平均成本开始升高的临界产量，就是令**成本最小化**（☞ P.110）的产量。

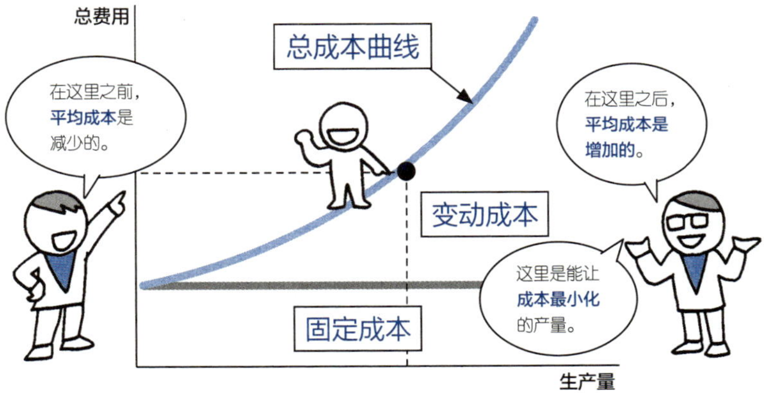

总费用
总成本曲线
在这里之前，平均成本是减少的。
在这里之后，平均成本是增加的。
变动成本
这里是能让成本最小化的产量。
固定成本
生产量

总收入

与总成本相对应，企业的收入称为“**总收入**”。它指的是企业生产的各种产品的销量和价格的乘积总额，即企业的销售额。假如价格不变，且将生产的产品全部销售一空的话，总收入将会呈线性延伸的状态。

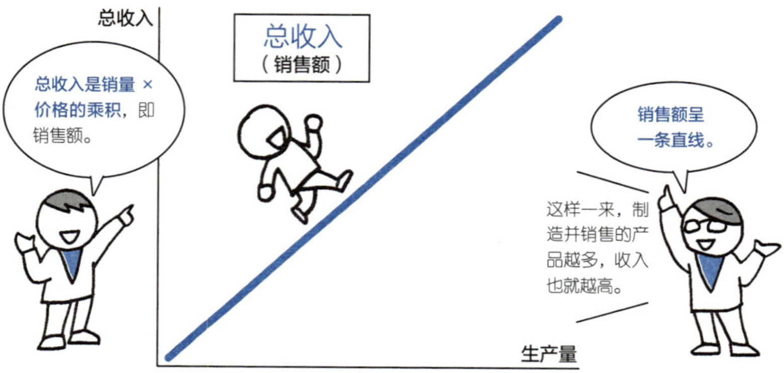
总收入
总收入
（销售额）
总收入是销量 × 价格的乘积，即销售额。
销售额呈一条直线。
这样一来，制造并销售的产品越多，收入也就越高。
生产量

边际收入

和**边际成本**（☞ P.111）的概念相仿，“**边际收入**”指的是多生产一个产品时使收入增加的部分，这就等同于一个产品的价格。因此，很容易让人们感觉边际收入这个概念并没有特别的意义，但其实……意义很大。

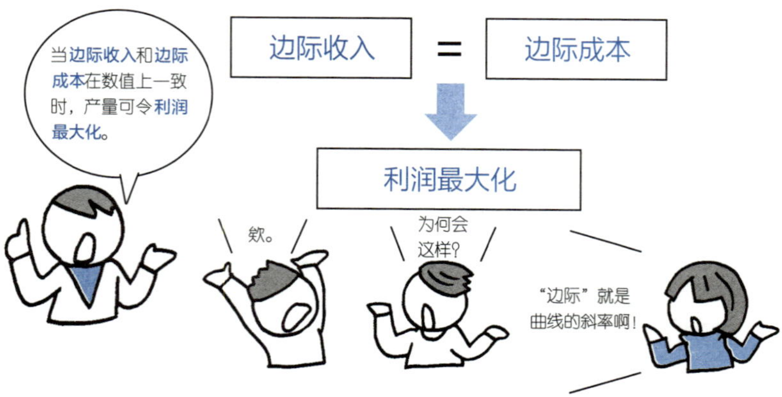
当边际收入和边际成本在数值上一致时，产量可令利润最大化。
边际收入
=
边际成本
利润最大化
欸。
为何会这样？
“边际”就是曲线的斜率啊！

利润最大化

接下来，我们来思考一下**总成本曲线**和**总收入曲线**的关系。因为**利润就是总收入减去总成本得到的差值**（☞ P.110），所以两条曲线的高度差就是利润的数值。而且，高度差最大时对应的点就是使**利润最大化**的点。

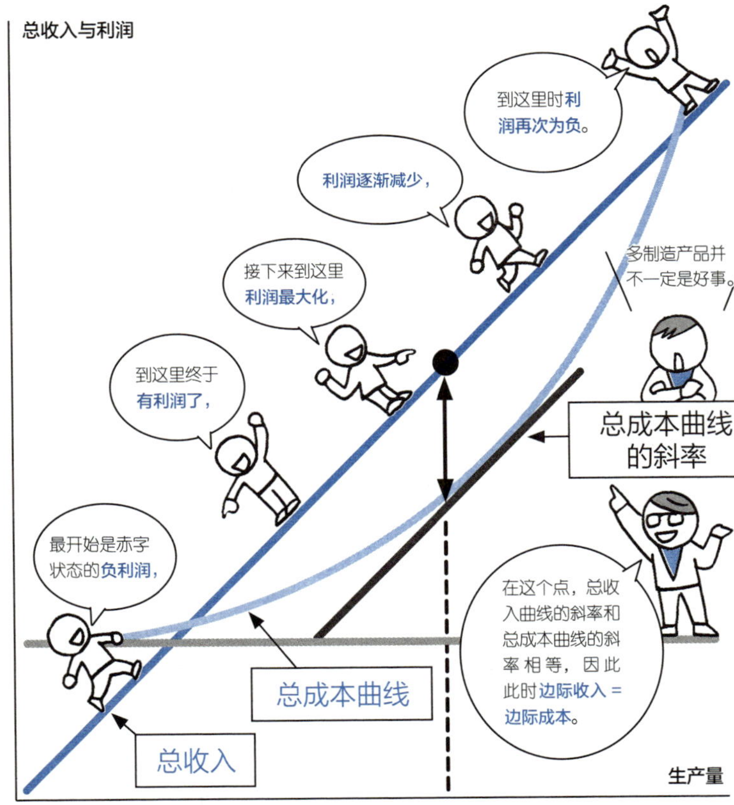
总收入与利润
到这里时利润再次为负。
利润逐渐减少，
多制造产品并不一定是好事。
接下来到这里利润最大化，
到这里终于有利润了，
总成本曲线的斜率
最开始是赤字状态的负利润，
在这个点，总收入曲线的斜率和总成本曲线的斜率相等，因此此时边际收入＝边际成本。
总成本曲线
总收入
生产量

也就是说，如果产量小于此点对应的产量时，总收入曲线的斜率将会大于总成本曲线的斜率（增加生产会增加利润）。而如果产量大于此点对应值时，总成本曲线的斜率将会大于总收入曲线的斜率（增加生产会减少利润）。即这一点对应的产量会使**边际收入和边际成本相等**。

盈亏平衡点 盈亏平衡点销售量

企业经营中会经常提到利润最大化。在分析企业的盈利能力时，会把利润（收益）为零时对应的产量（销售额）叫作“**盈亏平衡点**”。与经济学中不同，在企业经营中更注重短期利益，所以他们并不认为总成本是递增的，一般会将其描述为一条直线。

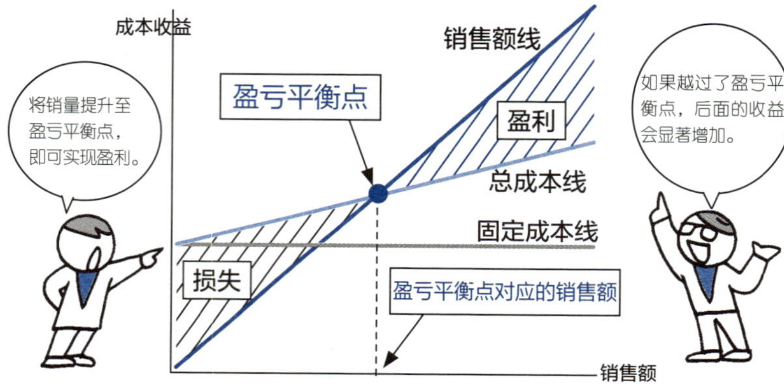
将销量提升至盈亏平衡点，即可实现盈利。
成本收益
销售额线
盈亏平衡点
盈利
总成本线
固定成本线
损失
盈亏平衡点对应的销售额
销售额
如果越过了盈亏平衡点，后面的收益会显著增加。

停工点

另外，当不考虑固定成本（固定费用），只考虑变动成本（变动费用）时，将收益为零的点叫作 “**停工点**”。原材料价格突然疯涨等因素，都可能导致销售额降至停工点以下（如上图所示，销售额的斜率不可能大于总成本的斜率）。

盈亏平衡点
即使销售额降至盈亏均衡点以下，也要继续运营。
销售额可能会再次增长的。
也能多多少少收回一些固定成本。
停工点
由于销售额已经降至停工点以下，我们要讨论停工的问题了。
固定成本完全没法收回。
变动成本也难以收回。

沉没成本

沉入成本，埋没成本

最后，给大家介绍一种会对我们日常生活有所帮助的成本思维方式。我们在日常的工作和生活中，一不留神，就会用与下面相仿的方式思考问题。

创业的成本在一个劲儿地增加，已经投资了1800万日元，还是硬着头皮继续下去吧。
虽然之后还会花费多少我也不知道。
这本书稍微翻了几页，发现好无聊。不过已经花了1800日元买它，还是读到最后吧。
花了1800日元买的，好浪费啊。

然而，这样做真的是正确的吗？不管你是继续还是停止，投资、消费的成本都已经回不来了。既然这样的话，不如把这些已付出的成本抛之脑后，用自己的意志来决定今后该怎么办，会不会是更好的选择？

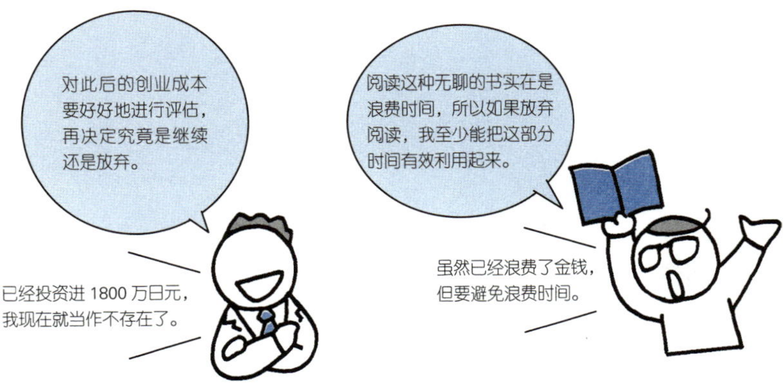

对此后的创业成本要好好地进行评估，再决定究竟是继续还是放弃。
已经投资进1800万日元，我现在就当作不存在了。
阅读这种无聊的书实在是浪费时间，所以如果放弃阅读，我至少能把这部分时间有效利用起来。
虽然已经浪费了金钱，但要避免浪费时间。

像这样，即便中止或放弃也收不回的成本就叫作“**沉没成本**”。从经济学的角度而言，在做决策的时候，应该忽略沉没成本的存在。

用1分钟回顾一下！

本章的要点

- □ 微观经济学中所说的**边际**，简单来讲就是增加量或增加率。
- □ **需求曲线**是表现需求和价格关系的曲线，需求会随着价格上涨而减少，会随着价格下跌而增加。
- □ **供给曲线**是表现供给和价格关系的曲线，供给会随着价格下跌而减少，会随着价格上涨而增加。
- □ 需求曲线和供给曲线交点处的价格叫作**均衡价格**，此时对应的需求量与供给量称为**均衡交易量**。
- □ 效用增加部分和消费增加部分的比率，称为**边际效用**。边际效用是逐渐减小（**递减**）的。
- □ 商品和服务的价格变化，会受到家庭消费行为中**收入效应**和**替代效应**的影响。
- □ 对于企业而言，**生产要素**分为劳动、资本和土地三种。用**生产函数**表示生产要素的投入量和产量的关系。
- □ 企业**收入**和**成本**的差值就是利润。为使利润最大化，必须在收入最大化的同时让成本最小化。
- □ 成本，分为**固定成本和变动成本**两类。
- □ **边际收入和边际成本**相等时对应的产量，能够使**利润最大化**。

who's who

阿瑟·塞西尔·庇古（1877—1959年）

英国经济学家。因庇古效应为人们所熟知，开创了福利经济学。除了庇古三部曲——《福利经济学》《产业波动论》和《财政研究》之外，还发表了很多著作。

Chapter 5

价格·市场

微观经济学关键词②

市场

在日语里，**市场**，有不同的读音。既可以读作“いちば”（itiba），也可以读作“しじょう”（sijyou）。“いちば”（itiba）用来表示鱼市场等具体的场所，而“しじょう”（sijyou）则用来表示国内市场等经济概念。虽然日语中有这样具体的区分方法，但是现在更多会读作“しじょう”（sijyou）。

难波的经济状况要看黑门市场啊。
京都的经济状况要看锦市场呀。
筑地则看筑地市场。
俺们都是江户人哎。

姑且不论读音问题，所谓“市场”就是商品和服务的卖方和买方相遇，决定价格，进行交易的场所。

这是最低价，1日元都不能再让啦。
卖方和买方相遇。
决定价格。
拜托，再想想办法让一点呗。
进行交易。

到了现代，随着通信技术的进步，卖方和买方可以通过计算机网络等途径相遇，类似这样的抽象市场也逐渐多了起来。

好嘞，让我中标吧。
接下来是金枪鱼的竞价。
这次该轮到我了。
具体的市场
好，买入日元。
卖出美元。
好的，交易成功。
抽象的市场

完全竞争市场

完全竞争

关于市场，经济学中有一个概念：**完全竞争市场**。在这样的市场中，参与市场的经济主体在正确理解自身目的的基础上，能不受任何制约地自由决策。形成完全竞争市场，通常必须满足以下**4个条件**。

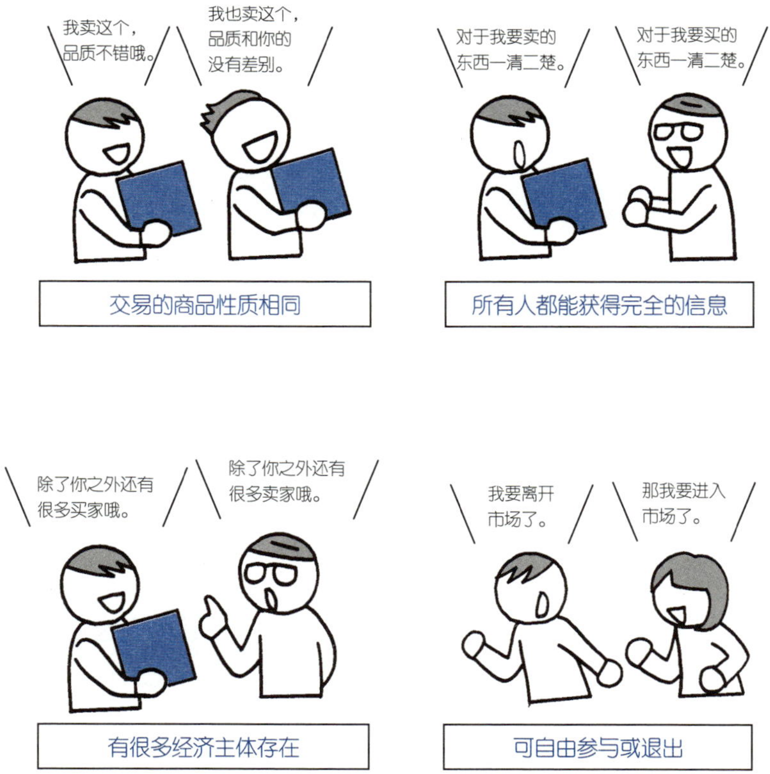

我卖这个，品质不错哦。
我也卖这个，品质和你的没有差别。
交易的商品性质相同
对于我要卖的东西一清二楚。
对于我要买的东西一清二楚。
所有人都能获得完全的信息
除了你之外还有很多买家哦。
除了你之外还有很多卖家哦。
有很多经济主体存在
我要离开市场了。
那我要进入市场了。
可自由参与或退出

在完全竞争市场中，存在不计其数的卖家和买家。由于相互之间会发生竞争，卖家和买家谁都无法单独决定交易价格。因此，价格是由市场决定的，而市场将会对商品和服务进行最适当的分配。

市场均衡

市场均衡点、市场的均衡点

完全竞争市场是如何来决定价格的呢？如下图所示，价格是由需求曲线和供给曲线的交点决定的。没错，完全竞争市场也是**通过需求和供给的均衡点来决定价格**的（☞ P.94）。如果需求过剩，价格就将上涨。如果供给过剩，价格就将下跌。反过来，如果价格上涨将导致需求减少，如果价格下跌则导致需求增加，价格将以这种方式趋向于均衡。

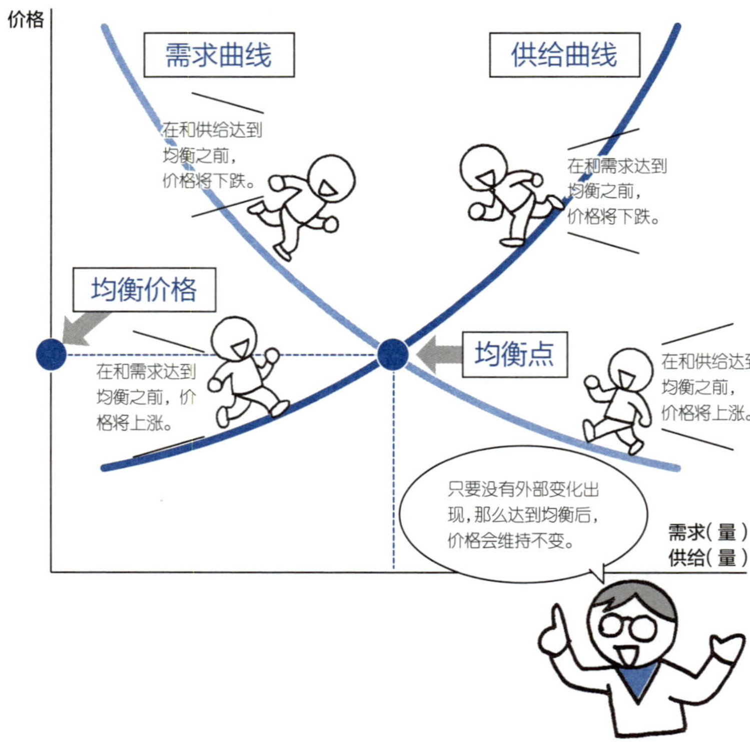
价格
需求曲线
供给曲线
在和供给达到
均衡之前，
价格将下跌。
在和需求达到
均衡之前，
价格将下跌。
均衡价格
均衡点
在和需求达到
均衡之前，价
格将上涨。
在和供给达到
均衡之前，
价格将上涨。
只要没有外部变化出
现，那么达到均衡后，
价格会维持不变。
需求(量)
供给(量)

而且，只要其外部条件不发生变化，那么由均衡决定的价格会维持现有状态不变，这种状态就是“**市场均衡**”。

均衡价格 竞争价格

基于完全竞争市场的市场均衡而保持稳定的价格，称为“**均衡价格**”或“**竞争价格**”。对于消费者家庭而言，均衡价格对应的需求和供给，能够使家庭**效用最大化**（☞ P.85）；对于作为生产者的企业而言，能够达到其**利润最大化**（☞ P.115）的目的。

因为处于**均衡价格**状态，所以只需购买必要的东西。
这样的需求能让**效用最大化**。
因为处于**均衡价格**，所以只需进行必要的生产。
这样的供给能让**利润最大化**。
家庭
企业

市场价格

与均衡价格对应，市场上实际成交的价格就是“**市场价格**”。从长期来看，市场价格会趋向于均衡价格。不过从短期来看，市场价格会受到供需骤变和外在因素的影响，很多时候并不与均衡价格保持一致。

不好意思，这个是**市场价格**。
原材料突然涨价了。
这可不是**均衡价格**。
必须减少需求，使其趋向于**均衡价格**。

受价者 价格接受者，Price taker

由于完全竞争市场中的价格是由市场决定的，谁都不能单方面决定价格，而只能单方面接受。因此将完全竞争市场中的经济主体称为“**受价者**”。从受价者的角度来看，需求曲线和供给曲线都可以认为是水平的直线。

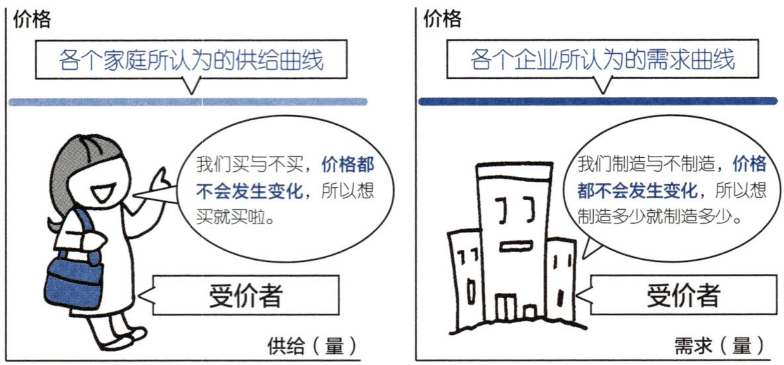
价格
各个家庭所认为的供给曲线
我们买与不买，价格都不会发生变化，所以想买就买啦。
受价者
供给（量）
价格
各个企业所认为的需求曲线
我们制造与不制造，价格都不会发生变化，所以想制造多少就制造多少。
受价者
需求（量）

不完全竞争市场

完全竞争市场的经济学前提，在现实中其实是不可能满足的。现实中的市场，是不能满足**4个条件**（☞ P.121）的“**不完全竞争市场**”。不过近年来，得益于互联网的发展，也许会出现满足4个条件的市场。

商品不可能性质相同。
网上购物的话就有可能。
不可能获取完全信息。
上网搜索就有可能。
不可能有不计其数的经济主体。
网络上就可能有不计其数的。
自由参与和退出是不可能的。
电子商务就具有一定的自由度。

市场机制

市场机理、价格机制、价格机理、价格调整机制、价格自动调整作用

在完全竞争市场中，存在由供需关系决定价格，再通过所决定的价格对供需进行调整的机制。这一整个过程称为“**市场机制**”，也叫作“**市场机理**”。

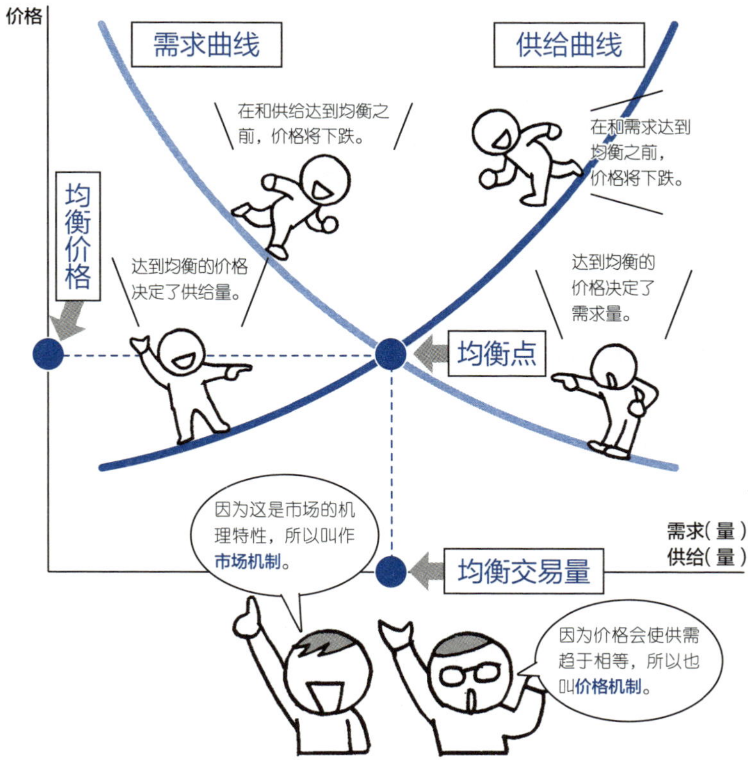
价格
需求曲线
供给曲线
在和供给达到均衡之前，价格将下跌。
在和需求达到均衡之前，价格将下跌。
均衡价格
达到均衡的价格决定了供给量。
达到均衡的价格决定了需求量。
均衡点
因为这是市场的机理特性，所以叫作市场机制。
需求(量)
供给(量)
均衡交易量
因为价格会使供需趋于相等，所以也叫价格机制。

另外，以价格为中心来看待此种机制时，会发现，价格会促使需求和供给趋于一致，所以也将其称作“**价格机制**”或者“**价格机理**”。无论叫什么，经由这种机理架构可对整体经济进行效率最高的**资源配置**（☞ P.128）。

生产者剩余

让我们从**企业利润（生产者收益）**的角度再来审视市场机制。供给曲线的纵坐标表示企业可接受的最低卖出价格，当均衡价格高于供给曲线时，它们两者的差值就是生产者的收益。经济学中将此种收益称作“**生产者剩余**”。

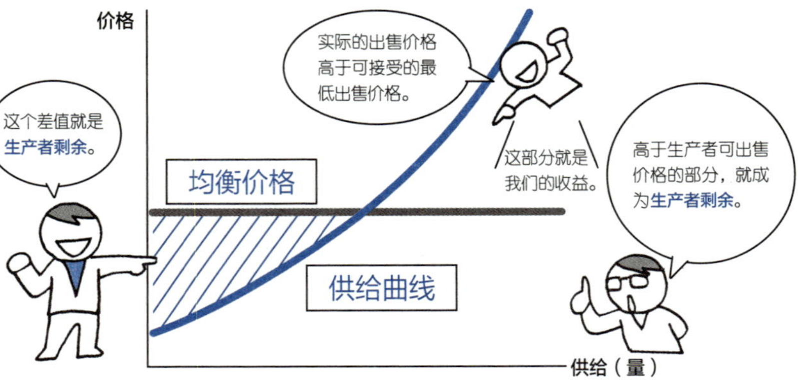

价格
这个差值就是生产者剩余。
均衡价格
实际的出售价格高于可接受的最低出售价格。
这部分就是我们的收益。
高于生产者可出售价格的部分，就成为生产者剩余。
供给曲线
供给（量）

消费者剩余

另外，可通过需求曲线来理解**家庭效用（消费者收益）**这一概念。需求曲线的纵坐标表示消费者可接受的最低购买价格。当均衡价格低于需求曲线的时候，它们的差值就成为消费者的收益，这种收益就是“**消费者剩余**”。

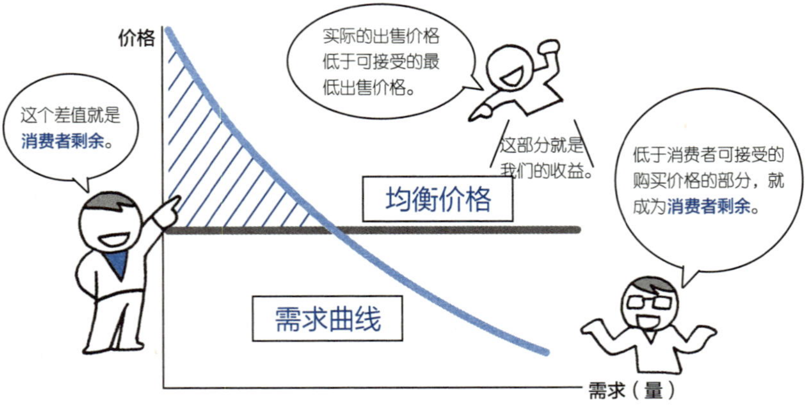

价格
这个差值就是消费者剩余。
实际的出售价格低于可接受的最低出售价格。
这部分就是我们的收益。
均衡价格
低于消费者可接受的购买价格的部分，就成为消费者剩余。
需求曲线
需求（量）

社会剩余 总剩余

接下来，我们把生产者剩余和消费者剩余的总和称作“**社会剩余**”，也就是社会整体获得收益的总和。

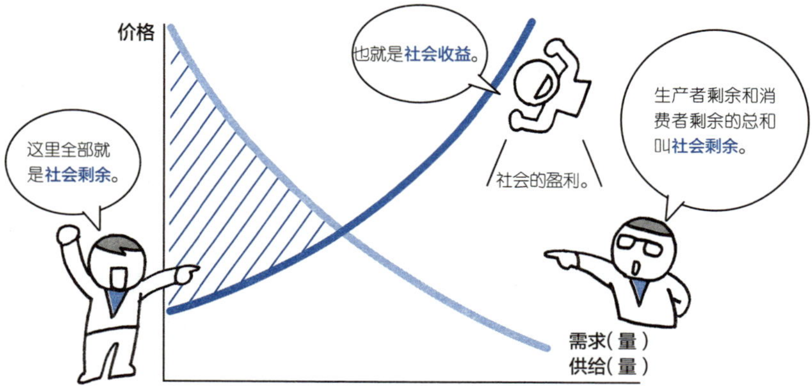
价格
也就是社会收益。
这里全部就是社会剩余。
生产者剩余和消费者剩余的总和叫社会剩余。
社会的盈利。
需求(量)
供给(量)

顺便提一句，凭借在完全竞争市场中**市场机制**（☞ P.125）的作用，价格总有朝向均衡价格变化的趋势。通过**均衡价格**（☞ P.123）能够实现企业利润最大化、家庭效用最大化的目标。也就是说，实现生产者剩余和消费者剩余的总和——**社会剩余**最大化的目标。

处于完全竞争市场中
凭借市场机制
使价格趋向于均衡价格
从而调节需求和供给
实现利润和效用的最大化
让生产者剩余最大化
让消费者剩余最大化
即实现社会剩余最大化

综上所述，凭借市场机制的作用能够使社会整体效率最高，达到最理想的状态。

资源配置

价格的资源配置作用

社会整体效率最高从而达到最理想的状态，这是怎样的一种景象呢？经济学中基本问题之一就是“**资源配置**”，即将具有**稀缺性**（☞ P.82）的资源，以怎样的方式，配置到何处，才能使社会整体效率最高，达到最理想的状态？想解决这个问题，就得看**市场机制**了。

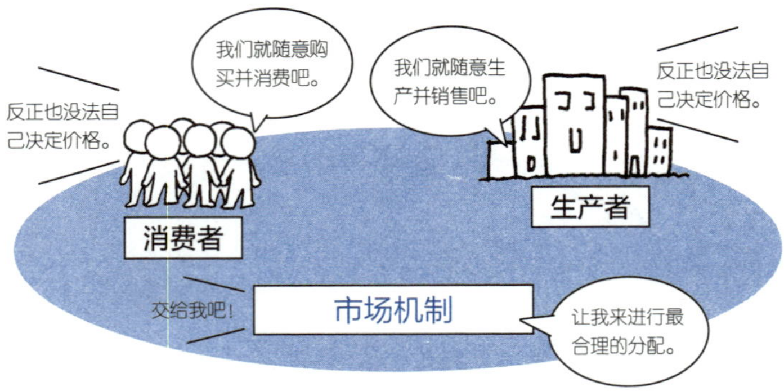

我们就随意购买并消费吧。
反正也没法自己决定价格。
我们就随意生产并销售吧。
反正也没法自己决定价格。
生产者
消费者
交给我吧！
市场机制
让我来进行最合理的分配。

看不见的手

将市场机制的作用，第一次以“**看不见的（神之）手**”来表述的人正是**亚当·斯密**（☞ P.78）。看不见的手指的是消费者和生产者在追求自身效用和利润时，会自然地对价格和供需进行调整，将更多的资源分配到必要性更高的物品中，同时减少对必要性较低物品的分配，从而实现最优的资源配置。

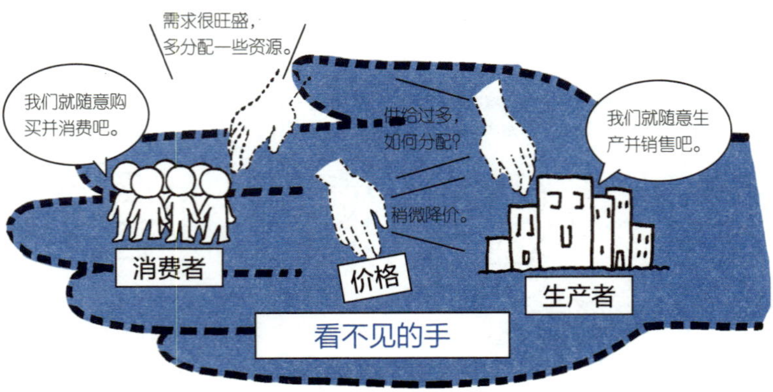

需求很旺盛，多分配一些资源。
我们就随意购买并消费吧。
供给过多，如何分配？
我们就随意生产并销售吧。
稍微降价。
消费者
价格
生产者
看不见的手

帕累托最优

帕累托效率

从社会整体的角度来看，该如何判断资源是否被合理配置呢？在微观经济学中，有一个概念叫作“**帕累托最优**”，通过“帕累托最优”能判断资源配置的效率性。

用一句话来概括**帕累托最优**就是，当某些人的效用增加时，必定有其他人的效用会降低。
这是由意大利经济学家**维弗雷多·帕累托**提出的。
为什么这是效率最高的资源配置方式？
不懂是什么意思。

帕累托最优是指这样一种状态：在对资源进行高效配置时，只有降低有些人的效用，才能使另一些人的效用增加。试想一下这样的例子。

社会整体有6个面包。现在分配给A先生2个，分配给B小姐2个。
还剩2个哦。
我想要更多。
A先生
B小姐

上面的状态并不是**帕累托最优**。由于资源还有剩余，增加效用并不需要降低别人的效用。
这2个归我了！
想提高效用，必须以降低别人效用为代价。
这就是**帕累托最优**了！
好狡猾啊。

必须注意的是，帕累托最优只是用来观察社会整体的分配效率的，并不会评判分配是否公平。另外，帕累托最优不只有一个解，而是存在多个分配方案。

这6个我都收下了！
这也是**帕累托最优**。
6个全给我也是**帕累托最优**！
过分！

边际产品价值

边际生产价值

接下来要讨论的问题是，生产者该以何种方式来配置**生产要素**（☞ P.107）呢？“**边际产品价值**”的概念能够帮助我们理解这一问题。例如，当作为生产要素的劳动力增加时，生产者的收入也会随之增加，我们把这时生产者收入的增加部分叫作“劳动边际产品价值”。

增加劳动力的话，收入能够增加多少呢？
再雇多少人呢？
我想让我们公司的利润最大化。
您问的就是劳动力的边际产品价值了，即劳动力增加的部分对应的收入所增加的部分。
收入能增加多少呢？

具体而言，劳动的边际产品价值，是所投入劳动力所对应的**边际产品**（☞ P.108）和**市场价格**（☞ P.123）的乘积。另外，正如边际生产一节所描述的那样，由于边际生产是递减的（边际生产递减法则），所以边际产品价值也是递减的。

边际产品价值 = 边际产品 × 市场价格

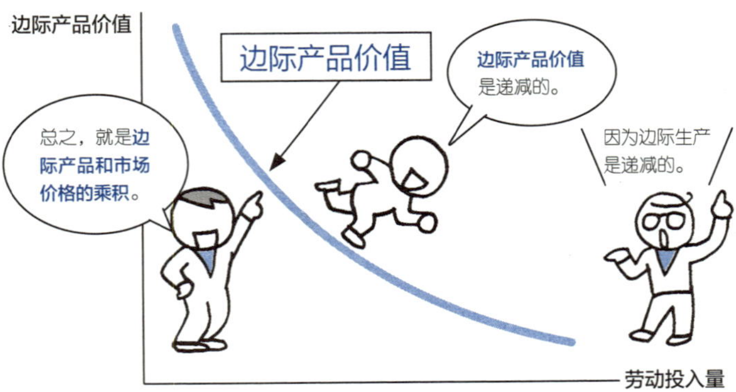
边际产品价值
边际产品价值
边际产品价值是递减的。
总之，就是边际产品和市场价格的乘积。
因为边际生产是递减的。
劳动投入量

另外，工资的增加部分（**边际成本**，☞ P.111）则是递增的，即形成了向右上方延伸的曲线。这样一来，在两条曲线的交点处达到了利润最大化，这是因为当边际收入=边际成本之时利润达到最大值。

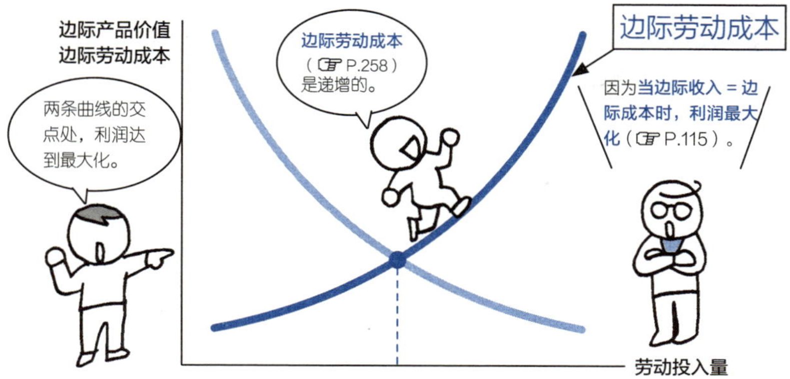
边际产品价值
边际劳动成本
两条曲线的交点处，利润达到最大化。
边际劳动成本（☞P.258）是递增的。
边际劳动成本
因为当边际收入 = 边际成本时，利润最大化（☞P.115）。
劳动投入量

从生产者的资源配置角度来讲，在交点之前，增加劳动力投入量是划算的。

增加劳动力的话，收入能够增加多少呢？
再雇多少人呢？
我想让我们公司的利润最大化。
可以一直雇人，直到边际产品价值和工资增加部分（边际劳动成本）相等为止。
还能雇不少人呢。

上面的曲线图与**需求曲线和供给曲线**（☞P.94）简直一模一样，只不过是用边际产品价值曲线替代了劳动需求曲线，用边际劳动成本曲线替代了供给曲线。

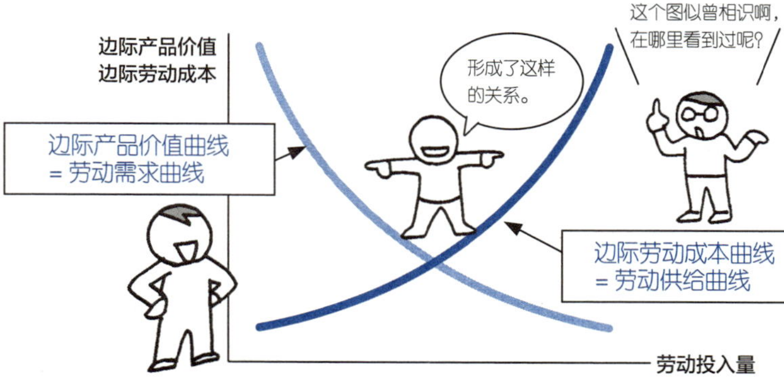
边际产品价值
边际劳动成本
边际产品价值曲线
= 劳动需求曲线
形成了这样的关系。
这个图似曾相识啊，在哪里看到过呢？
边际劳动成本曲线
= 劳动供给曲线
劳动投入量

租金

生产要素中，除了劳动、资产之外，就是**土地**了。进行生产活动的企业，需要租用别人的土地，并支付地租。类似地租这种通过出借资产而获得的收益，在经济学中称为“租金”。租金的特殊之处在于，从长期来看，土地的供给量并不会发生变化。也就是说，土地的供给曲线与土地的边际产品价值没有什么关系，是一条垂直的直线。

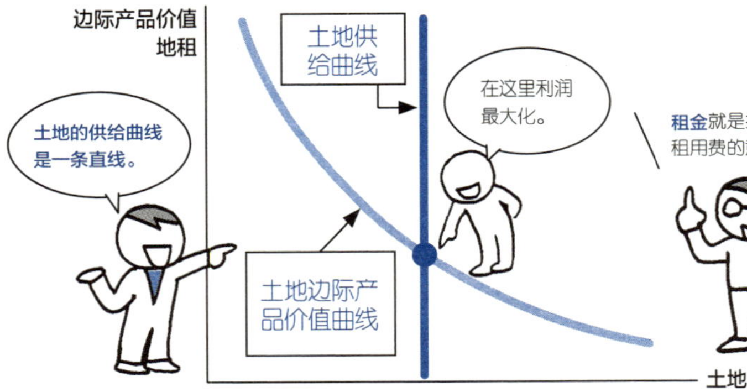

边际产品价值
地租
土地供给曲线
在这里利润最大化。
土地的供给曲线是一条直线。
租金就是指地租、租用费的意思。
土地边际产品价值曲线
土地

土地和劳动、资本的情况相同，也会在两条曲线的交点处使利润最大化。但是，经济增长会使土地的边际产品价值上升，使曲线向上移动，这样一来，土地所有者什么都不用做，也能收取更高的地租。

边际产品价值
地租
什么都不用做，地租就涨了！
当土地的边际产品价值上涨时，曲线会向上方移动。
租金中也会产生额外收益。
土地

准租金

也有一些租金，是由人为原因所产生的。例如，政府制定政策，对市场的准入进行了管制。出现这种情况时，由于供给并不会发生变化，因此会产生类似租金的收益，把这样的收益用术语“**准租金**”来指代。将为获得对自己有利的准租金，鼓动政治家参与进来的活动称为“**寻租**”。

市场
不允许新厂商进入这个市场。
欸！
实际上他拜托了政治家。
真狡猾啊！
这就是**寻租**。

从这一节开始，我们有时也会把在完全竞争市场中无法获得的超额收益，统称为租金。

要是在完全竞争市场的话，只卖100日元。
在不完全竞争市场里，就卖到了500日元。
400日元的差额就是**租金**！
A公司给的薪水是30万日元。
B公司给的薪水有60万日元，到B公司就职去。
30万日元的差额就是**租金**！

洛仑兹曲线

顺便说一句，作为经济主体的企业，会向家庭分配劳动报酬（工资），也会支付使用资本和土地的报酬，即利息和地租，最后剩下的部分，会进入家庭的存款和投资中。也就是说，企业赚取的绝大部分**附加值**（☞ P.162），最终都分配给了家庭。

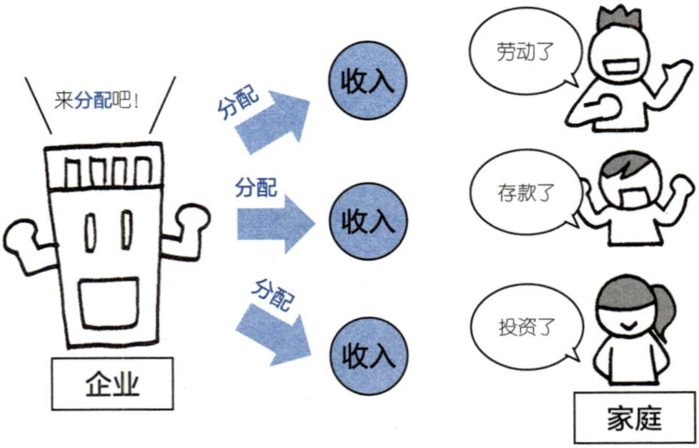

来分配吧！
企业
分配
分配
分配
收入
收入
收入
劳动了
存款了
投资了
家庭

然而，并不是给所有家庭都会分配相同的份额。各个家庭的情况不同。例如，有的家庭从父母那里继承了巨额资产，有的家庭赚得多，有的家庭赚得少……导致各个家庭的收入也会产生很大差别。在观察分析此差别时，常常会用到“洛仑兹曲线”。

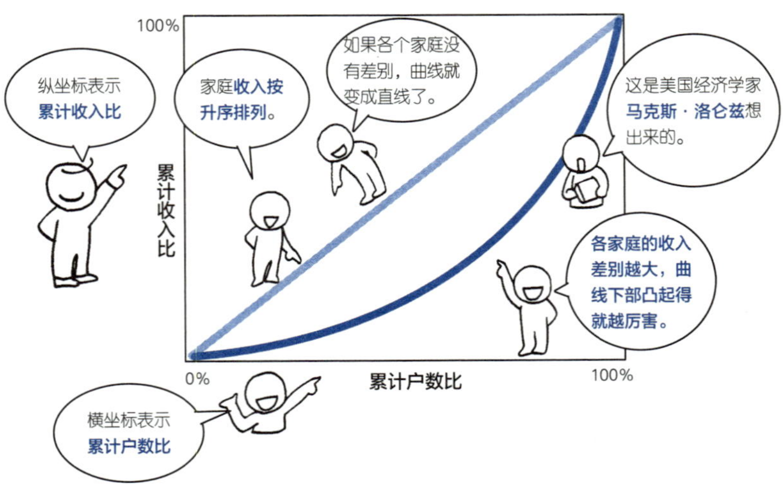

100%
纵坐标表示
累计收入比
家庭收入按
升序排列。
如果各个家庭没
有差别，曲线就
变成直线了。
这是美国经济学家
马克斯·洛仑兹想
出来的。
累计收入比
各家庭的收入
差别越大，曲
线下部凸起得
就越厉害。
0%
累计户数比
100%
横坐标表示
累计户数比

基尼系数

收入的多少，一方面当然与自身的努力有关，不过也有被运气左右的一面。有的家庭继承了大片土地，并收取了巨额地租。而有的家庭，则由于疾病无法工作，导致收入减少。正因如此，政府会通过财政政策进行**收入再分配**（☞ P.204）。

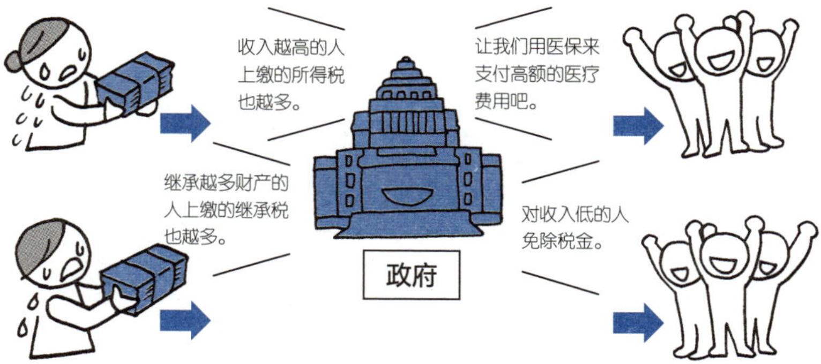
收入越高的人
上缴的所得税
也越多。
继承越多财产的
人上缴的继承税
也越多。
政府
让我们用医保来
支付高额的医疗
费用吧。
对收入低的人
免除税金。

如上图所示，观察收入再分配的效果时，经常用到的就是“**基尼系数**”了。其计算方法是，以两条坐标轴和绝对平等线为边界，算出洛仑兹曲线上方面积和下方面积的比值，并用0到1之间的数值来表示。当基尼系数越接近于0，表示收入差别越小，越接近于1则表示收入差别越大。

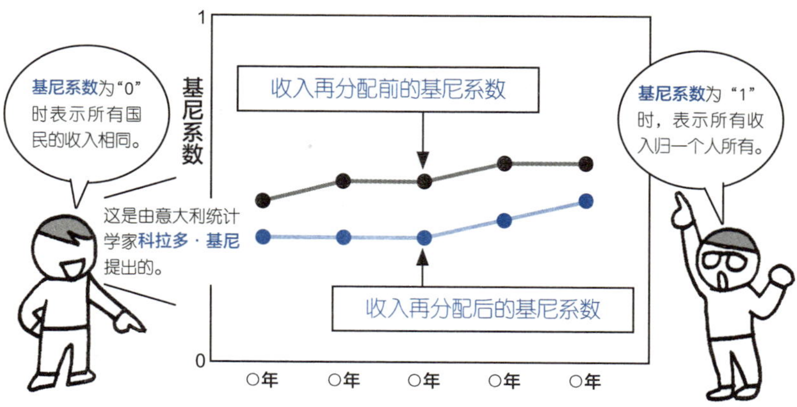
基尼系数为“0”时表示所有国民的收入相同。
这是由意大利统计学家科拉多·基尼提出的。
1
基尼系数
0
收入再分配前的基尼系数
收入再分配后的基尼系数
○年
○年
○年
○年
○年
基尼系数为“1”时，表示所有收入归一个人所有。

垄断

我们之前一直在讨论关于完全竞争市场（☞ P.121）的话题，接下来从不完全竞争市场的角度来审视一下相关的概念。不完全竞争市场的极端形式就是“垄断”，不需要过多的解释就能明白，垄断就是指在某种市场中只存在一家卖方的状态，这样的市场称为“垄断市场”，这样的企业称为“垄断企业”。垄断企业的特点如下图所示。

垄断企业是可以自己决定价格的“定价者”（☞P.137）。
垄断企业能够通过减少供给来抬高价格（☞P.137）。
相较于完全竞争市场而言，垄断企业能够获得更多的利润（☞P.138）。
垄断的程度可以用“垄断度”来表示(☞P.139)。
也有只能靠垄断企业经营的“自然垄断”现象存在(☞P.139)。
垄断企业
也有并非完全垄断的“寡头”现象存在(☞P.140)。
寡头垄断市场中存在“价格领导者”(☞P.141)。
垄断市场

垄断带来的并不一定都是坏事，它也能够带来公平、高效等益处。这也是2016年日本电力公司破例得到垄断（区域垄断）许可的原因。

定价者 价格设定者，Price maker

垄断企业在市场中没有竞争对手，因此他们能够自己自由地决定价格。在完全竞争市场中是由市场来决定价格的，企业只是**受价者**（☞ P.124）；而与之对应的是，垄断企业就成为“**定价者**”（**价格制定者**）。

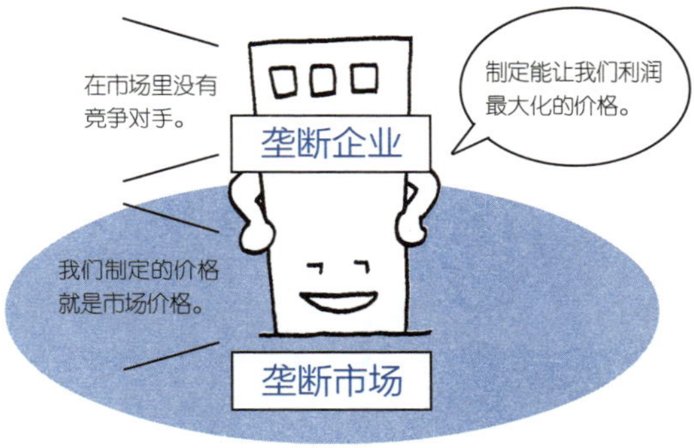
在市场里没有
竞争对手。
垄断企业
制定能让我们利润
最大化的价格。
我们制定的价格
就是市场价格。
垄断市场

反需求曲线 反需求函数

垄断企业是怎样来制定价格的呢？一般来说，价格越高，需求越小。价格越低，则需求越大。我们常用**需求曲线**（☞ P.92）来表现这样的关系。反过来看这种关系时，我们发现垄断企业只需针对自己想卖出的产品量制定价格即可。

价格
垄断企业只用制定对
应需求的价格就行。
这就是反需求曲线。
想减少产量，
那么就把价格
定高一些吧。
想增加产量，
那么就把价格
定低一些吧。
遵循市场机制时，
这样是行不通的。
生产量

垄断利润

垄断企业也是企业，其目的自然也是**利润最大化**（☞ P.115）。因为利润是收入和成本的差值，所以，当递减的收入和递增的成本的差值达到峰值时，利润最大化。此时，体现收入曲线斜率的边际收入和体现成本曲线斜率的边际成本在数值上将会相等。

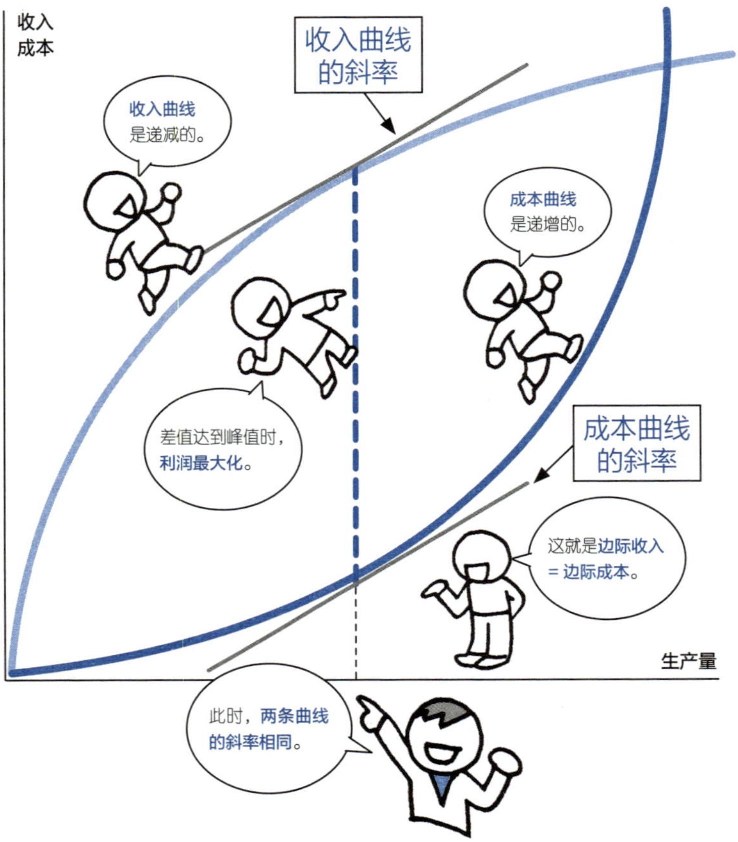

收入
成本
收入曲线的斜率
收入曲线是递减的。
成本曲线是递增的。
差值达到峰值时，利润最大化。
成本曲线的斜率
这就是边际收入＝边际成本。
生产量
此时，两条曲线的斜率相同。

所以，对于垄断企业而言，也存在这样一种关系：在“**边际收入=边际成本**”的点实现利润最大化。不同的地方在于，垄断企业能自由地决定价格。当其设定高价时，能获得比由市场决定价格时更为丰厚的利润，这种超额利润就是“**垄断利润**”。

垄断度 利润率

表示垄断利润多少的指标就是“**垄断度**”了。通过垄断度，我们能够了解到市场中的垄断到底严重到了什么样的程度。衡量垄断度的方法有很多种，最具代表性的方法，就是凭借下图所示的“**勒纳指数**”来判断。凭借勒纳指数能够衡量相对于成本，究竟获取了多少超额利润。

勒纳指数

$$垄断度 = \frac{价格 - 边际成本}{价格}$$

这是由美国经济学家阿巴·勒纳提出的。
垄断度越高，能获取的垄断利润也就越大。
当垄断度为零时，就和完全竞争市场一样了。

自然垄断

当考虑经济效率的问题时，有些场合也不得不交给垄断市场。例如，让一家企业垄断能够获得压倒性的低成本供给，或者资源极端稀少无法让多个企业参与进来时，又何乐而不为呢？这样一来，事实上形成了市场上只存在一家企业的局面，即“**自然垄断**”状态。

让我公司垄断的话，效率将会达到最高。
如果市场上存在两家或两家以上的企业，从经济角度来说，这是种浪费。
自然垄断
就算我们参与进来，也讨不到什么好处啊。
其他公司

寡头

市场中虽然存在不止一家企业，企业数量却极少，这样的情况称为“**寡头**”。寡头企业和**完全竞争市场**（☞ P.121）中的企业不一样，它们可以在一定程度上自由地决定价格。然而，它们并不能无视其他企业的价格，这是寡头和**垄断**（☞ P.136）的区别。

虽说能够自由决定价格，
但也得考虑其他公司的价格，
之后才能做决定，
不能只靠我们一家来抬高价格。
寡头企业
寡头企业
寡头企业
寡头企业
寡头市场

双寡头

在寡头垄断中，当市场上只有两家企业的时候又叫作“**双寡头**”。双寡头是寡头垄断中最为简单的形式，用来解释问题也最为容易，因此成为经济学的重要研究对象。在双寡头和寡头市场中，企业为了实现相互之间的利润最大化，倾向于避免价格竞争和市场份额争夺。

一旦开始价格竞争，两家的利润都会减少。
比起硬着头皮争夺市场份额。
不如在品质等方面做出产品差异化，来一决胜负。
市场机制（☞ P.125）发挥不了作用了。
寡头企业
寡头企业
寡头市场

价格领导者 价格引导制

那么寡头市场的价格是怎么决定的呢？寡头企业认为，价格竞争对彼此的利益不利，所以会尽量避免竞争的出现。因此，寡头企业会首先考虑在广告宣传、设计、品质、包装及售后服务上来做差异化。

我们专注于宣传。
我们靠设计！
一决胜负。
品质的话，得看我们。
我们靠服务！
过得很充实哦！
寡头企业
寡头企业
寡头企业
寡头企业
寡头市场

不过，当外在因素导致价格必须产生变化时，将会有一家公司先行变更其价格，这家企业就是“**价格领导者**”。接下来，其他寡头企业会随之相继变更价格，这种价格决定方法称作“**价格引导制**”（price leadership）。

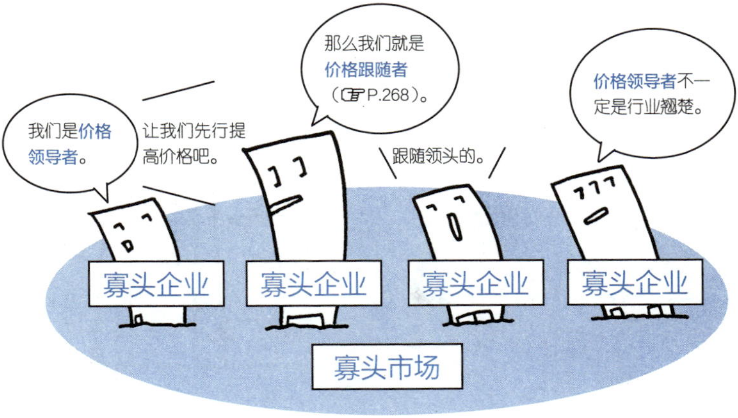

我们是价格领导者。
让我们先行提高价格吧。
那么我们就是价格跟随者（☞P.268）。
跟随领头的。
价格领导者不一定是行业翘楚。
寡头企业
寡头企业
寡头企业
寡头企业
寡头市场

同质产品

寡头市场决定价格的方式，一般要根据企业经营的产品和服务来具体问题具体分析。无论由哪家企业来生产，品质都不会差太多的产品叫作“**同质产品**”。对于同质产品而言，买家除了价格之外，看不出其他方面的差异，所以卖家也无法定出比竞争对手高很多的价格。

原材料从哪里
采购都一样。
不同的只
有价格。
那就把价格
压低点。
我们也
降价。
我们也是。
演变成价格
竞争了。

异质产品

与同质产品相对，“**异质产品**”指的是，即使品质和功能相同，但会因买家的喜好不同而产生差异化的商品和服务，即买家也会关注价格之外的因素。虽然仍会参考竞争对手的价格，不过有时候也会制定比竞争对手高的价格。

我好喜欢这碗
面的味道。
差别不光
在价格上。
贵点我也
会买哦。
能在价格之外的
层面展开竞争。
明明我们家的
产品更便宜。

垄断竞争

我们已经了解了**完全竞争**（☞ P.121）、**垄断**、**寡头**等市场形式，其实还有不适用于这三种的第四形态存在。例如，思考一下餐厅的情况。当得到了良好的评价，有口皆碑时，就算稍微比别家贵一点，也能招徕回头客，能够获得近似于垄断的价格。但是，别家餐厅并不会从市场中消失，所以一直处于竞争的状态也不会改变，我们把这种状态称为“垄断竞争”。

哇，好棒啊！
想吃饭的话，那家餐厅很可口哦！
评价很不错的。
欢迎光临！
餐厅

上面的例子中，餐厅的品质可以在味道方面体现差异化，但差异化不光体现在品质方面。你只需要给买家留下和别家不同的印象就可以了。

和评价的一样好吃。
虽然有点贵。
品质
这菜肴只有这里能做出来。
虽然味道有点微妙。
技术
这里很适合约会。
因为是尽人皆知的品牌餐厅。
品牌
这家店好精致啊。
品位很不错。
设计
站着吃还是很少见的。
头一次有这样的体验。
销售方式
在广告里经常能看到。
电视里正在播放这个。
广告

博弈论

对策理论

除了完全竞争和垄断的情况之外，企业都是在相互影响中对价格和产量进行决策的。只有在成功预测其他公司对本公司的行动会做出何种反应之后，才能选择出对本公司最为有利的行动方案。

我们如果降价的话……
其他家会如何行动呢?
会一起降价吗?
降价对我们是很有利的。
得好好思考再做出决定。
做出正确判断，不是那么容易的事情。

用数理分析来帮助决策的经济学领域就是“**博弈论**”。这个关键词源自美国数学家**冯·诺依曼**和经济学家**奥斯卡·摩根斯坦**合著的《博弈论与经济行为》，这本书成为博弈论的开端。

据说博弈论是冯·诺依曼在下国际象棋时突发奇想得出的。
呀，等一下啊。
还有这一手啊。
我们这边该制定何种“战略”呢。
在博弈论中将决策主体叫作“玩家”，将能够选择的手段叫作“战略”。
玩家
玩家

纳什均衡

在博弈论中，玩家都会在预测对手战略的基础上，来选择自身的战略。各个玩家在互相预测对手战略的基础上，都选择对自己最优的战略，这种状态就是“**纳什均衡**”。之所以叫这个名字，是因为该理论源自研究博弈论的美国数学家**约翰·纳什**。

得到我们的
最优战略。
在预测对手战
略的基础上。
玩家
这种状态就是
纳什均衡。
我们也在预测对
手战略的基础上。
得到最优
战略。
玩家

收益 回报

那么，怎样才算是最好的战略呢？我们把玩家选择某种战略后最后的获利叫作“**收益**”或者“**回报**”。能使收益最大化的战略，就是对玩家而言的最优战略。

选择这个能获
得最大收益。
所以这是我们
的最优战略。
玩家
也可以叫
作回报。
做出这个选择
也使我们获得
最大收益。
这是我们的
最优战略。
玩家

Chapter 5 价格·市场 微观经济学关键词②

囚徒困境

博弈论中的一个著名案例，就是“**囚徒困境**”。通过这个经典案例，不但能阐明纳什均衡和收益的思想，还会让我们明白纳什均衡并不一定是最优选择的道理。“囚徒困境”的具体内容，是指检察官对共犯的A和B两位囚犯分别提出下图所示的司法交易。

即便你们两个都继续保持沉默，都至少会被判处三年有期徒刑。
不过如果你坦白的话就只会判一年，而B会被判十年。
如果你们都坦白的话，会都被判六年。
我给囚犯B也是这样说的。
囚犯A
检察官

这里的收益，指的就是服刑期的长短。下图两名囚犯的“收益表”（回报表）就能清楚地看到两名囚犯的收益分布，以及A和B各自保持沉默时，对于对方背叛自己的情况发生时的应对方法。

囚犯A和囚犯B的收益表

		囚犯A	
		沉默（合作）	背叛对方（不合作）
囚犯B	沉默	A 3年 B 3年	A 1年 B 10年
	背叛对方	A 10年 B 1年	A 6年 B 6年

如果A和B两人有办法互相商量的话，那么两人都保持沉默确实能够使总刑期最短。然而，两人现在被分别关押起来无法互相交谈，所以相互之间会疑神疑鬼，不知道对方会怎么做，比如A就会进行下图这样的思考。

●当囚犯 B 保持沉默时

我保持沉默。
我也保持沉默的话，只会被判三年有期徒刑。
我背叛 B 的话，只会被判一年。
还是背叛更划算呢。
囚犯B
囚犯A

●当囚犯 B 背叛我时

是我们两个人干的。
我保持沉默的话，会被判十年有期徒刑。
我背叛 B 的话，也只会被判六年。
果然还是背叛更划算呢。
囚犯B
囚犯A

对于囚犯B而言，情况也是一样的。这样一来，两人各自做出合理选择，其结果就是都会采取“背叛对方”（不合作）的方案，于是达到了纳什均衡。但是，两人所采取的行动并不是整体最大收益的选项，而是陷入了整体困境当中。

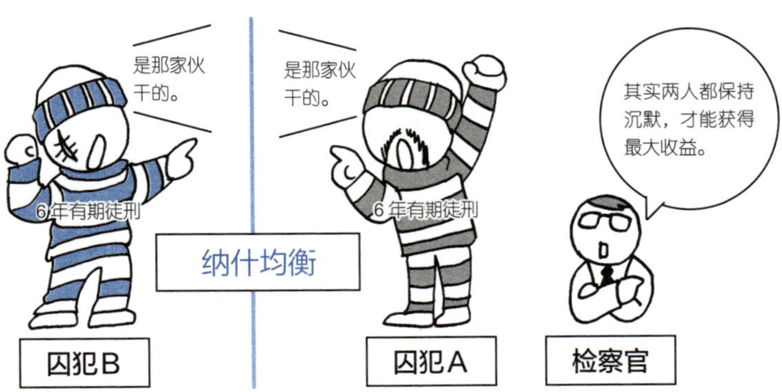
是那家伙干的。
是那家伙干的。
其实两人都保持沉默，才能获得最大收益。
6年有期徒刑
6 年有期徒刑
纳什均衡
囚犯B
囚犯A
检察官

卡特尔

对于寡头垄断市场而言，企业之间趋向于缔结有关价格和产量的协定，来共同维持较小的产量和较高的价格，这就形成了“**卡特尔**”。由于结成卡特尔之后，买家只能用高昂的价格来购买产品，因此，原则上，在日本的《禁止垄断法》中禁止这种行为出现。

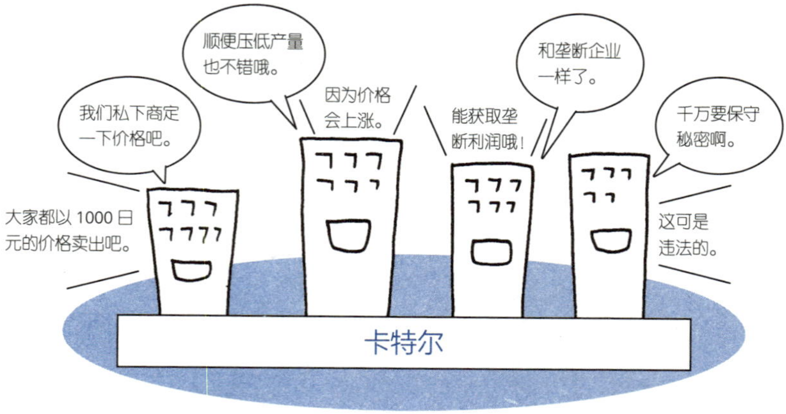

我们私下商定一下价格吧。
大家都以 1000 日元的价格卖出吧。
顺便压低产量也不错哦。
因为价格会上涨。
能获取垄断利润哦！
和垄断企业一样了。
千万要保守秘密啊。
这可是违法的。
卡特尔

事实上，卡特尔会引起与囚徒困境相同的问题。一旦有一家企业抢先脱离卡特尔的约束，那么这家企业就能获取巨额收益。

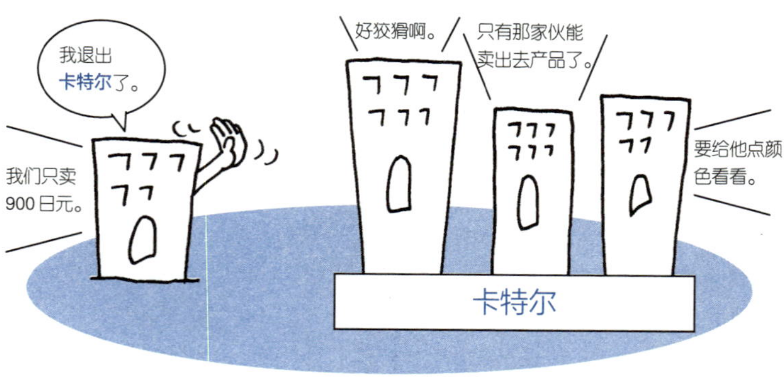

我退出卡特尔了。
我们只卖 900 日元。
好狡猾啊。
只有那家伙能卖出去产品了。
要给他点颜色看看。
卡特尔

不过，对现实中的卡特尔而言，其成员要想抢先脱离约束，并没有那么容易。这是什么原因呢？（请看下一项：无名氏定理）

无名氏定理

民俗定理

囚徒困境和卡特尔之间的区别在于，前者的选择只有一次，后者可以重复选择。如果能进行重复选择，则需要考虑将来能够获取的收益，因此有时候，仍应该合作共赢。请参考下面的例子。

延续和脱离卡特尔的收益表

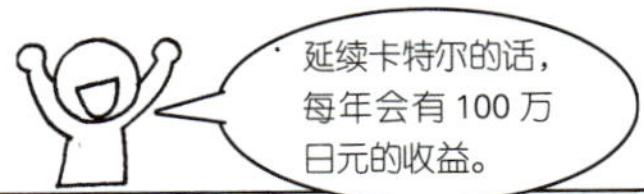
延续卡特尔的话，每年会有 100 万日元的收益。

	第一年	第二年	第三年	第四年
延续卡特尔（合作）	100 万日元	100 万日元	100 万日元	100 万日元
脱离卡特尔（不合作）	200 万日元	50 万日元	50 万日元	50 万日元

刚脱离卡特尔的那一年，能获得 200 万日元的收益。
但是再往后，每年只有 50 万日元的收益了。

反复博弈

当到了上面例子中的第四年，延续卡特尔的收益已经大于脱离卡特尔所获得的收益了。像这样会重复进行的博弈，在博弈论中叫作“反复博弈”，而在反复博弈中采取“合作—合作”的计划，更容易达到纳什均衡，这被称为“无名氏定理”。

无名氏定理

在单次博弈中，采取“不合作—不合作”的行动，更容易达到纳什均衡。
囚犯A

而在反复博弈中，采取“合作—合作”的行动，则更容易达到纳什均衡。
卡特尔

顺便说一句，这并不是由无名氏想出的定理，据说是民俗学定理的俗称。

※ 无名氏定理在数学中则指的是任何人都觉得理所当然，但任何人都无法证明的定理。

市场失灵

市场也会有没法充分发挥其功能的时候。即使**市场机制**仍在起作用，却没法进行高效的资源配置——达不到**帕累托最优**（☞ P.129），于是将这种状态叫作“**市场失灵**”。导致市场失灵的代表性原因如下图所示。

另外，市场失灵会引发如下图所示的一系列问题。现今的贫困和不平等等问题，也被视为由市场失灵导致。

当发生市场失灵时，政府必须以某种方式进行市场干预，而私营企业也有能够克服市场失灵的方法。

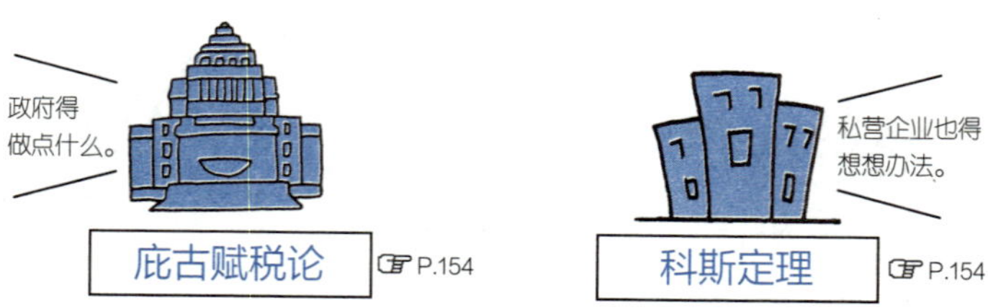

市场的外部性

外部性、外部效果

市场失灵的原因之一就是“**市场的外部性**”。市场的外部性，是指某个经济主体不通过市场，而是从外部对别的经济主体造成影响的现象，其代表性的例子就是环境污染。某个市场中的企业一旦引发环境污染，与那个市场无关的家庭和企业也将受到损害。

把 PM2.5 原模原样地排放出去。
因为做相应处理再排放的话，要花更高的成本。
你们在干什么啊？
这不也波及了毫无关系的我们吗？

让我们换个角度来看待这个问题。引发环境污染的企业，相当于没有通过市场，就将环境恶化的成本压到其他企业和家庭的头上。

我们可不承担废弃物处理的成本。
压低价格，大量倾销，赚个痛快。
去医院看了病，花了不少医药费。
咯咯，咯咯。
空气净化器全力运行，付出了相应成本。
轰隆……

市场外部性分为两种。一种是会引起负面影响的“**外部不经济**”，与之相反的，是会引起正面影响的“**外部经济**”（☞ P.152）。

外部经济 正外部性

来看一个经常被提及的例子。新修的火车站一旦竣工，车站周围的地价必然会上涨，土地所有者会受到正面影响，这就是“**外部经济**”。因为并没有经由市场进行交易，所以土地所有者并不用为地价上升付出相应的代价。

××新车站
附近盖了一座新车站。
什么都不用做，地价就上涨了。
待售土地
要付出成本吗？
××铁路
不存在成本分摊和收益分配的问题。
因为并没有通过市场。

外部不经济 负外部性

另外，对离这个车站很远、很早就存在的商业街而言，车站竣工后它的客流量会发生变化，很可能导致营业额下降，这就是“**外部不经济**”。即便商业街受到了车站竣工的负面影响，但也无法让铁道公司来分摊成本或分配收益，因为并没有经由市场进行交易。

××新车站
远处盖了一座新车站。
没做什么错事，客源就下降了。
××商店
他们不补偿我们吗？
××铁路
不涉及成本分摊和收益分配的问题。
因为并没有通过市场。

外部性的内部化 外部效果的内部化，外部不经济的内部化

第151页中肆意制造环境污染的企业，并不承担相应废弃物处理的成本，因此才能低价向市场供给商品和服务。也就是说，外部不经济产生的影响会使供给曲线往右下方移动，从整体经济的角度来看变为**供给过剩**（☞P.95）的局面。

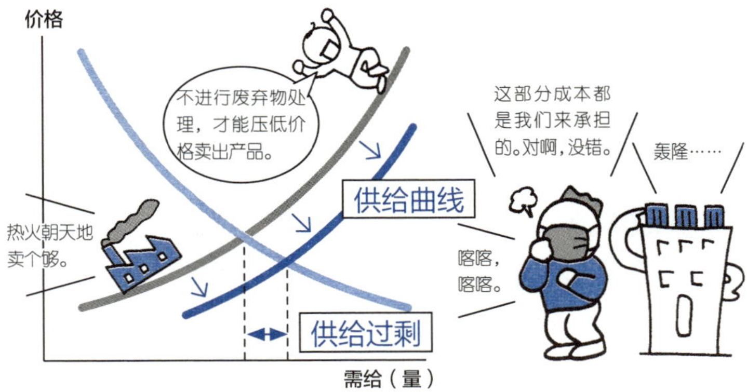

价格
不进行废弃物处理，才能压低价格卖出产品。
这部分成本都是我们来承担的。对啊，没错。
轰隆……
热火朝天地卖个够。
供给曲线
咯咯，咯咯。
供给过剩
需给（量）

当处于上图所示的状态时，从整体经济的角度来看，就没办法进行最优的资源配置，其原因就在于市场的外部性。如果能在这里实现"**外部性的内部化**"，就可以消除效率低下的问题。那么有哪些方法，能将外部不经济因素纳入内部承担的范畴呢？

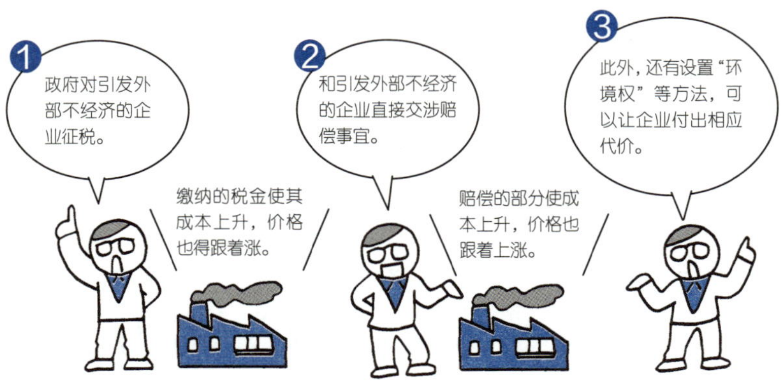

1
政府对引发外部不经济的企业征税。
缴纳的税金使其成本上升，价格也得跟着涨。
2
和引发外部不经济的企业直接交涉赔偿事宜。
赔偿的部分使成本上升，价格也跟着上涨。
3
此外，还有设置"环境权"等方法，可以让企业付出相应代价。

庇古赋税论 庇古税

对于引发外部不经济的企业，政府对其征税，来抵消外部不经济影响的方法叫作“**庇古赋税论**”。实际上，日本也会对排放二氧化碳的经济主体征收“全球变暖对策税”。

二氧化碳排放，
也是外部不经济。
政府
请缴纳庇古税。
这个名字来源于英国经济学家阿瑟·塞西尔·庇古（☞P.118）。
哎呀，
算了。
纳税部分导致生产成本上升。
真没办法啊。
得承担外部不经济的成本。

科斯定理

另外，即便政府不通过税金进行干预，私营企业的当事人之间也会通过交涉来使外部性内部化，这也是一种可能的处理方式。无论是由企业支付赔偿金，还是采取对策消除外部不经济因素，都可以达到同样的资源配置效果，这就是“**科斯定理**”。

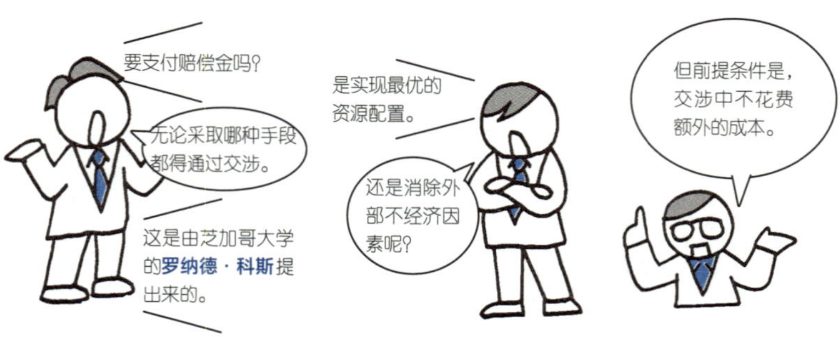
要支付赔偿金吗？
无论采取哪种手段都得通过交涉。
这是由芝加哥大学的罗纳德·科斯提出来的。
是实现最优的资源配置。
还是消除外部不经济因素呢？
但前提条件是，交涉中不花费额外的成本。

公共产品

另一个导致**市场失灵**（☞ P.150）的原因是“**公共产品**”的存在。公共产品指的是，你的消费并不会减少其他人对它的消费，而且不承担成本的人也能够消费，也就是拥有“**非竞争性**”和“**非排他性**”的产品。例如，可以把道路当作公共产品来看待。

公共产品的 非竞争性
我们也同样可以使用哦。
我再怎么使用，也不会影响其他人使用。
道路 公共产品

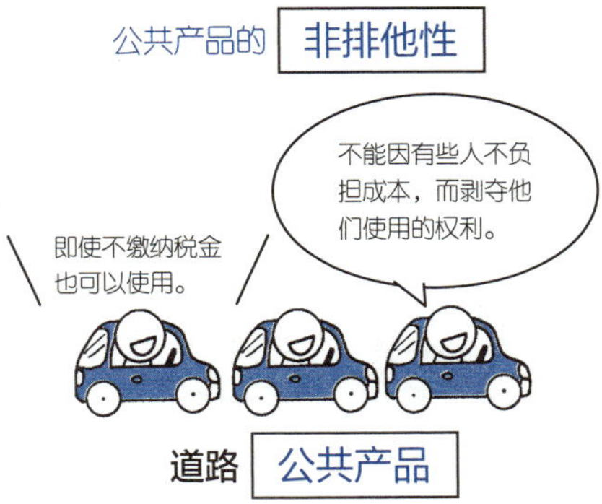
公共产品的 非排他性
即使不缴纳税金也可以使用。
不能因有些人不负担成本，而剥夺他们使用的权利。
道路 公共产品

私人产品

为何这种公共产品的存在会导致市场失灵呢？为了知晓这个问题的答案，我们先来看一下与公共产品相反的概念“**私人产品**”。私人产品指的就是，你的消费会减少其他人的消费，而且剥夺不承担成本的人消费的权利。例如，可以把住宅看作私人产品。

我租不了了。
如果我租了这房子，别人就租不了了。
住宅 私人产品

不交房租可不行啊。
要租这房子就必须付房租。
住宅 私人产品

萨缪尔森公式 萨缪尔森条件

“**萨缪尔森公式**”给出了公共产品的最优资源配置方式。它的结论是，通过产出公共产品而增加的个人便利和收益（**边际私人收益**）的总和（社会边际收益），与制作此公共产品所增加的成本（**边际成本**）相等的时候，公共产品的供给才是最优的。但这时会受到非竞争性和非排他性的干扰，这是因为使用公共产品时不能将不负担成本的人排除在外。

公共产品的社会边际收益 = 公共产品的边际成本

将公共产品供给到这个程度就是最优的资源配置。
这和边际收入 = 边际成本时企业的利润会最大化是一样的道理（☞P.114）。
不过，会受到非竞争性和非排他性的干扰。

搭便车者 免费搭车者

于是，在这个过程中就产生了“**搭便车者**”（**免费搭车者**）问题。这样一来，也没法进行最优的资源配置，因此导致了市场失灵。

虽然没缴税，但是不影响使用。
这就是搭便车者的概念。
这并不是最优的资源配置。
于是市场失灵了。

道路

who's who

保罗·安东尼·萨缪尔森（1915—2009年）

美国经济学者。在其主要著作《经济分析基础》中，用数学方法整理了**现代经济学**（☞P.78）的内容，自此为数学在经济学领域的应用奠定了基础。

信息不对称

信息的不完全性

市场失灵的另一个原因，就是“**信息不对称**”。比如拿汽车保险举例，其中一方的信息不完全，从而导致各种各样的市场失灵。

投保人
保险公司
信息量（大）
我不擅长驾驶
注意力也不集中
有驾照，但是不怎么开车
发生事故的可能性较大
我要买汽车保险。
好的，感谢惠顾！
这人行不行啊？
信息量（小）
年龄 性别
住所 姓名
驾照种类

道德风险

“**道德风险**”是信息不对称引起市场失灵的一种表现。比如投保人购买了保险之后，会有放任自己不小心或者故意引发事故的风险，经济学中的“道德风险”就是指类似的现象。

投保人
保险公司
实际上，买了保险以后，就可以无所顾忌地驾车，横冲直撞了。
或者想修车的时候，故意去撞车。
发生事故了，帮我修理吧。
唉。
道德风险原本就是保险行业的关键词。
当时没在现场，所以不清楚是什么原因造成的。

像上图中那样，因为保险公司没法一直监视车辆情况，所以产生了信息不对称，这种信息不对称会导致道德风险的出现，从而引起市场失灵。

逆向选择 逆向选拔

信息不对称还可以导致其他形式的**市场失灵**。例如，售卖汽车保险的保险公司对事故的发生概率并不很清楚，于是在售卖保险时……

不知道事故概率，所以适当定个价格吧。
保险费 15 万日元。
好的。
我比较容易引起事故。
保险费用这么贵。
对于安全驾驶的我来说，就不需要了。

这样一来，投保的人都是发生交通事故概率比较高的人，导致实际的投保人总体引发事故的概率也上升了。于是……

投保的人很容易发生交通事故，把保险费用提高。
保险费 20 万日元。
好的。
我比较容易发生交通事故，买了。
何况保险费用还上涨了。
我开车也没有到那么危险的程度，还是算了吧。

于是，投保人发生交通事故的概率又进一步上升了。随后，保险费变得很昂贵，最终导致市场失灵，类似这种问题就叫作“逆向选择”。

事故率又上升了，再把保险费用提高点。
保险费 30 万日元。
我虽然容易发生交通事故。
但这么贵，我也付不起呀。
保险费用又上涨了。
这么贵的保险，咱也付不起了。
逆向选择原本就是保险关键词。

柠檬市场理论

以二手车市场为例，也能充分说明**逆向选择**的问题。对于二手车交易而言，与保险的情况相反，买家只能获得较少的信息。由于害怕上当受骗，因此宁可选择便宜的二手车，也不选择质量好、价格贵的二手车。其结果就是，便宜、质量差的二手车充斥于整个市场中。在美国俗语中，将质量差的二手车叫作“柠檬”，于是把这种逆向选择的市场也叫作“**柠檬市场**”。

买家
还是买便宜的比较好。
买贵的，要是被骗就不好了。
信息量（小）
价格　车型
行驶里程
外观
买家
贵的二手车卖不出去呀。
唉！
以后就只卖便宜的二手车吧。
信息量（大）
便宜的二手车很快就会坏
就算说真话，他们也不信
谁让他们是客户呢，没办法
其实买贵的二手车更划算。

格雷欣法则 劣币驱逐良币

阅读了关于逆向选择的内容，是不是会想起另外一句名言呢？这就是“**劣币驱逐良币**”（**格雷欣法则**）。这句话原本是在讲关于货币的话题，到了今天，也经常用到它与逆向选择相似的引申义。

平常购物都用劣币。
把良币保存起来。
用它们熔炼金子吧。
流通的净是劣币啊。
在外国能卖出高价。
感谢惠顾！
劣币驱逐良币，是吧？
16 世纪英国的财政顾问托马斯 · 格雷欣就是这样向国王进言的。

一般来说，把越选越好的决策称为“选择”；反之，越选越差的决策就是“逆向选择”

用1分钟回顾一下！

本章的要点

- □ 经济学中将对商品和服务进行交易的市场，当作**完全竞争市场**来考虑。
- □ 对于完全竞争市场而言，将由需求和供给的均衡点决定价格，并且可以通过价格来调整需求和供给，这种表现称为**市场机制**。
- □ 利用市场机制，可将具有稀缺性的资源高效合理地向社会分配。**亚当·斯密**将这种作用以“**看不见的手**”来形容。
- □ **帕累托最优**是一种关于衡量资源配置效率的思想。
- □ 生产者在思考怎样才能对生产要素进行合理资源配置时，一个很有助益的概念就是**边际产品价值**。
- □ **不完全竞争市场**分为**垄断、寡头、双寡头**等类型。
- □ 在企业对价格和产量进行决策时，利用数学理论分析相关问题和行为的经济学领域，称为**博弈论**。博弈论中的一个经典案例就是**囚徒困境**。
- □ 市场机制再怎么管用，也可能会在一些资源配置过程中造成浪费。这种情况叫作**市场失灵**。
- □ 市场失灵的原因，主要是**市场的外部性**和**信息的不对称性**。

who's who

约翰·纳什（1928—2015年）

美国数学家。博弈论中的基本概念“纳什均衡”就是由他提出的。纳什在1994年获得了诺贝尔经济学奖，他前半生的经历成了电影《美丽心灵》的故事蓝本。

Chapter 6

GDP · 景气

宏观经济学关键词①

附加值

微观经济学是以家庭或企业这样的经济主体为研究对象的，而**宏观经济学**的研究对象则是整体国民经济。宏观经济学的研究内容包括整体国民经济的**GDP**（**国内生产总值**，☞ P.16）、物价、经济增长和**景气**（☞ P.10）等方面。宏观经济活动的结果将直接从“**附加值**”上反映出来，附加值的正确计算方法如下。

附加值	=	产值	−	中间投入

附加值是生产（☞ P.75）过程中所产生的附加价值以货币形式折算的金额。
产值是将所生产的产品以货币形式折算的金额。
中间投入是将生产中消耗的原材料、燃料以货币形式折算的金额。

那产出的附加值之后又去了哪里呢？正如前文中的描述，附加值被分配（☞ P.75）给了各生产要素的所有者。

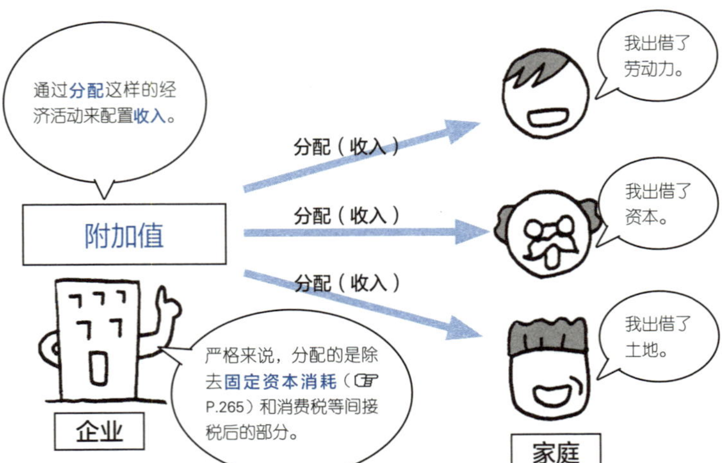
通过分配这样的经济活动来配置收入。
附加值
分配（收入）
分配（收入）
分配（收入）
我出借了劳动力。
我出借了资本。
我出借了土地。
严格来说，分配的是除去固定资本消耗（☞ P.265）和消费税等间接税后的部分。
企业
家庭

获得收入的家庭和企业，需要向政府缴纳所得税、法人税等直接税以及社会保险费。另外，存款和投资所获得的利息、分红等也需要缴纳以上的税费。

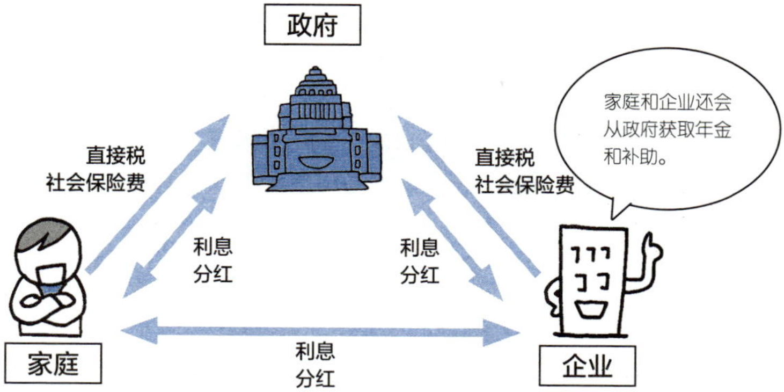

缴纳税费之后剩下的部分，将会进入**支出**（☞ P.76）环节。家庭一般会消费商品和服务，企业则用于设备投资方面。

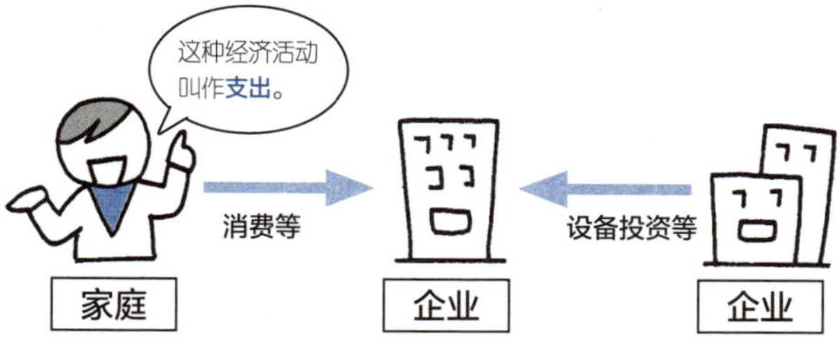

也有家庭会将消费之后剩下的**资金运用**于储蓄和投资等方面，这也属于支出的范畴。然而，资金不足的家庭和企业则必须借助贷款等方式进行**资金筹措**。

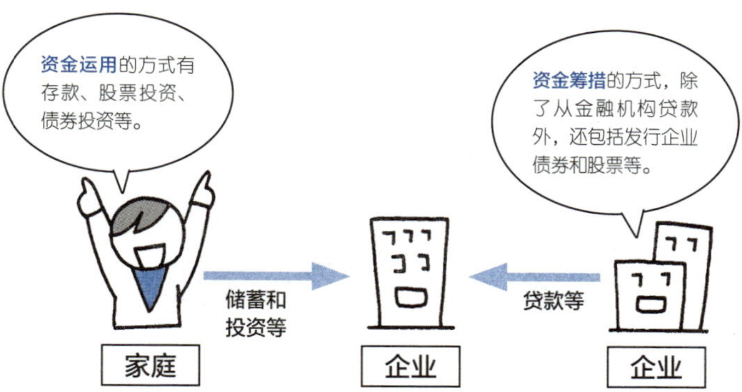

SNA

国民经济核算、国民经济核算体系（System of National Accounts, JSNA）

“SNA”（国民经济核算）就是指将前文提及的宏观经济活动用数字反映出来。其中详细规定了GDP（☞ P.16）的计算方法，因此能够进一步计算出NDP（国内生产净值，☞ P.172）和NI（国民收入，☞ P.173）等经济统计指标。以日本为代表，世界上许多国家都遵从SNA来计算和公布各项经济统计指标，借此能够准确比较各国的GDP等数据。

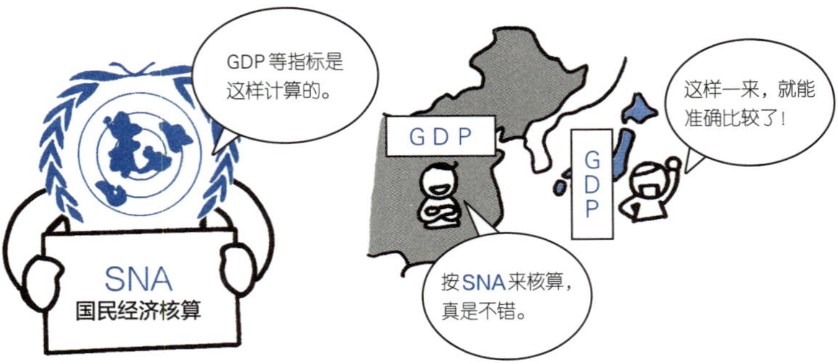

GDP等指标是这样计算的。
SNA
国民经济核算
GDP
GDP
这样一来，就能准确比较了！
按SNA来核算，真是不错。

日本的SNA（JSNA）是由内阁府的经济社会综合研究所汇总整理的。其计算方法的国际标准是由联合国选定的。因此，一旦联合国选定了新的标准，那么JSNA也有必要做相应的修订。最近，从2016年7—9月的GDP第2次速报起执行2008年选定的“08SNA”标准，而之前一直采用的是1993年选定的“93SNA”标准。

之后拜托你啦！
1993 SNA
JSNA
接棒！
2008 SNA
JSNA
交给我啦！

SNA中宏观经济活动的生产和收入分配之间的关系，可以用下图描述。可以看出，生产活动产出的附加值，即GDP，分配到了向政府缴纳的税金和各类收入中去了。

SNA 相关指标的关系

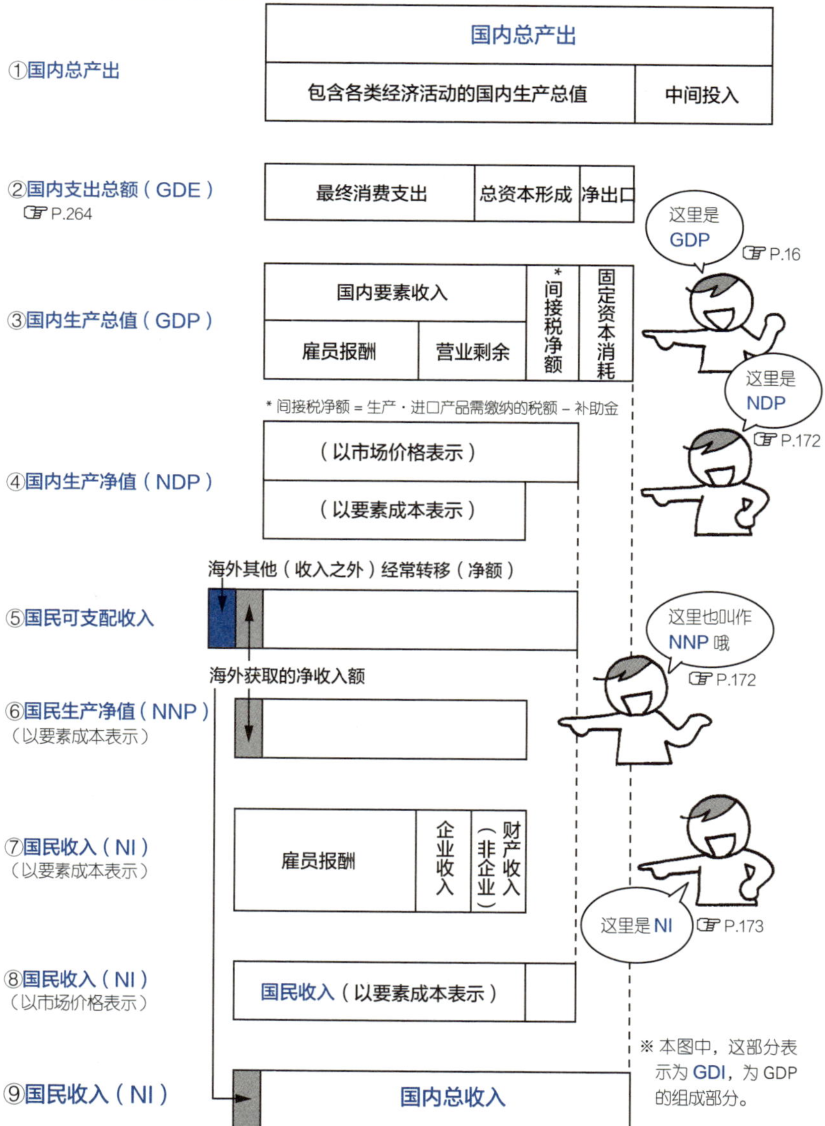

（根据内阁府《图解 SNA》一图制作 http://www.esri.cao.go.jp/）

流量

GDP是“一定时期”内产出的附加值，所以用“从○年○月○日到×年×月×日”的区间内对应的数值来表示。这种用“一定时期”内增加或减少来表示的量称为“**流量**”。

从这里开始。
到这里结束。
去年年末
今年年初
今年年末
明年年初
产出的附加值就是GDP。
是指“一定时期”内哦。
即流量。

存量

然而，作为流量的结果，比如没能转化为消费的收入部分，会通过存款等方式储存为资产，就成了“**存量**”，即用“○年○月○日的时间点”对应的数值来表示。区别流量与存量，是宏观经济学中是十分重要的。

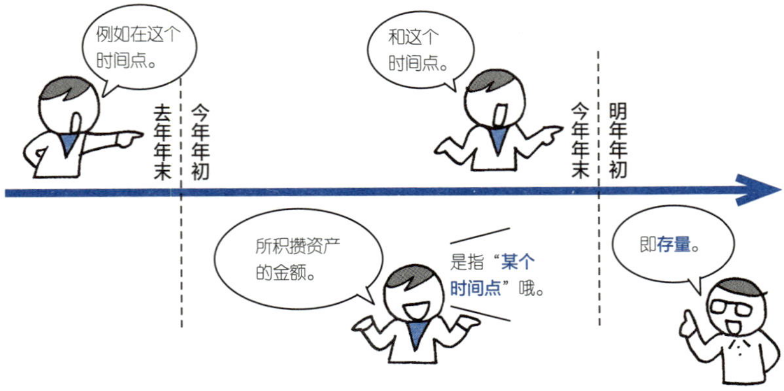

例如在这个时间点。
和这个时间点。
去年年末
今年年初
今年年末
明年年初
所积攒资产的金额。
是指“某个时间点”哦。
即存量。

流量的典型代表就是GDP，而存量的典型代表则是“**各机构部门资产负债表**”。和企业编制的财务报表类似，各机构部门资产负债表则是通过SNA编制而成的。“**机构部门**”即相当于**经济主体**（☞P.74），在SNA中分为如下5类。

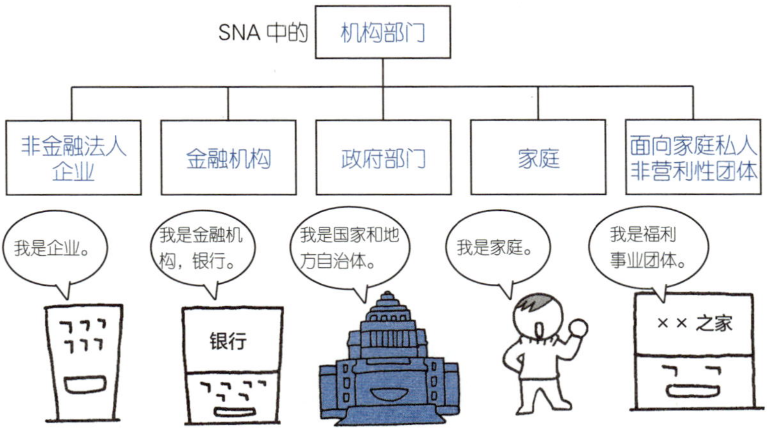

简单来说，在去年年末的各机构部门资产负债表中，加上今年中的各项流量，就得到了今年年末的资产负债表。

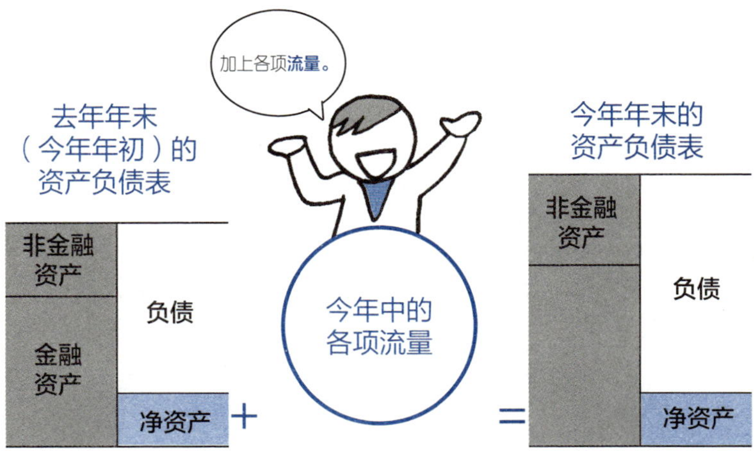

在合计资产中去掉负债的部分称为“**净资产**”，而国家整体的净资产则被称为“**国家财富**”（☞P.266）。

合成谬误

在具体展开个别内容之前，必须对宏观经济学有充分的理解和认识。因为，从微观上看合理的经济活动，从整体宏观的角度来看并不一定产生合理的结果。例如，试着思考一下储蓄的问题。

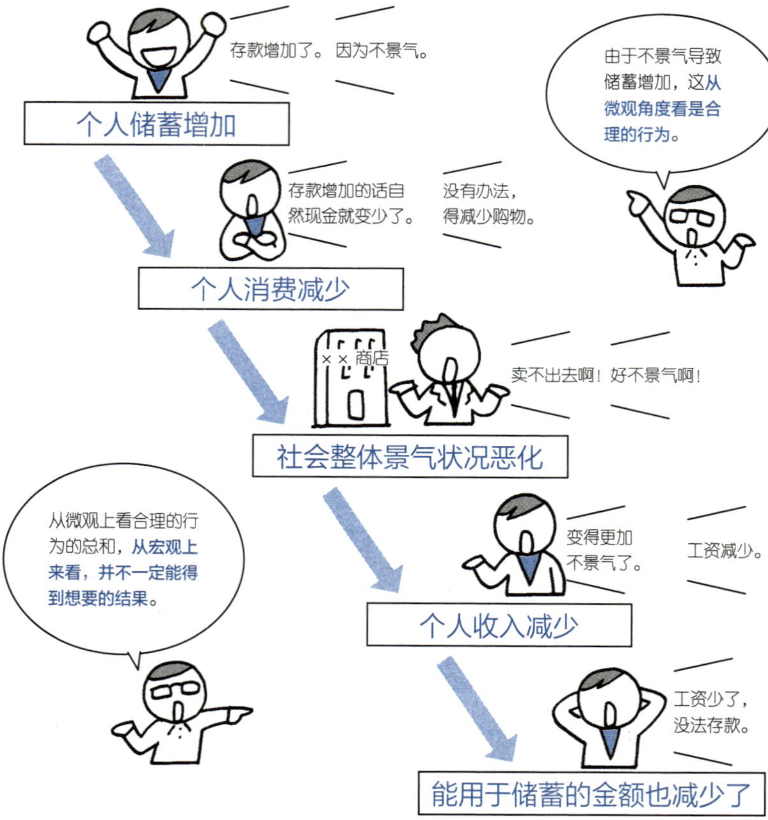

存款增加了。因为不景气。
个人储蓄增加
由于不景气导致储蓄增加，这从微观角度看是合理的行为。
存款增加的话自然现金就变少了。
没有办法，得减少购物。
个人消费减少
××商店
卖不出去啊！好不景气啊！
社会整体景气状况恶化
从微观上看合理的行为的总和，从宏观上来看，并不一定能得到想要的结果。
变得更加不景气了。
工资减少。
个人收入减少
工资少了，没法存款。
能用于储蓄的金额也减少了

像这样，个人增加储蓄的微观经济活动，并不一定会导致整体经济层面的储蓄增加。就算储蓄率再高，储蓄额也一定会增加，甚至有可能减少，这种现象称为“**合成谬误**”。

名义GDP

接下来进入具体的**经济统计**话题吧。首先是与**GDP**（☞ P.16）相关的概念。没有消除物价变动影响的GDP，专门被称为“**名义GDP**”。

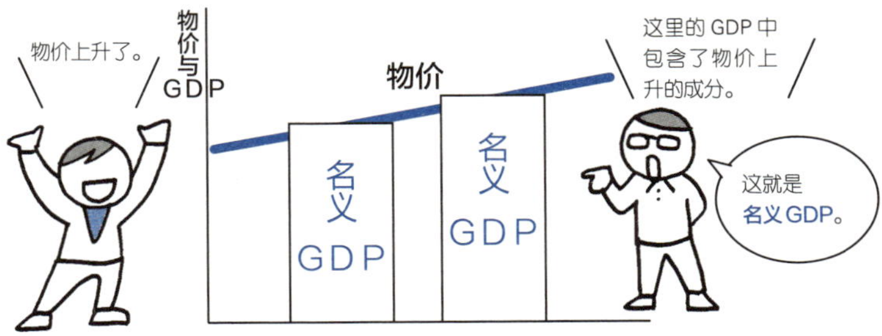
物价上升了。
物价与GDP
物价
名义GDP
名义GDP
这里的GDP中包含了物价上升的成分。
这就是名义GDP。

顺便提一句，GDP中除了受物价变动影响之外，还包含两个特殊部分。其中一个是“**由政府活动产生的附加值**”，另一个则是农户的“**自家消费**”。

GDP 中包含的部分

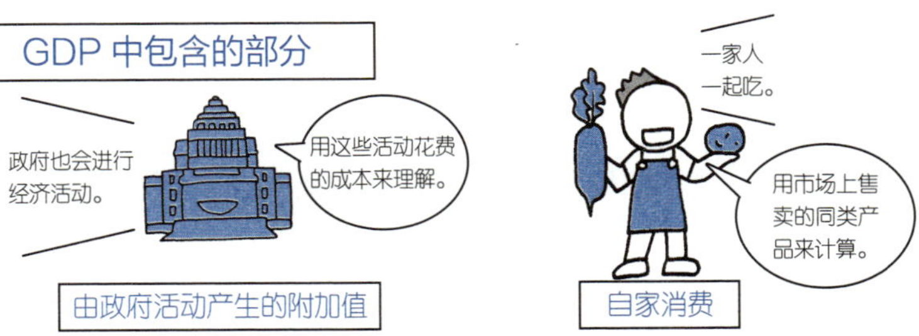
政府也会进行经济活动。
用这些活动花费的成本来理解。
由政府活动产生的附加值
一家人一起吃。
用市场上售卖的同类产品来计算。
自家消费

反过来，“**资本收益**”（☞ P.283）和“**家务劳动**”等，因为如下的理由未能包含在GDP中。

GDP 中未包含的部分

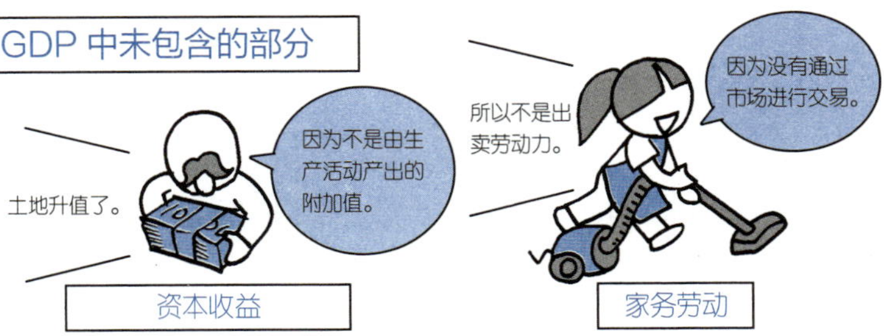
土地升值了。
因为不是由生产活动产出的附加值。
资本收益
所以不是出卖劳动力。
因为没有通过市场进行交易。
家务劳动

实际GDP

从名义GDP中去除受物价变动影响就得到了“**实际GDP**”。内阁府发表的GDP和**速报值**中（☞ P.19），会同时发布名义GDP和实际GDP。在计算实际GDP时，会用到**GDP缩减指数**（☞ P.176）。

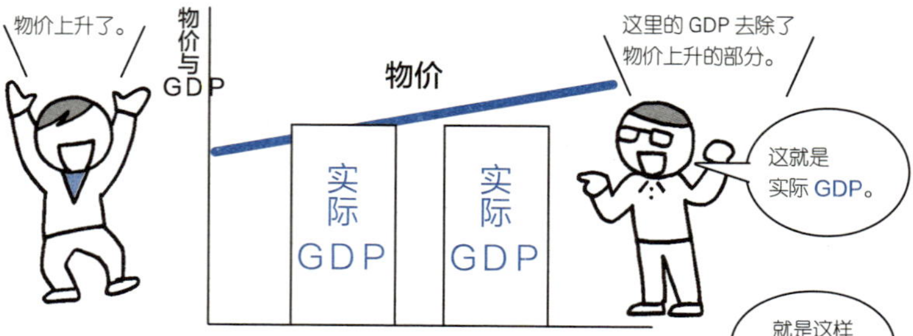
物价上升了。
物价与GDP
物价
实际GDP
实际GDP
这里的GDP去除了物价上升的部分。
这就是实际GDP。
就是这样计算的。

$$\text{实际GDP}=\frac{\text{名义GDP}}{\text{GDP缩减指数}}$$

人均GDP

GDP计算的是国家整体的附加值，所以人口众多的国家更容易获得高的GDP。因此，想要反映国民经济富裕程度时会用到“**人均GDP**”，即将GDP除以人口数量。这样一来，能够更方便地在国与国之间做比较，也更容易了解某国经济富裕程度的变化。

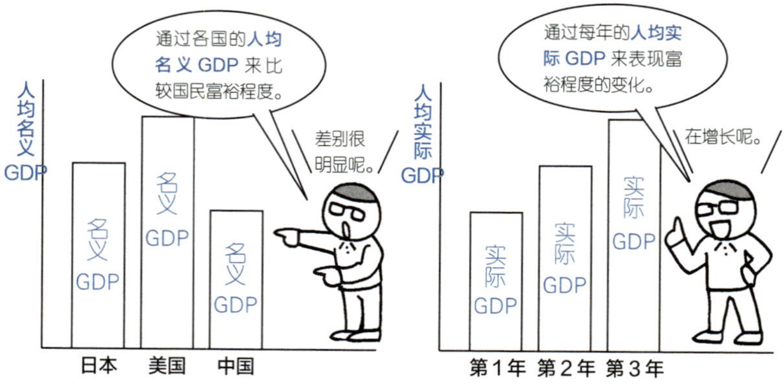
通过各国的人均名义GDP来比较国民富裕程度。
差别很明显呢。
人均名义GDP
名义GDP
名义GDP
名义GDP
日本
美国
中国
通过每年的人均实际GDP来表现富裕程度的变化。
在增长呢。
人均实际GDP
实际GDP
实际GDP
实际GDP
第1年
第2年
第3年

三面等价原则

GDP的三面等价原则

GDP指的是由生产活动产出的附加值总额。但所生产的所有产品将作为收入来进行分配。之后，分配完成的所有产品又转化为**支出**（☞ P.76），即生产、分配和支出的总额。**国内生产总值（GDP）**、**国内总收入**（总分配=**GDI**，☞ P.264）、**国内总支出**（**GDE**，☞ P.264）三者具有相同的数额，这就是"**三面等价原则**"。从这个角度来讲，将GDP专门称作"生产层面的GDP"，将GDI称作"分配层面的GDP"，将GDE称作"支出层面的GDP"。

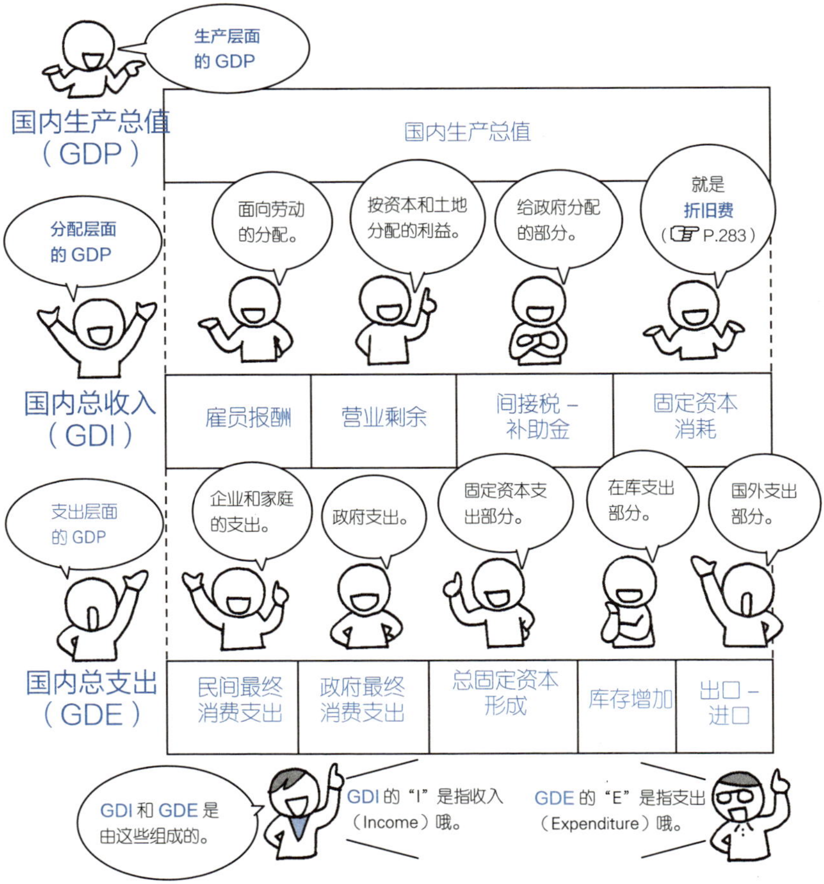

生产层面的 GDP
国内生产总值（GDP）
国内生产总值
分配层面的 GDP
面向劳动的分配。
按资本和土地分配的利益。
给政府分配的部分。
就是折旧费（☞ P.283）
国内总收入（GDI）
雇员报酬
营业剩余
间接税－补助金
固定资本消耗
支出层面的 GDP
企业和家庭的支出。
政府支出。
固定资本支出部分。
在库支出部分。
国外支出部分。
国内总支出（GDE）
民间最终消费支出
政府最终消费支出
总固定资本形成
库存增加
出口－进口
GDI和GDE是由这些组成的。
GDI的"I"是指收入（Income）哦。
GDE的"E"是指支出（Expenditure）哦。

NDP 国内生产净值，Net Domestic Product

看前项中GDI的图表就应该明白，要使GDI=GDP的等式成立，则GDP中得包含**固定资本消耗**（☞ P.265）。固定资本消耗指的是老旧设备的价值折损部分，其本来就不属于附加值的范畴。从GDP中减去固定资本消耗所得到的“**NDP**”，才是原原本本的附加值总额。

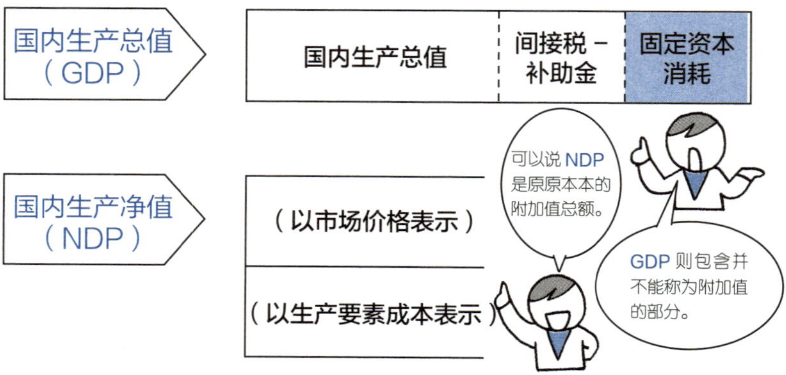
国内生产总值（GDP）
国内生产总值
间接税－补助金
固定资本消耗
国内生产净值（NDP）
（以市场价格表示）
（以生产要素成本表示）
可以说 NDP 是原原本本的附加值总额。
GDP 则包含并不能称为附加值的部分。

NNP 国民生产净值，Net National Product

NDP 的“以要素成本表示”，指的是为生产要素支出的成本，因此并不包含间接税等部分。将日本居民在海外获得的收入与在日的海外居民获得收入的差值加到以要素成本表示的NDP中，就得到了“**NNP**”（**国民生产净值**）。

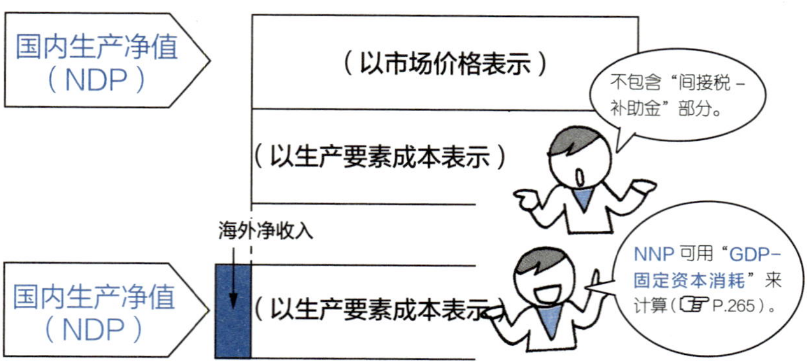
国内生产净值（NDP）
（以市场价格表示）
（以生产要素成本表示）
不包含“间接税－补助金”部分。
海外净收入
国内生产净值（NDP）
（以生产要素成本表示）
NNP 可用“GDP－固定资本消耗”来计算（☞ P.265）。

收入

经济学中，以提供**生产要素**（☞ P.107）为代价所获取的收入，可称为狭义的“**收入**”。因此，以劳动为代价获取的**工资**，以资本为代价获取的**利息**，以土地为代价获取的**地租**，这些都属于狭义收入的范畴。

这个属于收入。
我出借了劳动力。
工资
这个属于收入。
我出借了资本。
利息
这个属于收入。
我出借了土地。
地租
广义上的全部所得都可以称为收入。

NI 国民收入，National Income

SNA（☞ P.164）中，将NNP的要素成本形式体现为国民收入总和“**NI**”（**国民收入**）的要素成本形式。但是在经济学中，有时候会使用NI的市场价格形式来表示NI，其计算方法是将“间接税-补助金”的差值部分与NI的要素成本形式相加得到。

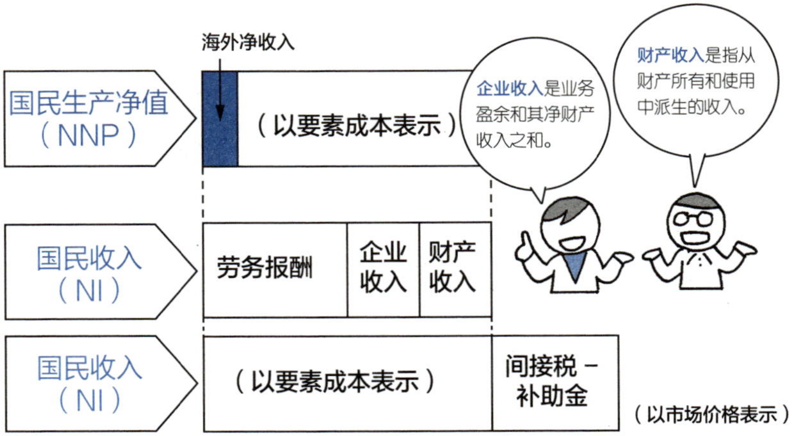
海外净收入
国民生产净值（NNP）
（以要素成本表示）
企业收入是业务盈余和其净财产收入之和。
财产收入是指从财产所有和使用中派生的收入。
国民收入（NI）
劳务报酬
企业收入
财产收入
国民收入（NI）
（以要素成本表示）
间接税－补助金
（以市场价格表示）

物价指数

正如通过名义GDP计算实际GDP时的情况，**物价**也会对经济统计造成很大影响。“**物价指数**”就是表示物价变动的指标。如果将某一时间点的物价设为100，物价指数将显示与此时间点的物价相比较，当前物价究竟是高还是低。

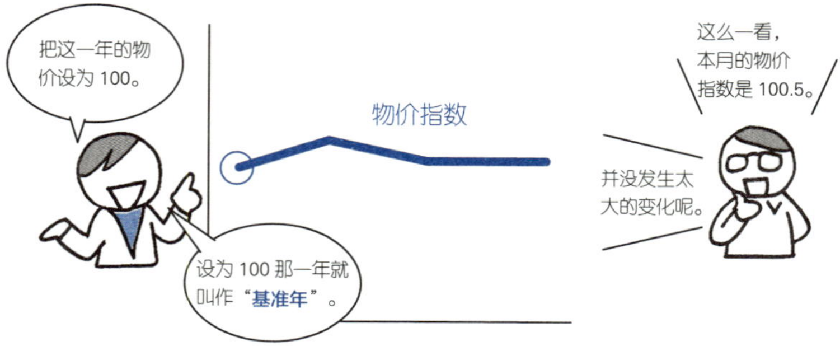

把这一年的物价设为100。
物价指数
设为100那一年就叫作“基准年”。
这么一看，本月的物价指数是100.5。
并没发生太大的变化呢。

消费者物价指数 Comsumer Price Index，CPI

物价指数当中，和我们关系最密切的就是“**消费者物价指数**”了。它是以家庭经常消费的500种商品和服务为基础计算得到的物价指数。总务省每个月都会发表一次消费者物价指数，并将分别发表对应全国和东京都区的两种指数，其基准年每五年修订一次。直到2019年结束为止，物价指数的基准年都是2015年。

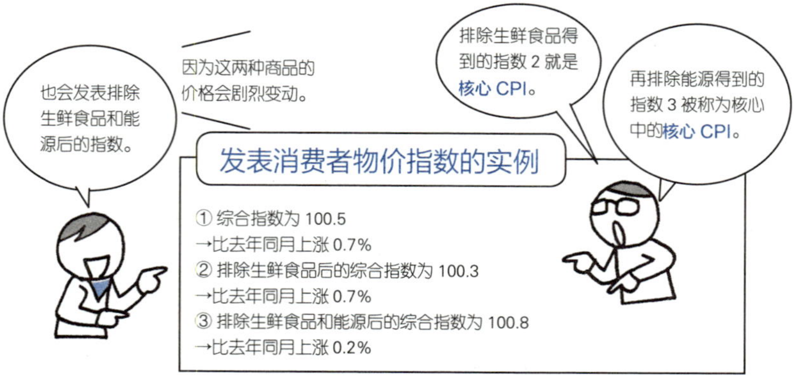

也会发表排除生鲜食品和能源后的指数。
因为这两种商品的价格会剧烈变动。
排除生鲜食品得到的指数2就是核心CPI。
再排除能源得到的指数3被称为核心中的核心CPI。
发表消费者物价指数的实例
①综合指数为100.5
→比去年同月上涨0.7%
②排除生鲜食品后的综合指数为100.3
→比去年同月上涨0.7%
③排除生鲜食品和能源后的综合指数为100.8
→比去年同月上涨0.2%

企业商品交易价格指数 Corporate Goods Price Index，CGPI

另外，表征企业之间交易商品和服务的物价指数就是“**企业商品交易价格指数**”。以前这个指标有另一个名字“**批发物价指数**”，不过从2003年起改成现在这个名字，因为在其中增加了生产者层面价格的权重。日银每月发表的企业商品价格指数，分为如下图所示的三种基本分类指数。

对企业间进行交易的 700 种以上的商品和服务进行调研。
对出口的 200 种以上的商品和服务进行调研。
对进口的 200 种以上的商品和服务进行调研。
国内企业商品交易价格指数
出口物价指数
进口物价指数

企业服务价格指数 CSPI

由于服务在经济中的占比日渐提升，服务价格和商品价格逐渐变得一样重要。因此从1991年开始，日银开始调研并发表“**企业服务价格指数**”。这项指标主要以金融、保险、房地产租赁、运输、信息交流、广告、出租、租赁等方面的服务为对象。

对 100 种以上的服务进行调研。
比如金融机构的手续费。
比如快递费用。
比如运输费。
比如电话费。
比如办公室租金。
比如广告费。
CSPI 是 “Corporate Sevice Price Index” 的缩写。

GDP缩减指数

在利用名义GDP计算**实际GDP**时，会用到“**GDP缩减指数**”。名义GDP和实际GDP之间的差值是由物价变动影响产生的，而GDP缩减指数本身就属于物价指数的一种表现形式。因此，当GDP缩减指数大于100时表示出现通胀，小于100时表示出现通缩。

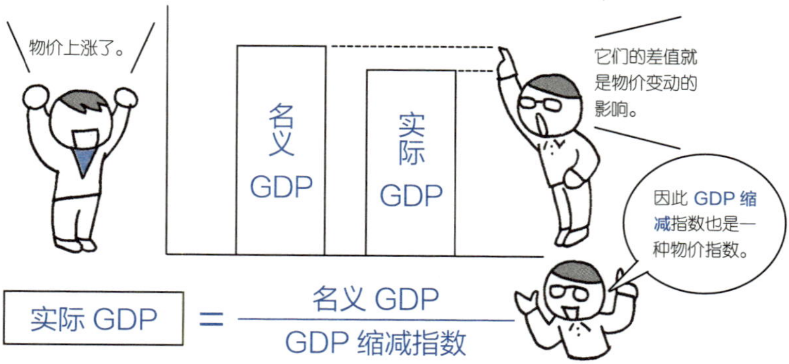
物价上涨了。
名义GDP
实际GDP
它们的差值就是物价变动的影响。
因此GDP缩减指数也是一种物价指数。

$$\text{实际GDP}=\frac{\text{名义GDP}}{\text{GDP缩减指数}}$$

日银发布的GDP缩减指数，虽然是用数学方法，根据名义GDP和各项实际附加值计算出来的。不过，如果知晓了名义GDP和实际GDP，再计算GDP缩减指数就变得十分简单，我们将实际GDP的算式变形后就能清楚地看到这一点。

将算式做一下变形。
也就是说，GDP缩减指数是名义GDP和实际GDP的比值。
这样就容易理解了。
因此GDP缩减指数大于100时，物价上涨（通胀）。
GDP缩减指数小于100时物价下跌（通缩）。
为了以指数形式表示需要乘以100。

$$\text{实际GDP}=\frac{\text{名义GDP}}{\text{GDP缩减指数}}$$

$$\text{GDP缩减指数}=\frac{\text{名义GDP}}{\text{实际GDP}}\times 100$$

恶性通胀 恶性通货膨胀，高通货膨胀

当GDP缩减指数大于100时，**通胀**（☞ P.25）就出现了。有时通胀会在短时间内急剧发展，这种情况叫作“**恶性通胀**”。当恶性通胀发生时，GDP缩减指数将会达到一千、一万、十万，甚至更大的数量级。

我买1个面包。
1个面包卖
1万亿马克。

第一次世界大战后的德国就发生过闻名世界的**恶性通胀**。由于战败后各种各样混乱的影响，物价暴涨了1万亿倍。据说一个面包甚至卖到1万亿马克。

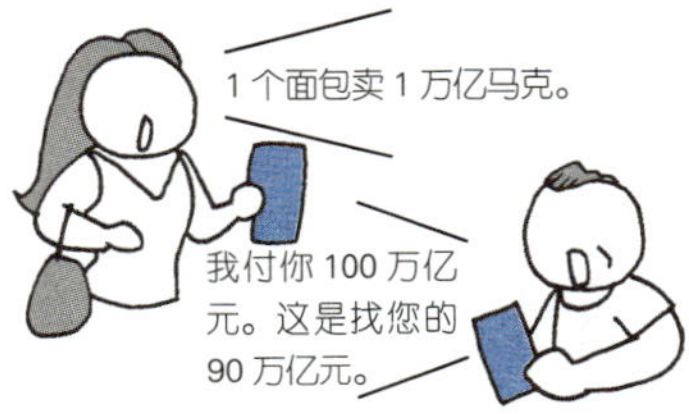
1个面包卖1万亿马克。
我付你100万亿
元。这是找您的
90万亿元。

恶性通胀在近些年也屡见不鲜。2000年后的津巴布韦由于独立后各种因素的影响，也出现了**恶性通胀**，甚至在2008年发行了100万亿面值的津巴布韦元纸币。

通胀目标 通货膨胀目标制

政府和中央银行为了促进经济的稳定增长，有时会设定**通胀率**（**物价上涨率**，☞ P.24）目标用（**通胀目标**）来制造适度的通胀。不过大多数情况下，为了防止物价过高，日银会设定“**物价稳定目标**”（☞ P.24）来摆脱通缩。

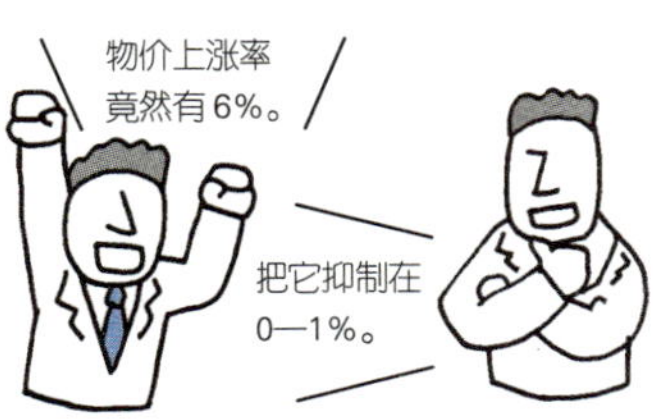
物价上涨率
竟然有6%。
把它抑制在
0—1%。

新西兰在1985年转为浮动牌价制（☞ P.56），在1988年引入了通胀率目标，这是世界上最早的通胀目标。

物价稳定
目标是2%。
从“前景”
变成了“目
标”呢。

日银在2012年宣布“中长期物价稳定展望”为1%，且并不属于目标范畴，而到了2013年，日银以“物价稳定目标”的形式设定了2%的通胀目标。

螺旋式通缩 deflationary spiral

当GDP缩减指数小于100时，就会出现**通缩**（☞ P.25）。一旦发生通缩，企业的投资和消费欲望都会迅速冷却，这样一来，会引发景气衰退，从而进一步加速通缩，以至于陷入经济恶性循环中。我们把这种现象称作“**螺旋式通缩**”。

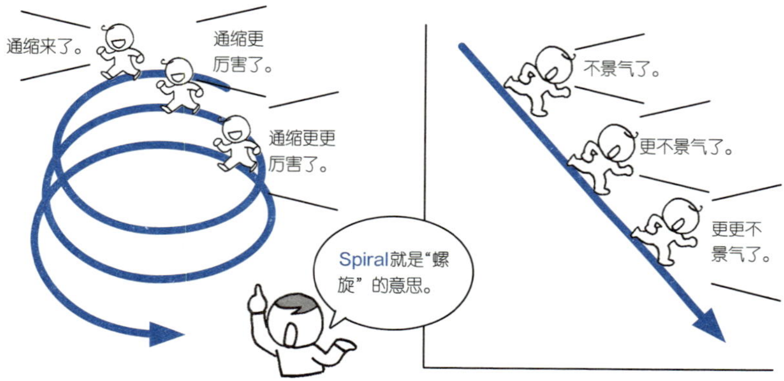
通缩来了。
通缩更厉害了。
通缩更更厉害了。
Spiral就是“螺旋”的意思。
不景气了。
更不景气了。
更更不景气了。

资产通缩

引发通缩的原因之一就是“**资产通缩**”。当股价和地价等资产价格下跌时，企业和家庭蒙受潜在损失，会导致其投资和消费欲望减退，这样的现象就是“**资产通缩**”。20世纪90年代的日本，因泡沫破裂导致股价和地价暴跌，就是资产通缩的典型案例。

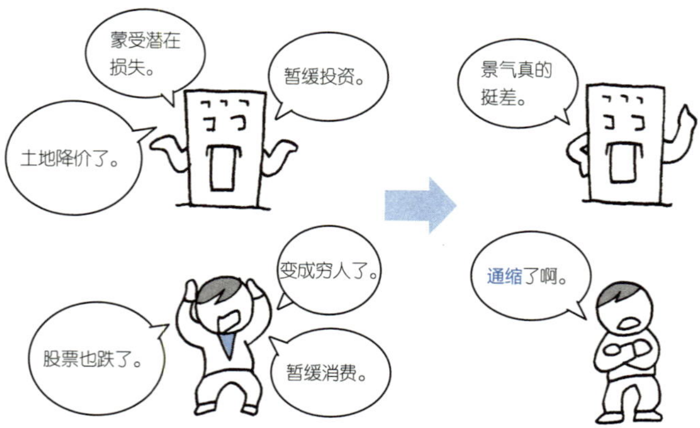
蒙受潜在损失。
暂缓投资。
土地降价了。
景气真的挺差。
变成穷人了。
股票也跌了。
暂缓消费。
通缩了啊。

资产效应

庇古效应

通缩，有时反而对家庭消费起到促进作用，比如说当家庭持有存款时。这是因为，通缩使物品的价值下跌的同时，使金钱的价值上涨，即存款的价值上涨，实际上等同于家庭可支配的金钱增多（☞ P.25），这样一来自然消费就增加了。

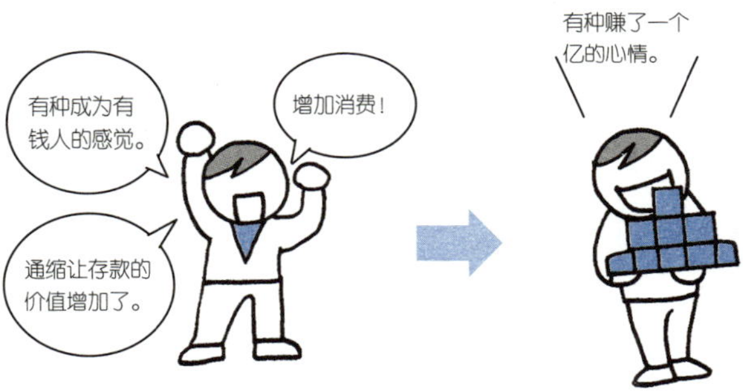
有种成为有钱人的感觉。
通缩让存款的价值增加了。
增加消费！
有种赚了一个亿的心情。

由所持有的资产价值上涨导致消费和投资整体增加的现象，叫作“**资产效应**”。因此，就算未发生通缩，股价和地价上涨导致投资和消费增加的现象，也属于资产效应。它是由**阿瑟·塞西尔·庇古**（☞ P.118）提出的，也被称为“**庇古效应**”。

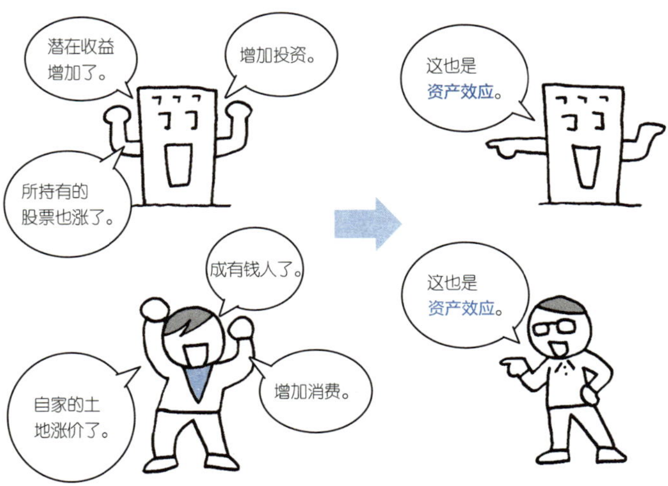
潜在收益增加了。
所持有的股票也涨了。
增加投资。
这也是资产效应。
自家的土地涨价了。
成有钱人了。
增加消费。
这也是资产效应。

经济增长

我们经常从新闻中听到的“**经济增长**”这个词，也可以从GDP的层面加以说明。经济增长可以定义为：经济随着时间增长，经济规模变大，GDP增加。宏观经济学中有专门研究这方面的领域，叫作“**经济增长理论**”。

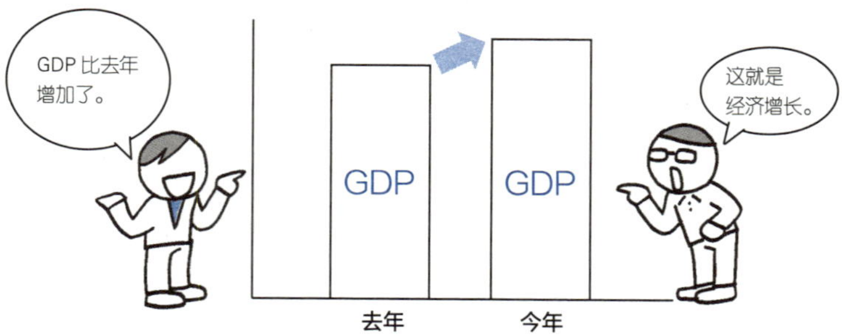

GDP 比去年增加了。
GDP
GDP
去年
今年
这就是经济增长。

经济增长率

衡量经济增长快慢的指标就是“**经济增长率**”。通常会将GDP的全年增长率用百分比表示出来，但是经济增长率并不是用GDP计算的，而是用**NI**（**国民收入**，☞ P.173）计算出来的，且可以计算出各个季度的增长率。

这就是增长率为什么。
用百分比来表示?
GDP 比去年增加了多少百分比?
GDP
GDP
去年
今年
这就是经济增长率。

名义经济增长率

用GDP计算经济增长率的时候，由于GDP分为**名义GDP**（☞P.169）**和实际GDP**（☞P.170），所以经济增长率也会分别计算**“名义经济增长率”和“实际经济增长率”**。名义经济增长率中并未剔除物价变动的影响，其计算公式如下图所示。

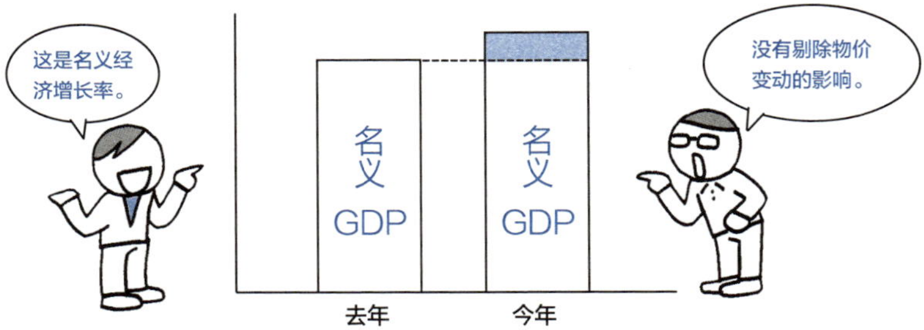
这是名义经济增长率。
名义GDP
名义GDP
去年
今年
没有剔除物价变动的影响。

$$\text{名义经济增长率} = \frac{\text{今年的名义 GDP} - \text{去年的名义 GDP}}{\text{去年的名义 GDP}}$$

实际经济增长率

事实上，表示经济增长率时，剔除物价变动影响的**实际经济增长率**使用得更多一些。因此，单纯从字面上说“经济增长率”时，指的就是将实际GDP相对去年的增长率以百分比的形式表现出来。其计算公式如下图所示。

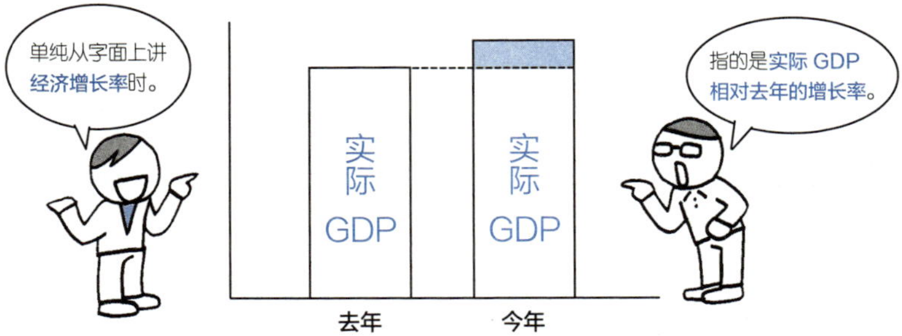
单纯从字面上讲经济增长率时。
实际GDP
实际GDP
去年
今年
指的是实际 GDP 相对去年的增长率。

$$\text{实际经济增长率} = \frac{\text{今年的实际 GDP} - \text{去年的实际 GDP}}{\text{去年的实际 GDP}}$$

经济增长理论

对经济增长机制进行分析并解释的宏观经济学领域，叫作“**经济增长理论**”。下图所示的3个促进经济增长的主要因素在经济增长理论中占据重要地位。**熊彼特**是现代经济增长理论的创始人。

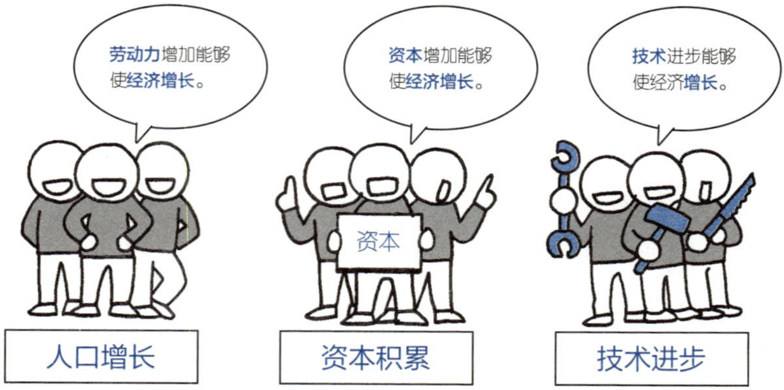

劳动力增加能够使经济增长。
资本增加能够使经济增长。
技术进步能够使经济增长。
资本
人口增长
资本积累
技术进步

经济发展理论

原本，熊彼特著作中的标题翻译过来是“**经济发展理论**”，而不是“经济增长理论”。经济发展理论中还涵盖经济结构变化等要点，和重视量的变化的经济增长还是有少许不同的。在能够让经济发生变化的要因之中，熊彼特最为重视“**技术革新**”（☞ P.264）。

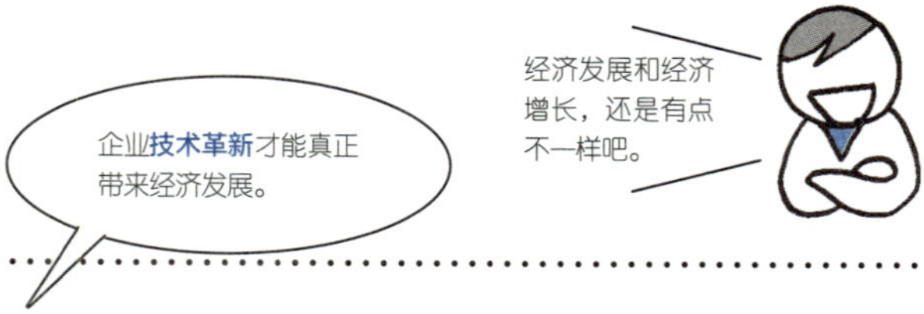

企业技术革新才能真正带来经济发展。
经济发展和经济增长，还是有点不一样吧。

who's who

约瑟夫·熊彼特（1883—1950年）

出生于当时的奥匈帝国，后来成为美国哈佛大学的教授，经济学家。主要著作有《经济发展理论》《资本主义·社会主义·民主主义》等。

哈罗德－多马模型 哈罗德－多马理论

最开始对经济增长理论进行系统性整理的经济学家是**罗伊·哈罗德**和**埃弗塞·多马**。之后，他们提出的数学模型被广泛应用，被称为“哈罗德–多马模型”，经济增长理论的模型还有“索洛–斯旺模型”“冯·诺依曼多部门增长模型”等。

“最优增长”出现在“保证增长率”（资本增长率）和“自然增长率”（人口增长率）相等时。
然而，“保证增长率”和“自然增长率”在现实中很难相等。
因此，也被称为“刀刃上的均衡”。
是指，这样的均衡像刀刃上的平衡范围一样狭窄。
英国经济学家
罗伊·哈罗德
美国经济学家
埃弗塞·多马

内生增长模型 内生增长理论

近年来，经济增长理论领域关于“**内生增长模型**”的研究十分盛行。传统模型并不能解释技术进步如何成为经济增长的要因，而会将这方面产生的经济增长归因于“外生”；内生增长模型会认为技术进步也是经济活动的成果之一，即经济增长的所有要因均是“内生”的。

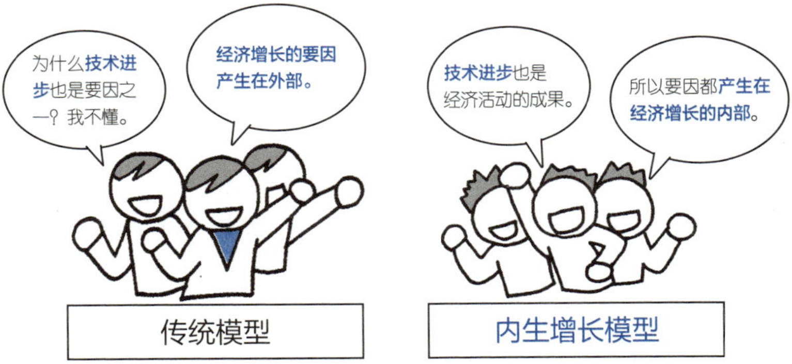

为什么技术进步也是要因之一？我不懂。
经济增长的要因产生在外部。
技术进步也是经济活动的成果。
所以要因都产生在经济增长的内部。
传统模型
内生增长模型

有效需求

GDP既是经济增长的指标，同时也是景气指标的一种（☞ P.16）。历史上景气最为糟糕的20世纪30年代，即大萧条时代，有一个人站出来阐明了景气变化的机理，并提出了景气扩大政策，这个人就是**凯恩斯**。凯恩斯认为，决定**国民收入**（☞ P.173）等国民经济水平的是“**有效需求**”。

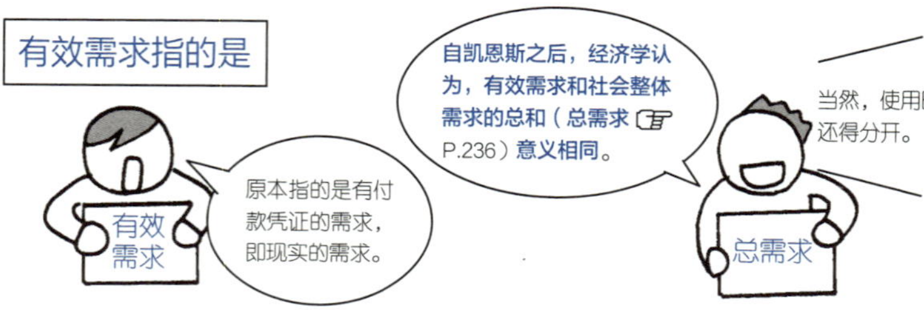

有效需求指的是
有效需求
原本指的是有付款凭证的需求，即现实的需求。
自凯恩斯之后，经济学认为，有效需求和社会整体需求的总和（总需求 ☞ P.236）意义相同。
当然，使用时还得分开。
总需求

凯恩斯经济学（☞ P.250）中有这样的观点：以“有效需求决定GDP”为理论前提，使需求和供给趋于一致的并不是价格，而是短期内的生产调整（**供给量调整**）。

凯恩斯之前的经济学
市场机制使需求和供给趋于一致。
价格下跌了需求就会增加。
价格上涨的话供给就会增加。
凯恩斯经济学
市场机制的调节速度很迟缓。
短期来看，是供给量的调整使需求和供给趋于一致。

who's who

约翰·梅纳德·凯恩斯（1883—1946年）
英国经济学家。凭借有效需求原理等，引发了被后世称为的“凯恩斯革命”的经济学变革。其主要著作有《就业·利息和货币通论》等。

有效需求原理

有效需求理论

如果能通过调整供给来满足需求的话，那么，也能够通过调整社会整体供给（总供给），来满足社会整体需求（总需求），这就是“**有效需求原理**”。

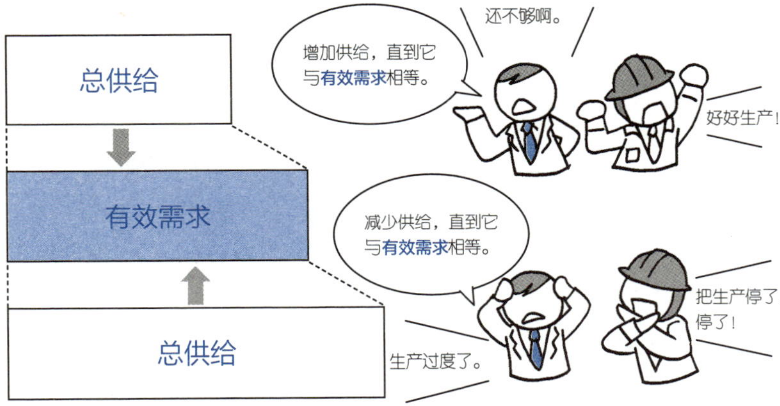

这样一来，总供给就和后面会讲到的国民收入相等了（☞ P.187），所以说，有效需求最终还是由GDP决定的。

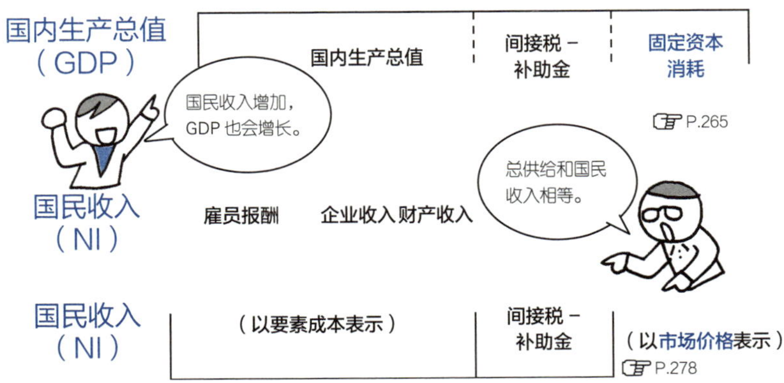

同时，由于有效需求大小由GDP决定，因此，当景气扩大时，应优先增加需求，这是**凯恩斯政策**的主要思想，我们将在后面详细展开。

IS-LM模型

IS-LM分析

凯恩斯经济学将市场分为**“商品市场”“货币市场”**和**“劳动力市场”**（☞ P.237）三种。这三种市场并不指代具体市场，而是从商品和服务、货币、劳动三个方面的市场来审视整体经济的状况。

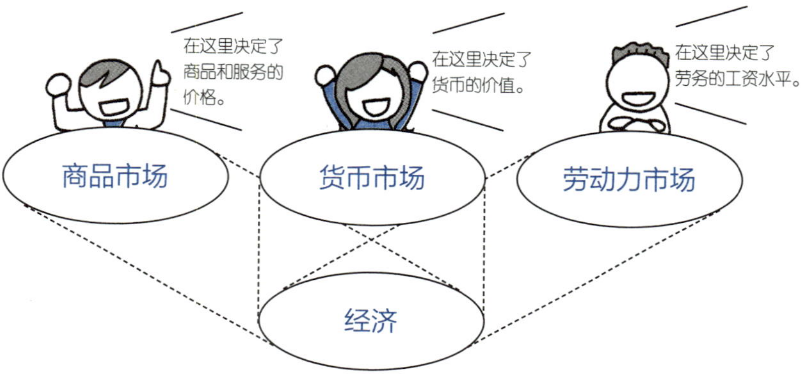
在这里决定了商品和服务的价格。
在这里决定了货币的价值。
在这里决定了劳务的工资水平。
商品市场
货币市场
劳动力市场
经济

在这里，使商品市场和货币市场同时达到均衡，并求出**利率**和**国民收入**的分析方法叫作“IS-LM模型”。因为商品市场和货币市场之间密切相关，互相影响，所以，求出使两者同时均衡时对应的利率和国民收入就变得十分重要。

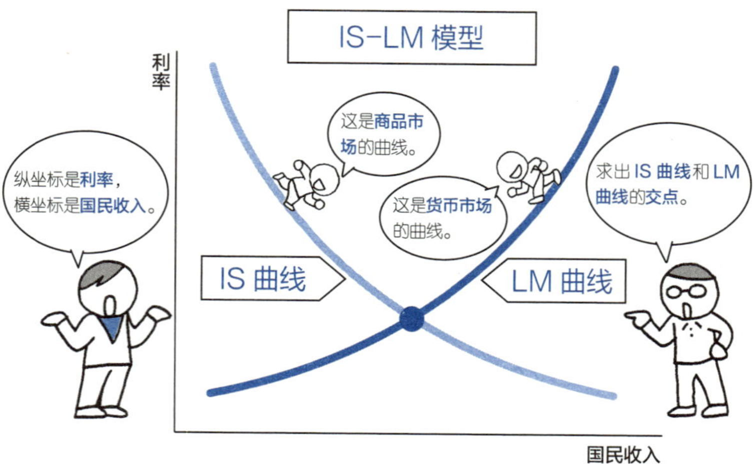
IS-LM 模型
利率
纵坐标是利率，横坐标是国民收入。
这是商品市场的曲线。
这是货币市场的曲线。
求出 IS 曲线和 LM 曲线的交点。
IS 曲线
LM 曲线
国民收入

IS 曲线

首先来看看“IS曲线”。IS曲线表示当商品市场的需求和供给达到均衡时，对应的利率和国民收入。I指的是投资（Investment），S则指储蓄（Savings），但为什么是投资和储蓄呢？这是因为，**商品市场的需求就是消费和投资**，而**供给正是国民收入**。

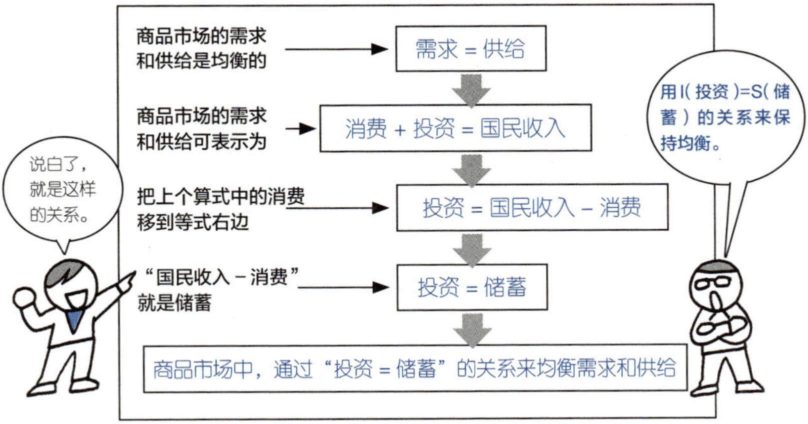

商品市场的需求和供给是均衡的
需求 = 供给
商品市场的需求和供给可表示为
消费 + 投资 = 国民收入
把上个算式中的消费移到等式右边
投资 = 国民收入 – 消费
“国民收入 – 消费”就是储蓄
投资 = 储蓄
商品市场中，通过“投资 = 储蓄”的关系来均衡需求和供给
说白了，就是这样的关系。
用I(投资)=S(储蓄)的关系来保持均衡。

而且，当利率较高时，会导致投资减少。一旦需求侧的投资减少，供给侧的国民收入也必然会降低，否则供需是没法均衡的。正因如此，IS曲线是一条向右下方弯曲延伸的曲线。

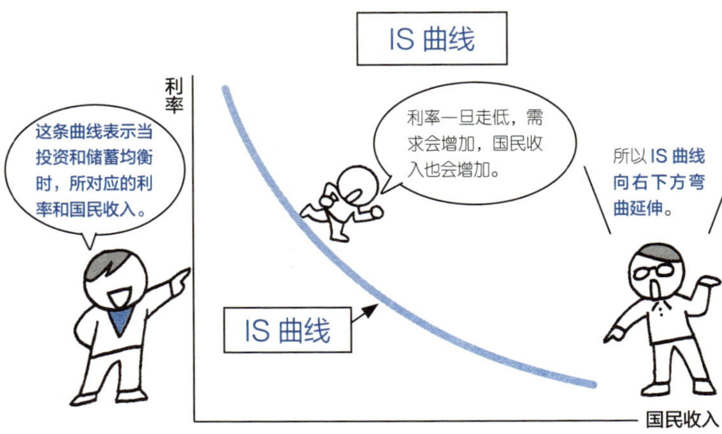

IS 曲线
利率
国民收入
IS 曲线
这条曲线表示当投资和储蓄均衡时，所对应的利率和国民收入。
利率一旦走低，需求会增加，国民收入也会增加。
所以 IS 曲线向右下方弯曲延伸。

LM曲线

接下来是“**LM曲线**”，表示当**货币市场**的需求和供给达到均衡时，所对应的利率和国民收入。L指的是**流动性偏好**（☞ P.252，Liquidly preference），M则指**货币供给**（☞ P.220，Money supply），分别表示货币的需求和供给。

工资增加了，能比之前买到更多东西。
这个我也要。
如果收入增加的话……
货币的需求增加
利率挺高，持有现金不如拿去储蓄。
买点投资信托吧。
如果利率上升的话……
货币的需求减少

像这样，当货币供给保持不变时，货币需求将随着收入的增加而增加，利率也同时随之上升；反之，货币需求将随着利率的上升而减少，收入则随之增加。因此，**LM曲线是一条向右上方弯曲延伸的曲线**。

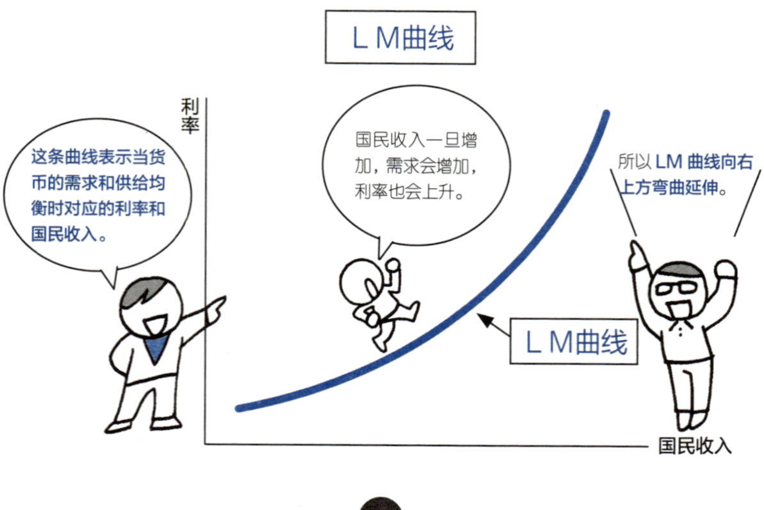

LM曲线
利率
这条曲线表示当货币的需求和供给均衡时对应的利率和国民收入。
国民收入一旦增加，需求会增加，利率也会上升。
所以LM曲线向右上方弯曲延伸。
LM曲线
国民收入

均衡国民收入

在IS曲线和LM曲线的交点处，商品市场和货币市场同时达到均衡，此时可以求得对应的国民收入和利率。交点处的国民收入就是“**均衡国民收入**”，均衡国民收入是会根据政府的**财政政策**（☞ P.21）等变化的。

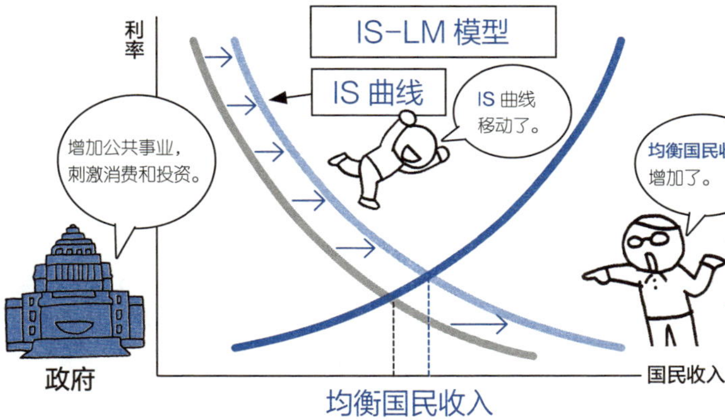

IS-LM 模型
利率
IS 曲线
IS 曲线
移动了。
增加公共事业，
刺激消费和投资。
均衡国民收入
增加了。
利率也
上升了。
政府
国民收入
均衡国民收入

均衡利息率

另外，IS曲线和LM曲线交点处的利率就是“均衡利息率”。当中央银行采取**金融政策**（☞ P.22）增减货币供给时，均衡利息率可能随着LM曲线的移动而变化。

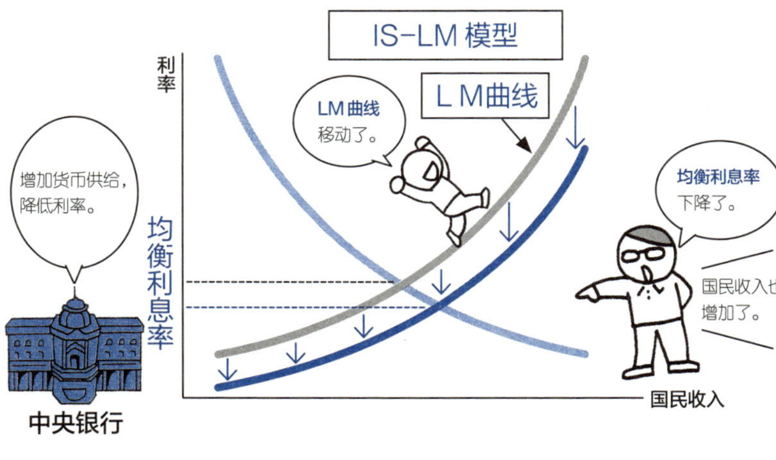

IS-LM 模型
利率
LM曲线
移动了。
L M曲线
增加货币供给，
降低利率。
均衡利息率
均衡利息率
下降了。
国民收入也
增加了。
中央银行
国民收入

消费函数

当收入增加时，消费又会增加多少呢？决定消费水平的因素有很多，凯恩斯认为，收入水平决定了消费水平，而表示收入和消费关系的表达式叫作“**消费函数**”，凯恩斯的观点如下式所示。

$$C=cY+b, \quad 0<c<1, \ b>0$$

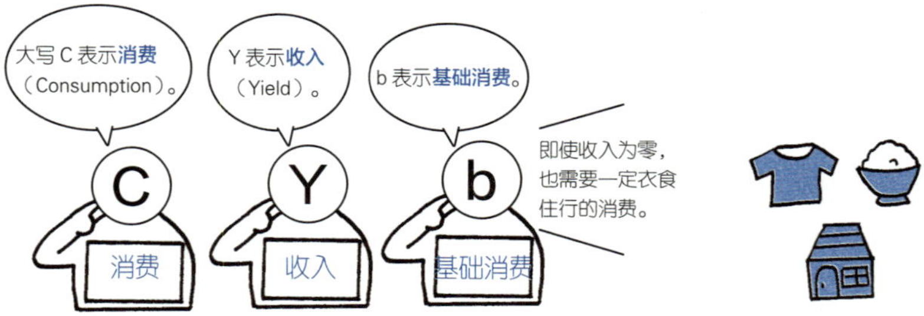

大写 C 表示消费（Consumption）。
Y 表示收入（Yield）。
b 表示基础消费。
即使收入为零，也需要一定衣食住行的消费。
C
Y
b
消费
收入
基础消费

边际消费倾向

上式中的小写c表示收入增加时引起消费增加的部分，叫作“**边际消费倾向**”。凯恩斯的公式描述了这样一种关系，即由于边际消费倾向$0<c<1$，当收入增加时，消费必然会增加，且只能在收入增加的范围内增加。

$$C=cY+b, \quad 0<c<1, \ b>0$$

小写 c 表示边际消费倾向（consumption）。
比如对于我而言，就是 0.8。
工资涨了 1 万日元。
可增加 8000 日元的消费。
顺便说一下，用 1 减去边际消费倾向，就得到了边际储蓄倾向（☞P.258）。
c
边际消费倾向
c
0.8
晚餐吃顿牛排。
c
就是这样的关系。

平均消费倾向

另外，将凯恩斯消费函数表达式的各项同时除以Y，就变成下图中的形式。算式左边所得到的 C/Y是消费/收入，表示能转化为消费的收入比率，这个量叫作“**平均消费倾向**”。

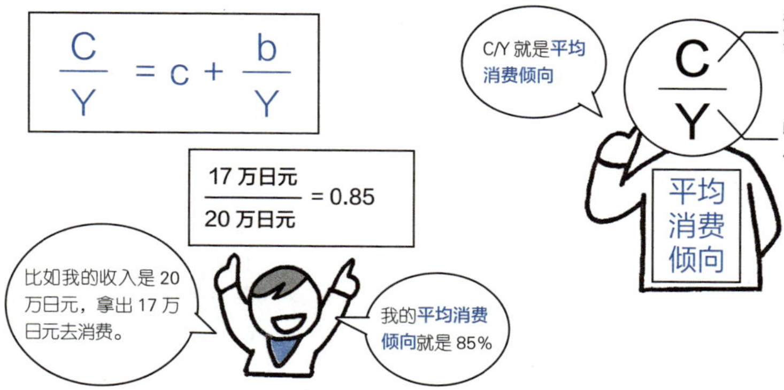

$\frac{C}{Y} = c + \frac{b}{Y}$
C/Y 就是平均消费倾向
消费
收入
平均消费倾向
$\frac{17万日元}{20万日元} = 0.85$
比如我的收入是 20 万日元，拿出 17 万日元去消费。
我的平均消费倾向就是 85%

观察一下以上算式的右侧，可以得出平均消费倾向随着收入Y的增大而降低。让我们来试着计算一下。

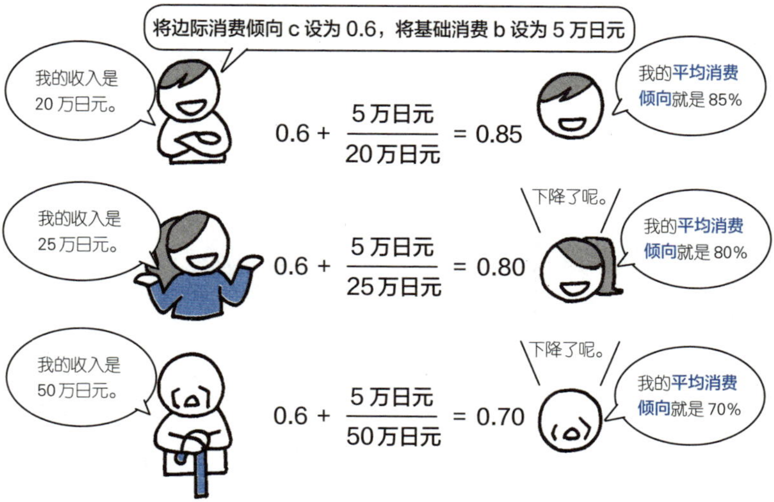

将边际消费倾向 c 设为 0.6，将基础消费 b 设为 5 万日元
我的收入是 20 万日元。
$0.6 + \frac{5万日元}{20万日元} = 0.85$
我的平均消费倾向就是 85%
我的收入是 25万日元。
$0.6 + \frac{5万日元}{25万日元} = 0.80$
下降了呢。
我的平均消费倾向就是 80%
我的收入是 50万日元。
$0.6 + \frac{5万日元}{50万日元} = 0.70$
下降了呢。
我的平均消费倾向就是 70%

然而，在其他人的研究中发现，平均消费倾向几乎是一个定值，由此引发了**消费函数论争**（☞ P.281）。

经济景气指数

消费函数之所以重要，主要是从**支出层面GDP**（☞ P.171）来看，消费部分占了几乎60%。因此，消费的动向对于**景气**状况（☞ P.10）有着重大影响。为了把握景气现状、预测将来走向，各国政府机构都会对“**经济景气指数**”进行调查和分析。在日本，经济景气指数每月由内阁府发布，利用29个指标计算出3大指数系列。3大指数各司其职，**先行指数**表示将来的景气前景趋势，**一致指数**表示现状，用**滞后指数**确认经济的现实感受。

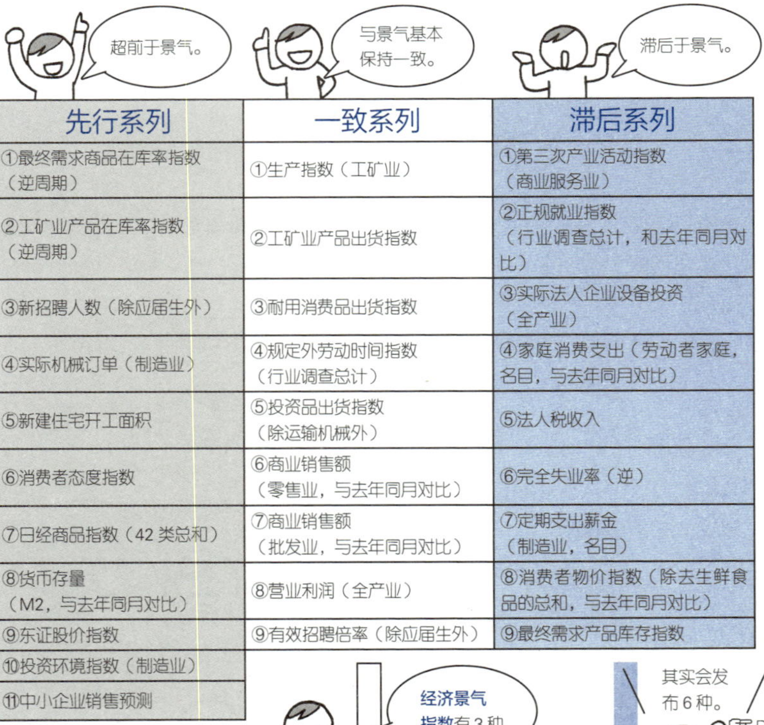

超前于景气。
与景气基本保持一致。
滞后于景气。

先行系列	一致系列	滞后系列
①最终需求商品在库率指数（逆周期）	①生产指数（工矿业）	①第三次产业活动指数（商业服务业）
②工矿业产品在库率指数（逆周期）	②工矿业产品出货指数	②正规就业指数（行业调查总计，和去年同月对比）
③新招聘人数（除应届生外）	③耐用消费品出货指数	③实际法人企业设备投资（全产业）
④实际机械订单（制造业）	④规定外劳动时间指数（行业调查总计）	④家庭消费支出（劳动者家庭，名目，与去年同月对比）
⑤新建住宅开工面积	⑤投资品出货指数（除运输机械外）	⑤法人税收入
⑥消费者态度指数	⑥商业销售额（零售业，与去年同月对比）	⑥完全失业率（逆）
⑦日经商品指数（42类总和）	⑦商业销售额（批发业，与去年同月对比）	⑦定期支出薪金（制造业，名目）
⑧货币存量（M2，与去年同月对比）	⑧营业利润（全产业）	⑧消费者物价指数（除去生鲜食品的总和，与去年同月对比）
⑨东证股价指数	⑨有效招聘倍率（除应届生外）	⑨最终需求产品库存指数
⑩投资环境指数（制造业）		
⑪中小企业销售预测		

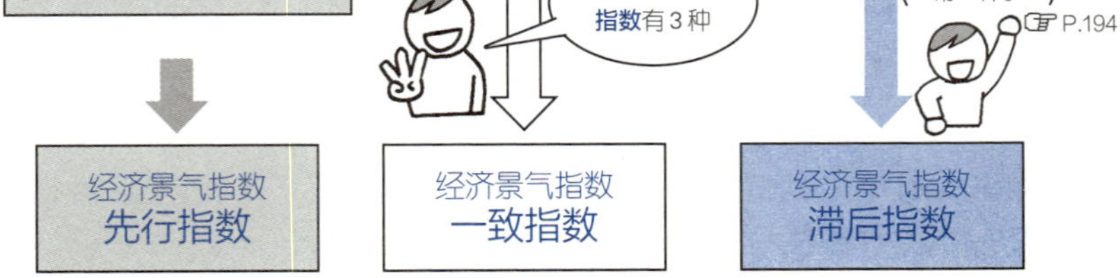

经济景气指数有3种
其实会发布6种。
☞ P.194
经济景气指数 先行指数
经济景气指数 一致指数
经济景气指数 滞后指数

经济景气指数是从生产、就业等诸多经济活动指标中计算出来的，一般**每一个经济周期**（☞ P.196）复查一次。此外，它还分为**合成指数（CI）**和**扩散指数（DI）**，不过这两类指标是相通的。

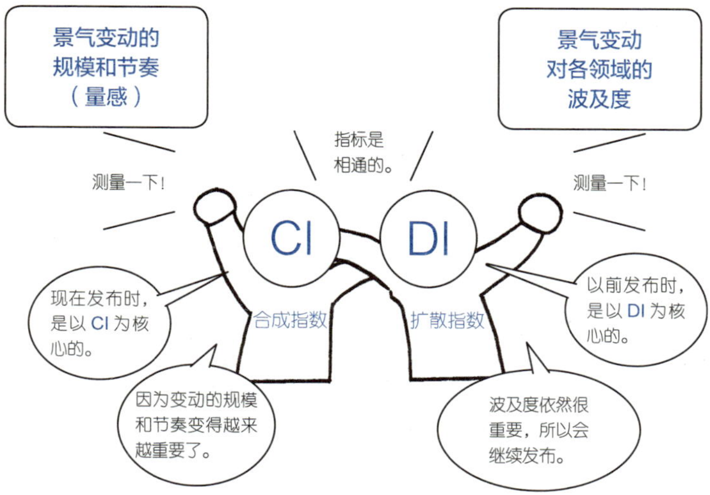
景气变动的
规模和节奏
（量感）
景气变动
对各领域的
波及度
指标是
相通的。
测量一下！
测量一下！
CI
DI
合成指数
扩散指数
现在发布时，是以CI为核心的。
以前发布时，是以DI为核心的。
因为变动的规模和节奏变得越来越重要了。
波及度依然很重要，所以会继续发布。

CI 合成指数，Composite Index

“CI”的主要意义在于通过合成其组分指标，测定景气变动的规模和节奏（量感）。例如，CI一致指数上升，表示处于景气扩张阶段，下降则表示处于景气衰退阶段。

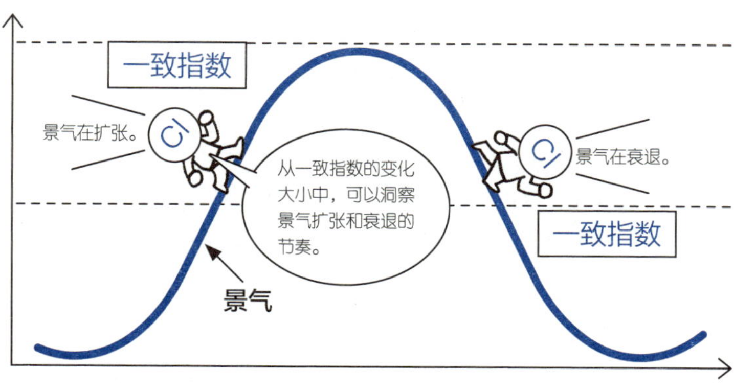
一致指数
景气在扩张。
CI
从一致指数的变化大小中，可以洞察景气扩张和衰退的节奏。
景气在衰退。
CI
一致指数
景气

DI 扩散指数，Diffusion Index

“DI”的主要意义在于，通过计算得到改善的指标所占百分比，来测定景气扩张趋势对于各领域的波及程度（波及度）。波及度也成为判断此行业景气状况的依据，如果其持续高于50%，表示景气扩张，低于50%，表示景气衰退。

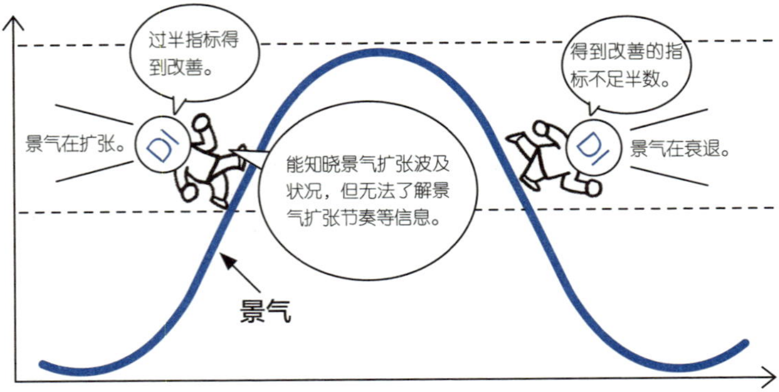
过半指标得到改善。
景气在扩张。
DI
能知晓景气扩张波及状况，但无法了解景气扩张节奏等信息。
景气
得到改善的指标不足半数。
DI
景气在衰退。

一致指数

经济景气指数中的“一致指数”，与景气趋势基本保持一致，凭借它能够准备把握景气现状。其与先行指数和滞后指数相同，也会分别发布CI和DI两种一致指数，总的算下来一共会发布6种经济景气指数。

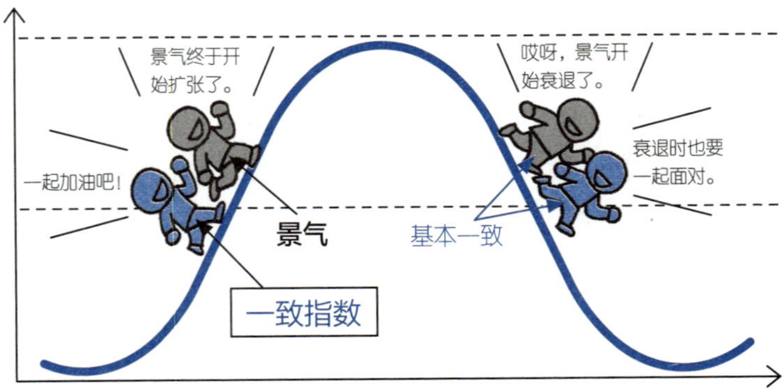
景气终于开始扩张了。
一起加油吧！
景气
一致指数
哎呀，景气开始衰退了。
衰退时也要一起面对。
基本一致

先行指数

另外，“**先行指数**”会超前于景气。一般来说，先行指数由于比一致指数超前数个月，常用来对景气的发展趋势进行预测。对日本而言，先行指数和发布的其他指数一样，大致在下个月上旬发布速报值，在下个月中旬到下旬发布修正值。

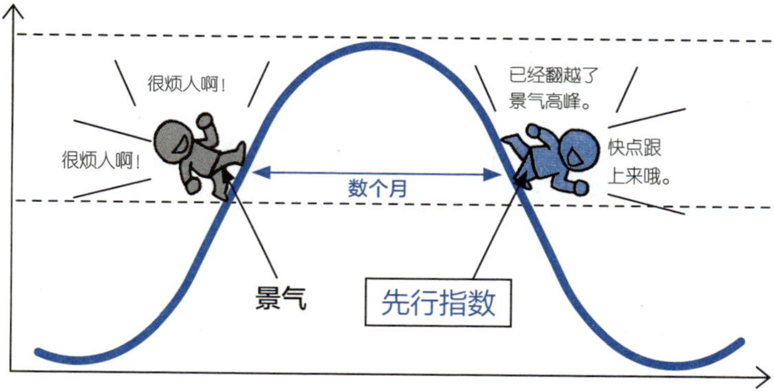
很烦人啊！
很烦人啊！
已经翻越了
景气高峰。
快点跟
上来哦。
数个月
景气
先行指数

滞后指数

“**滞后指数**”会滞后于景气趋势。一般来说，会比一致指数滞后数个月到半年之久。因此，主要用它来对景气状况进行事后的确认，不过比起先行指数和一致指数，滞后指数的特点是：通过它能更切身感受到景气的恢复或衰退。

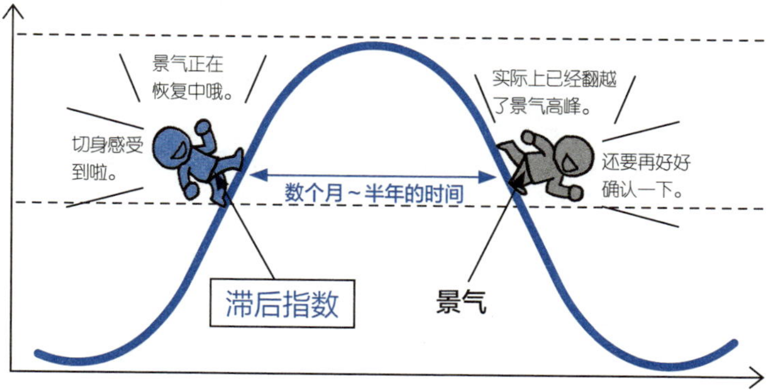
景气正在
恢复中哦。
切身感受
到啦。
实际上已经翻越
了景气高峰。
还要再好好
确认一下。
数个月～半年的时间
滞后指数
景气

经济周期

景气变动、景气波动

在资本主义市场经济中，景气是时而扩张，时而衰退，循环往复的。这样的景气周期就被称作“**经济周期**”或“景气变动”。从将景气状况分为**繁荣**（☞ P.12）和**萧条**（☞ P.13）的角度而言，景气低谷到景气高峰，会形成一个景气循环。

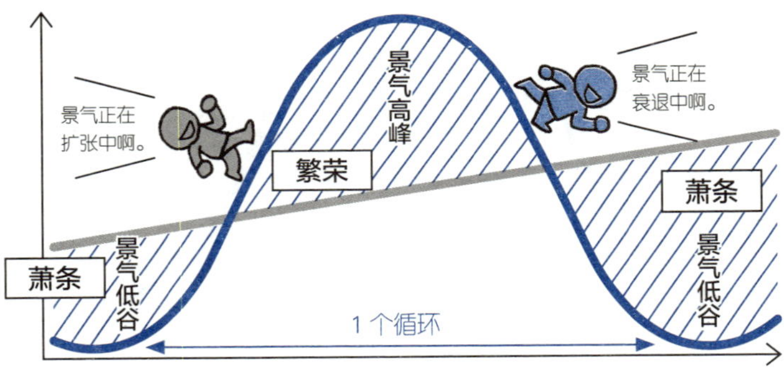

认为经济景气是按照一定的周期性规则在往复循环的观点，称为“**经济周期论**”。下面将介绍经典经济周期论中，最有名的4种周期论。这些周期有长有短，将它们复合叠加到一起，就近似形成了现实中的经济周期。

景气高峰

景气从扩张的局面开始转为衰退局面时的临界点，就是“**景气高峰**”。对日本而言，可从内阁府发布的“**景气基准日期**”中知晓景气高峰（低谷）的到来。景气基准日期是以经济景气指数的一致指数系列（DI）所派生出的**历史扩散指数**（☞ P.273）为基础推定的。

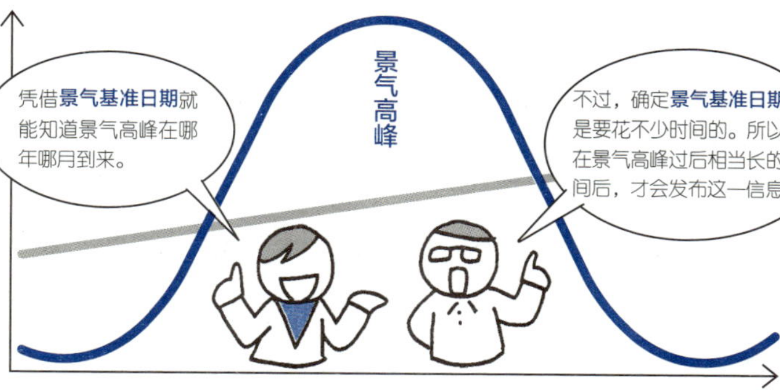
凭借景气基准日期就能知道景气高峰在哪年哪月到来。
景气高峰
不过，确定景气基准日期可是要花不少时间的。所以，在景气高峰过后相当长的时间后，才会发布这一信息。

景气低谷

另外，景气从衰退的局面开始转为扩张局面时的临界点，就是“**景气低谷**”。按日本的计算方式，将从一个景气低谷起到下一个景气低谷为止视为一个循环。自1951年10月迎来景气低谷结束的“第1循环”开始，到2018年已经是“第16循环”的扩张阶段了（援引自内阁府）。

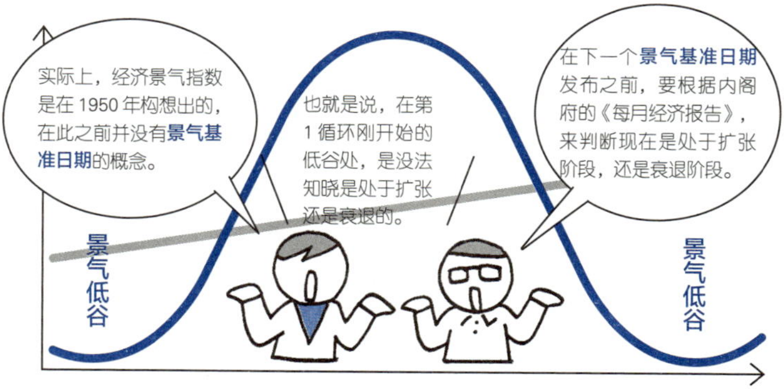
实际上，经济景气指数是在 1950 年构想出的，在此之前并没有景气基准日期的概念。
也就是说，在第 1 循环刚开始的低谷处，是没法知晓是处于扩张还是衰退的。
在下一个景气基准日期发布之前，要根据内阁府的《每月经济报告》，来判断现在是处于扩张阶段，还是衰退阶段。
景气低谷
景气低谷

基钦波动 基钦周期、短期波动、小循环、库存周期

经济周期理论一般会以发现人的名字命名。美国经济学家**约瑟夫·A.基钦**提出的经济周期理论，就叫作“**基钦波动**”。经济周期论一般会对周期和循环的原因进行说明，由于基钦周期是**40个月程度的短周期**，其产生的原因，被认为主要是**由企业库存情况变动导致**的。

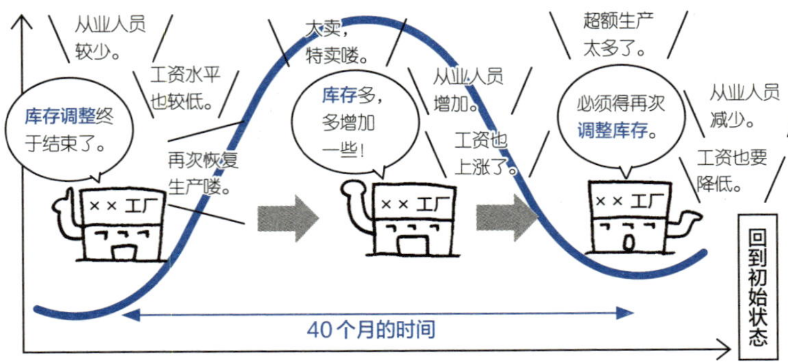

从业人员较少。
工资水平也较低。
库存调整终于结束了。
再次恢复生产喽。
××工厂
太卖，特卖喽。
库存多，多增加一些！
从业人员增加。
工资也上涨了。
超额生产太多了。
必须得再次调整库存。
从业人员减少。
工资也要降低。
回到初始状态
40个月的时间

朱格拉波动 朱格拉周期、中期波动、主循环、设备投资周期

法国经济学家**克里门特·朱格拉**提出了“**朱格拉波动**”。它比基钦波动时间稍长一点，周期为**10年左右**。这个周期接近于企业设备的使用寿命，所以认定它是**由设备投资变动引起的经济周期**。

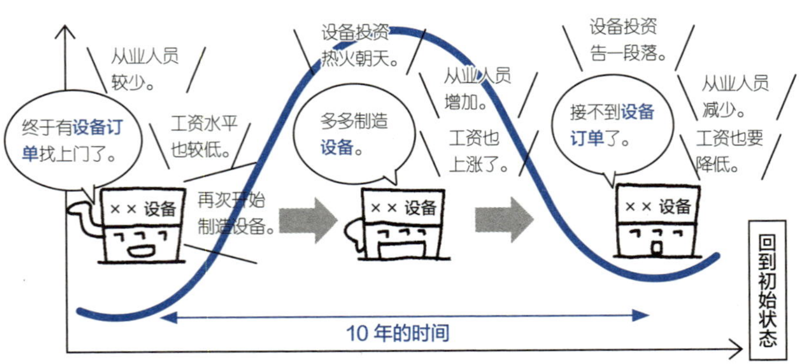

从业人员较少。
工资水平也较低。
终于有设备订单找上门了。
再次开始制造设备。
××设备
设备投资热火朝天。
多多制造设备。
从业人员增加。
工资也上涨了。
设备投资告一段落。
接不到设备订单了。
从业人员减少。
工资也要降低。
回到初始状态
10年的时间

库兹涅茨波动 库兹涅茨周期、建筑周期

比朱格拉波动时间还要长，“**库兹涅茨波动**”**周期达到20年**，是由美国经济学家**西蒙·库兹涅茨**提出的。20年的周期，一般认为是由住宅、商业建筑、租赁**建筑等建筑物的重建和翻修为起因而形成的经济周期**。

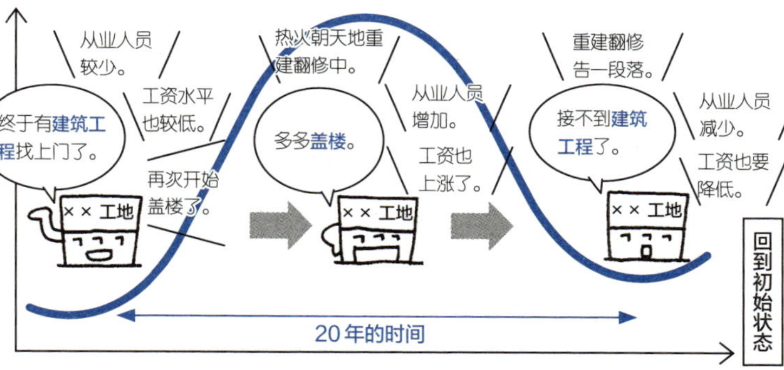
从业人员
较少。
工资水平
也较低。
终于有建筑工程找上门了。
再次开始
盖楼了。
××工地
热火朝天地重
建翻修中。
多多盖楼。
从业人员
增加。
工资也
上涨了。
××工地
重建翻修
告一段落。
接不到建筑工程了。
从业人员
减少。
工资也要
降低。
××工地
回到初始状态
20年的时间

康德拉季耶夫波动 康德拉季耶夫周期，长期波动

苏联经济学家**尼古拉·康德拉季耶夫**所提出的**周期在50年左右**的波动就是“**康德拉季耶夫波动**”。之后，**熊彼特**（☞ P.182）分析这是**由技术革新引起的经济周期**。以工业革命时期对应的第1周期开始，后面每一次大的技术革新发生基本都能对得上康德拉季耶夫波动。

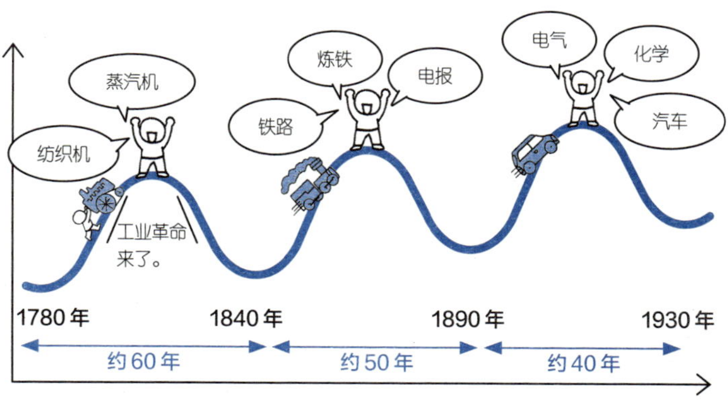
蒸汽机
纺织机
工业革命
来了。
炼铁
铁路
电报
电气
化学
汽车
1780年
1840年
1890年
1930年
约60年
约50年
约40年

用1分钟回顾一下！

本章的要点

- □ SNA（国民经济核算）用数字来反映宏观经济活动。从其中可以计算出GDP（国内生产总值）、NDP（国内生产净值）等指标。
- □ 未排除物价变动影响的GDP，专门称为名义GDP（将物价变动影响排除后的称为实际GDP）。
- □ GDP、GDI（国内总收入）、GDE（国内总支出）在数额上相等，叫作三面等价原则。
- □ 表示物价变动的指标叫作物价指数，其中包含消费者物价指数、企业商品交易价格指数等。
- □ 凯恩斯经济学认为，决定GDP的是有效需求。
- □ 凯恩斯经济学，主要考虑三大市场，即商品市场、货币市场和劳动力市场。IS-LM模型是这样一种分析方法：即设法求出能使商品市场和货币市场同时达到均衡时，所对应的利率和国民收入。
- □ 在IS-LM模型中，IS曲线表示商品市场的需求和供给达到均衡时，所对应的利率和国民收入；而LM曲线则表示货币市场的需求和供给达到均衡时，所对应的利率和国民收入。
- □ 经济景气指数是一个很大的范畴，可将其分为先行指数、一致指数和滞后指数。
- □ 周期性的景气波动叫作经济周期，基钦波动、朱格拉波动等都是其中的典型代表。

who's who

埃弗塞·多马（1914—1997年）

美籍波兰人，经济学家。因提出经济增长理论中的“哈罗德-多马模型”而被世人熟知。

Chapter 7

政府・银行

宏观经济学关键词②

公共部门

以国家为单位，运行统一制度和政策的经济活动总体称为“**国民经济**”。国民经济可大致分为“**公共部门**”和“**私人部门**”两部分。公共部门指的是“**广义政府**”和“**公共企业**”，其中，广义政府从狭义上可称为“**政府部门**”（☞ P.18）。

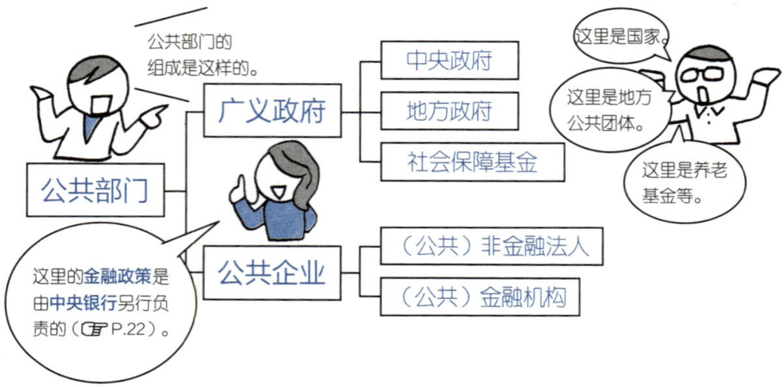

公共部门的
组成是这样的。
公共部门
广义政府
中央政府
地方政府
社会保障基金
公共企业
（公共）非金融法人
（公共）金融机构
这里是国家。
这里是地方
公共团体。
这里是养老
基金等。
这里的金融政策是
由中央银行另行负
责的（☞ P.22）。

私人部门

与公共部门对应的就是“**私人部门**”了。一般指私营企业和家庭。SNA中的**机构部门**（☞ P.167）指的是广义政府之外的私营企业、机构、团体及家庭，这些都属于私人部门。而如上图所示，不属于私营范畴的公共企业和公共金融机构，实际上属于公共部门。

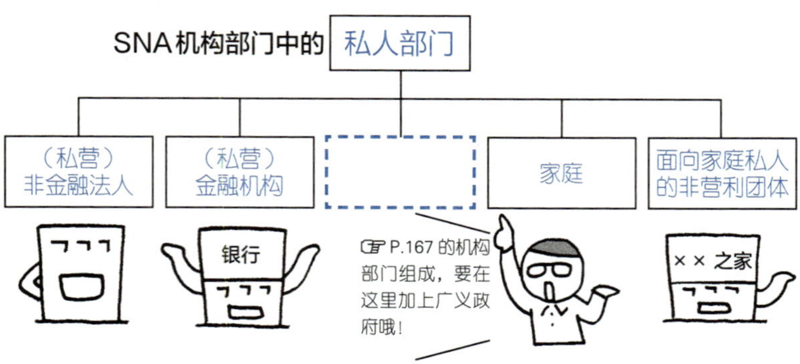

SNA机构部门中的
私人部门
（私营）
非金融法人
（私营）
金融机构
家庭
面向家庭私人
的非营利团体
银行
☞ P.167 的机构
部门组成，要在
这里加上广义政
府哦！
× × 之家

政府

中央政府

公共部门的核心就是“中央政府”或“政府”。它通过收取税金来提供公共服务，从而进行各种各样的经济活动。

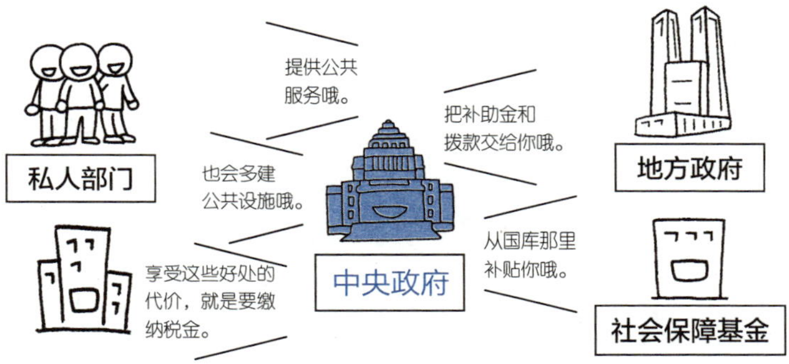

私人部门
提供公共服务哦。
也会多建公共设施哦。
享受这些好处的代价，就是要缴纳税金。
中央政府
把补助金和拨款交给你哦。
地方政府
从国库那里补贴你哦。
社会保障基金

前文中也提到过，政府通过财政政策来实现三种职能（☞ P.21）。在这里能看得更清楚、明白。

资源配置功能

在市场经济中，有时候会出现无论如何都没办法让资源高效地进行分配的现象。这时候，只能靠政府的“资源配置功能”来纠错。

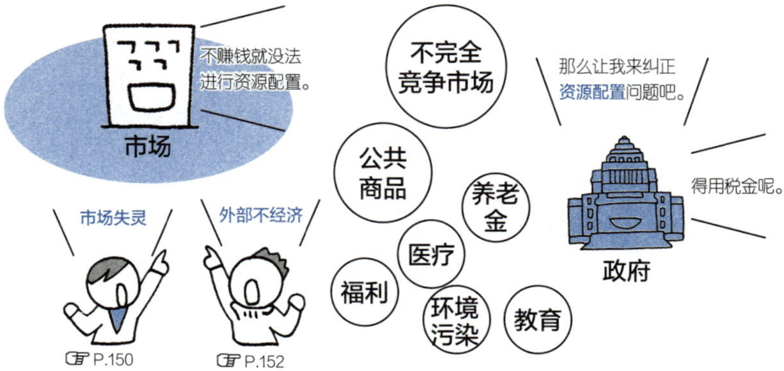

不赚钱就没法进行资源配置。
市场
市场失灵
☞ P.150
外部不经济
☞ P.152
不完全竞争市场
公共商品
养老金
医疗
福利
环境污染
教育
那么让我来纠正资源配置问题吧。
得用税金呢。
政府

另外，也有一种名为“小政府”的观点：将资源配置尽可能地交给市场，把政府干预最小化（☞ P.215）。

收入再分配功能

在市场经济中，受有无父母遗产和本人收入多少因素的影响，人与人的收入差别可能会很大，而政府的“收入再分配功能”能够缩小这种差别。

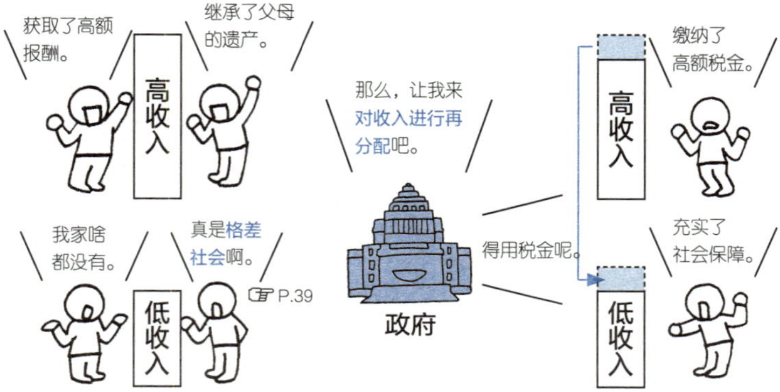
获取了高额报酬。
高收入
继承了父母的遗产。
我家啥都没有。
低收入
真是格差社会啊。
P.39
那么，让我来对收入进行再分配吧。
政府
得用税金呢。
缴纳了高额税金。
高收入
充实了社会保障。
低收入

日本的所得税中，已经预先内置了收入再分配机制，像这样的内在机制可以称作内在稳定器（P206）。

经济稳定功能

抑制由经济周期产生的剧烈变动，并缓和经济受到的不良影响，就是政府的“经济稳定功能”。

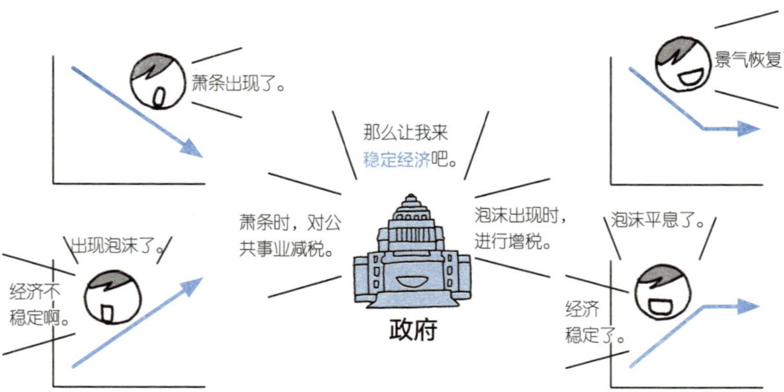
萧条出现了。
那么让我来稳定经济吧。
景气恢复了。
出现泡沫了。
经济不稳定啊。
萧条时，对公共事业减税。
政府
泡沫出现时，进行增税。
泡沫平息了。
经济稳定了。

特别的是，凯恩斯经济学认为，当景气需要扩张时，政府的首要任务就是制定政策来增加有效需求（☞P.216）。

乘数效应

乘数过程

处于萧条时，如果政府进行公共投资和减税的话，那么，其效果并不会停留在投资和减税的实际金额上，而是会放大到实际金额的数倍，这叫作“**乘数效应**”。作为乘数效应基础的“**乘数理论**”是凯恩斯经济学的基本理论之一。下面，我们来看看乘数效应的机理。

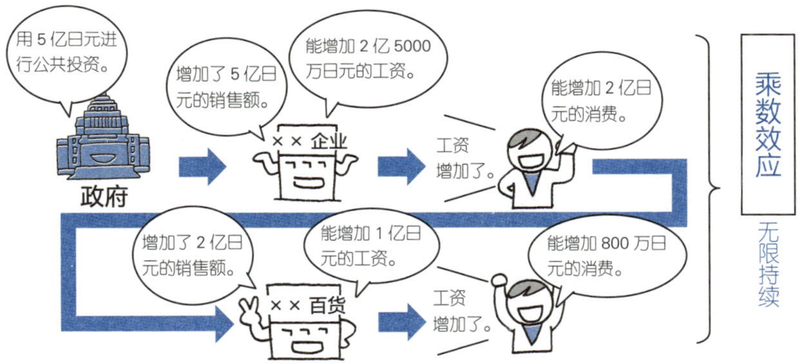
用 5 亿日元进行公共投资。
政府
增加了 5 亿日元的销售额。
××企业
能增加 2 亿 5000 万日元的工资。
工资增加了。
能增加 2 亿日元的消费。
增加了 2 亿日元的销售额。
××百货
能增加 1 亿日元的工资。
工资增加了。
能增加 800 万日元的消费。
乘数效应
无限持续

这里只拿接到公共投资订单的企业来举例。其实，此种效应会在整个社会中扩散。造成的结果就是，国民收入增加量达到公共投资金额的数倍，这个倍率就是“**乘数**”。省略详细的推导过程，乘数可以用下面的算式求得。

$$乘数 = \frac{1}{1-c}$$

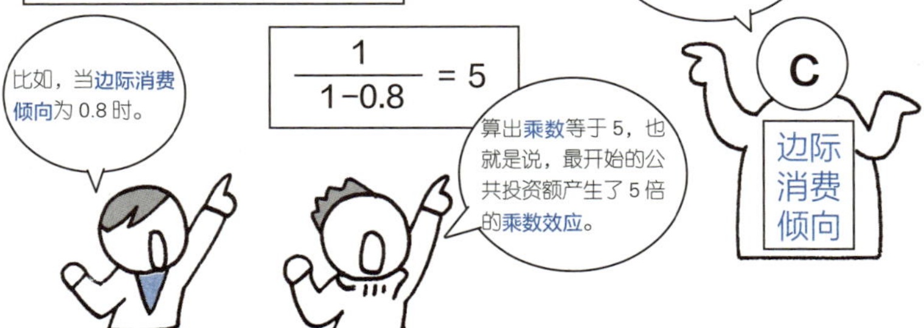
小写字母 c 就是边际消费倾向（☞ P.190）。
c
边际消费倾向
比如，当边际消费倾向为 0.8 时。
1/(1−0.8) = 5
算出乘数等于 5，也就是说，最开始的公共投资额产生了 5 倍的乘数效应。

内在稳定器

自动稳定装置，built-in stabilizer

另外，在政府的财政体系中，也嵌入了根据景气变动进行自动调节的“**内在稳定器**”功能。换言之，就是内置式（built-in）景气稳定装置（stabilizer）。例如，个人所缴纳的所得税就是其中的典型，即个人收入越多，缴纳的税额也就越多（**累进税**，☞ P.272），企业缴纳的法人税也是同样的，与企业收入成比例增加。这样一来……

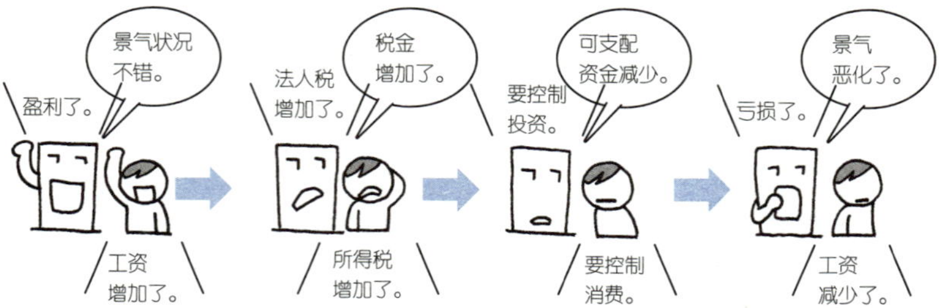
盈利了。
景气状况不错。
工资增加了。
法人税增加了。
税金增加了。
所得税增加了。
要控制投资。
可支配资金减少。
要控制消费。
亏损了。
景气恶化了。
工资减少了。

亏损了。
景气变差了。
工资减少了。
不征收法人税。
税金减少了。
所得税减少了。
去投资吧。
可支配资金增加。
去消费吧。
盈利了。
景气改善了。
工资增加了。

这些不需要施行特定的政策，也能自动发挥作用以抑制变动的机制，就可以叫作自动稳定装置。除了税收制度以外，失业保险等社会保障也作为内在稳定器（自动稳定装置）之一，发挥着作用。

景气状况很差。
失业了。
没有工资收入了。
失业保险发挥作用了。
拿到了补贴。
有了可支配资金。
去消费吧。
景气改善了。
找到工作了。

挤出

挤出效应，crowding out

政府一旦增加财政支出，因**乘数效应**（☞ P.205）的影响可以产生几倍的经济效果。然而，从另一层面也会导致利率上升，这会造成抑制民间投资的负面效果，即政府支出会挤出民间投资。

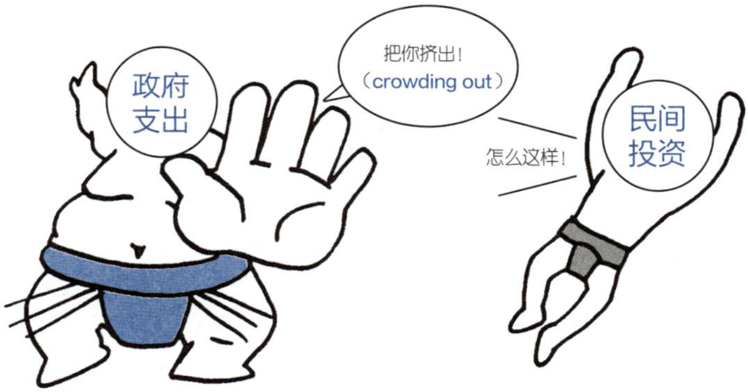
政府支出
把你挤出！（crowding out）
怎么这样！
民间投资

我们来看看挤出效应的机理。倘若政府为了增加支出发行国债的话，会导致市场利率上升，而利率上升，会减少民间投资和消费，从而部分地与乘数效应相抵消。

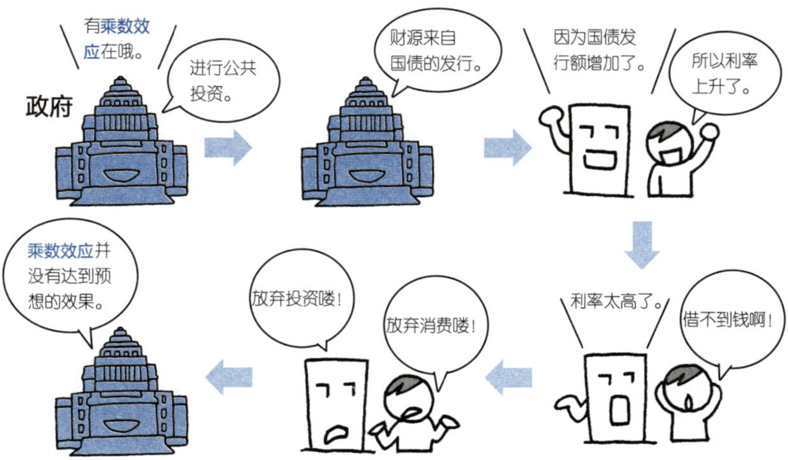
有乘数效应在哦。
进行公共投资。
政府
财源来自国债的发行。
因为国债发行额增加了。
所以利率上升了。
利率太高了。
借不到钱啊！
放弃投资喽！
放弃消费喽！
乘数效应并没有达到预想的效果。

流动性陷阱

我们也来想象一下不会引发挤出效应的情况，凯恩斯把这种状态称作“**流动性陷阱**”。处于这种状态时，利率维持在低水平不发生变动，即使发行国债利率也不会上升。这样一来……

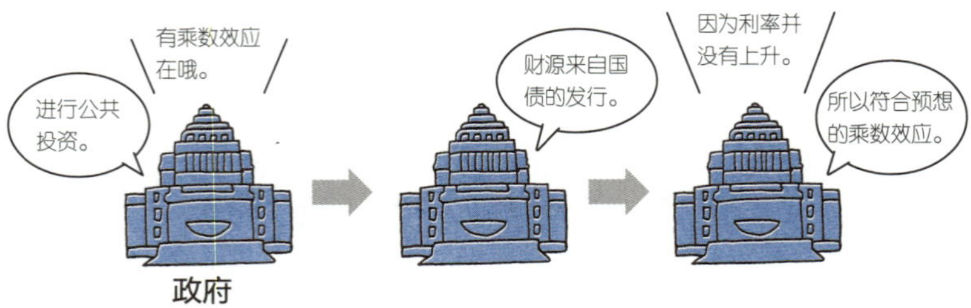

进行公共投资。
有乘数效应在哦。
财源来自国债的发行。
因为利率并没有上升。
所以符合预想的乘数效应。
政府

另外，处于流动性陷阱状态时，进一步**下调利率的金融政策**（☞ P.22）也不再可行。而且，在此时再怎么进行债券投资，也几乎赚取不到利息。所以，比起债券，人们更愿意持有**货币**（☞ P.218）。因此，再怎么**通过金融政策**（☞ P.22）**调整资金量**，资金也无法流通，通常的金融政策将失效。

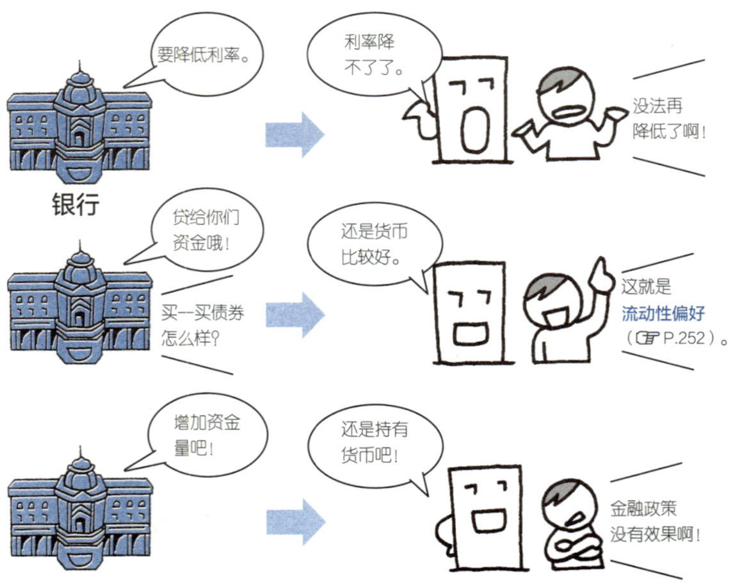

要降低利率。
利率降不了了。
没法再降低了啊！
银行
贷给你们资金哦！
买一买债券怎么样？
还是货币比较好。
这就是流动性偏好（☞ P.252）。
增加资金量吧！
还是持有货币吧！
金融政策没有效果啊！

财政赤字

处于萧条时，税收也会减少，所以，公共投资的资金来源会更多倚仗国债。而国债就是国家借别人的钱，而依靠借款，就意味着“财政赤字”。

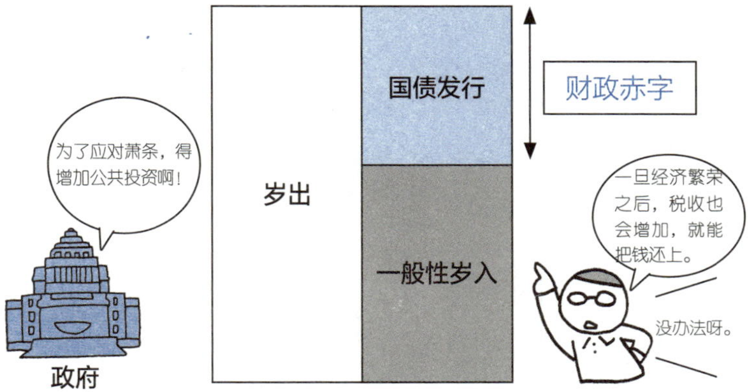

为了应对萧条，得增加公共投资啊！
政府
岁出
国债发行
一般性岁入
财政赤字
一旦经济繁荣之后，税收也会增加，就能把钱还上。
没办法呀。

凯恩斯经济学认为，因公共投资产生的单一年度的赤字，并没有什么大问题。但是，基础财政收支（☞ P.20）产生的赤字，即“基础性财政赤字”会产生问题。因为计算基础财政收支时会像下图中那样，剔除与国债相关的岁出和岁入。如果这样计算出的基础财政收支也出现赤字的话，意味着，出现了为了借款而借款的现象，即以一般性岁出为目的进一步借款的现象。

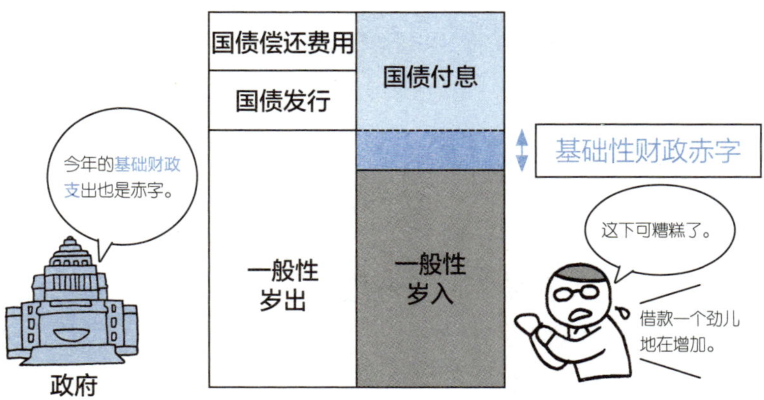

今年的基础财政支出也是赤字。
政府
国债偿还费用
国债发行
一般性岁出
国债付息
一般性岁入
基础性财政赤字
这下可糟糕了。
借款一个劲儿地在增加。

Chapter 7 政府·银行 宏观经济学关键词②

充分就业财政赤字

凯恩斯经济学还对实现**充分就业**（☞ P.216）后的财政收支进行了思考。如果这时的财政收支也出现赤字，将会成为令人头疼的问题，我们称为"**充分就业财政赤字**"问题。一旦实现充分就业，国民收入将会增加，税收也必然会增加。在这种情况下，仍出现财政赤字的话，就只能认为是结构性的问题了。

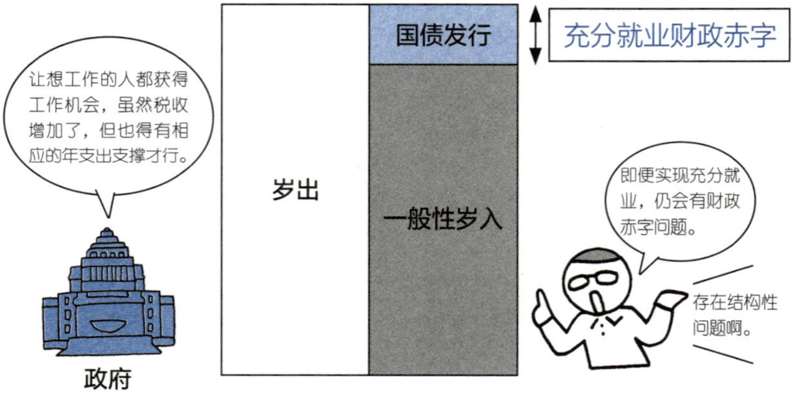

让想工作的人都获得工作机会，虽然税收增加了，但也得有相应的年支出支撑才行。
政府
岁出
国债发行
一般性岁入
充分就业财政赤字
即便实现充分就业，仍会有财政赤字问题。
存在结构性问题啊。

公债

无论怎样，财政赤字的部分是在靠借款支撑的。把为了借款而发行的国债，和地方公共团体发行的地方债合称为"**公债**"。有人说，如果公债不减少的话，总有一天财政会崩溃，公债会转而成为子孙后代的账单。

公债
国债
地方债
……
……
政府
地方公共团体
总有一天会财政崩溃的。
成为子孙后代的账单。
稍等一下。
满足一定条件财政就不会崩溃。
☞次项
不一定会成为子孙后代的账单。
☞P.212

多马均衡条件

多马条件、多马定理

不过实际上，即使持续发行公债，财政也不会崩溃——换句话说，持续财政赤字是可能的，著名的“**多马均衡条件**”就论证了这方面的观点。简单来说，只要**名义GDP的增长率**（☞ P.181）高于公债的名义利率，那么，即使出现持续的财政赤字也并不会导致财政崩溃。

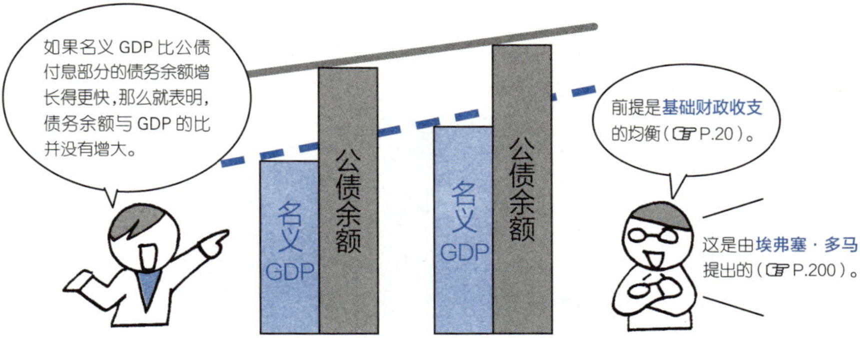
如果名义 GDP 比公债付息部分的债务余额增长得更快，那么就表明，债务余额与 GDP 的比并没有增大。
名义GDP
公债余额
名义GDP
公债余额
前提是基础财政收支的均衡（☞P.20）。
这是由埃弗塞·多马提出的（☞P.200）。

鲍温均衡条件 鲍温条件

财政不发生崩溃的另一个条件，是由美国经济学家**亨宁·鲍温**提出的“**鲍温均衡条件**”。它指出，前期的公债余额和GDP的比值如果出现恶化，只需要在之后持续改善**基础财政收支**（☞ P.20）和GDP的比值即可。

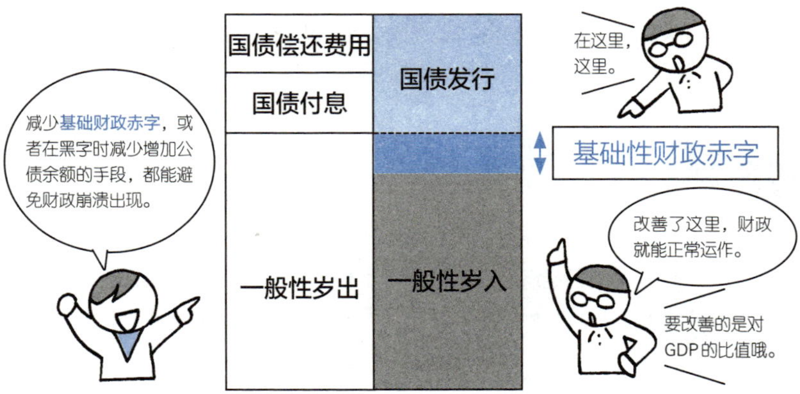
减少基础财政赤字，或者在黑字时减少增加公债余额的手段，都能避免财政崩溃出现。
国债偿还费用
国债付息
一般性岁出
国债发行
一般性岁入
在这里，这里。
基础性财政赤字
改善了这里，财政就能正常运作。
要改善的是对GDP的比值哦。

李嘉图中立命题

李嘉图等价定理

一种被称为“**公债中立命题**”的观点认为，公债并不会成为子孙后代的账单。它的含义是，公债的发行并不会对消费行为等施加影响，而是在经济层面保持中立。公债中立命题中尤为突出的是**大卫·李嘉图**提出的“**李嘉图中立命题**”。他认为，公债发行和增税效果相同，而且都不会跨越世代产生影响。

发行公债后的情况

不增税而是发行公债。
将来不还是会增税吗？
我们控制消费，多储蓄吧。
政府
无法偿还公债，所以还是增税吧。
果然。
早点储蓄，真是太好了。

增税后的情况

不发行公债而是增税。
生活变得艰难了。
我们控制消费，来缴纳税金吧。
政府
没有发行公债，所以不再增税了。
那当然了！
但是之前也没做储蓄。

总而言之，选择发行公债还是增税，前期增税还是之后增税，对于某一代人的生活而言，其消费行为和税金负担额都基本相同，并不会存在太大的差别。

who's who

大卫·李嘉图（1772—1823年）

英国经济学家。和亚当·斯密（☞P.78）并称为“现在经济学创始人”。著作有《经济学及赋税原理》等。

巴罗中立命题

如果在一代人的跨度内，并没有进行增税，并且推迟公债的偿还，那么等到跨入下一代的时候，又会发生什么呢？到了20世纪70年代，终于有人回答了这个问题，这个人就是美国经济学家**罗伯特·巴罗**。巴罗强调了“遗产”的存在，他认为，即便跨越了世代，中立命题依然成立（**巴罗中立命题**）。

发行公债后的情况

不增税而是发行公债。
政府
将来不还是会增税吗？
我们控制消费，多留下些遗产吧。
无法偿还公债，所以还是增税吧。
果然。
父母留下遗产给我们真是太好了。

增税后的情况

不发行公债而是增税。
政府
生活变得艰难了。
我们控制消费，来缴纳税金吧。
没有发行公债，所以不再增税了。
那当然了！
但是父母也没留下遗产。

由于遗产的存在，所以即便跨越了世代，人们的消费行为和税金负担额也是基本相同的。上面提到的两种中立命题，也合称为“**李嘉图–巴罗中立命题**”或“**李嘉图–巴罗定理**”。

这两种中立命题的成立都是有前提的，前提就是，人们会在为将来和子孙考虑的基础上做出行动。
如果不考虑这些，全部都消费了的话，又会发生什么呢？
那就是以最优化行为为前提了（☞P.80）。

自由放任主义

Laissez Faire

从本节开始，我们将讨论作为经济主体的政府会采取何种行动。由于微观经济学领域也会提及相近的内容，因此，我们把两边有关政府的话题联系到一起来推进讨论。现代经济学之父亚当·斯密（☞ P.78）在其著作《国富论》中提出了“政府不应该干预经济活动”的观点，这种观点叫作“自由放任主义”（Laissez Faire）。

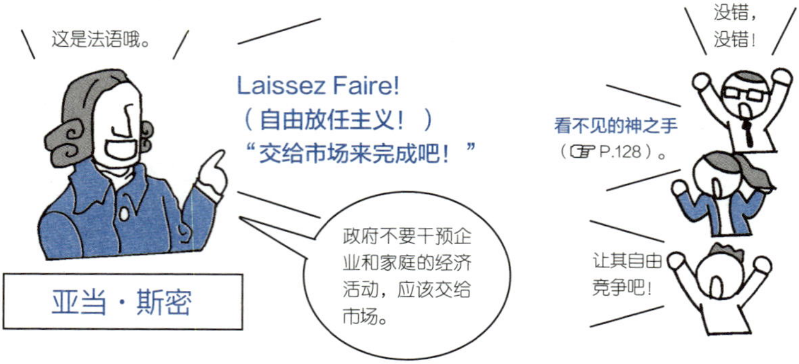

这是法语哦。
Laissez Faire!
（自由放任主义！）
“交给市场来完成吧！”
亚当·斯密
政府不要干预企业和家庭的经济活动，应该交给市场。
没错，没错！
看不见的神之手（☞ P.128）。
让其自由竞争吧！

萨伊定律

亚当·斯密之后，古典经济学派延续了这种观点。“供给能够创造其本身的需求”就是佐证之一，这被称为“萨伊定律”。萨伊定律的含义是：经由价格的调整机能，最后总能使需求和供给趋于一致，因此政府的介入是不必要的。

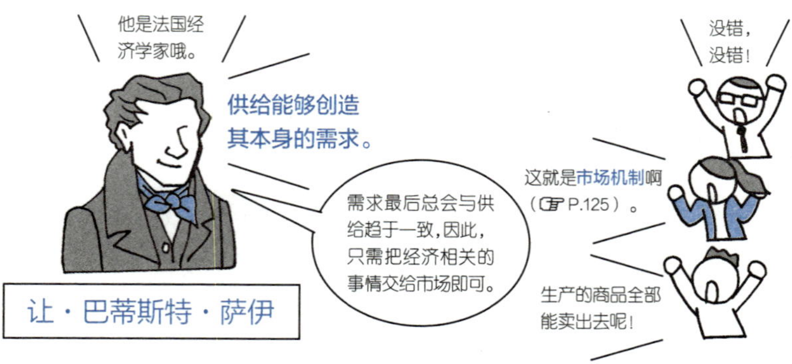

他是法国经济学家哦。
供给能够创造其本身的需求。
让·巴蒂斯特·萨伊
需求最后总会与供给趋于一致，因此，只需把经济相关的事情交给市场即可。
没错，没错！
这就是市场机制啊（☞ P.125）。
生产的商品全部能卖出去呢！

小政府

按照上述观点进行实际操作的话，那么自然希望政府成为“**小政府**”。如何才能成为小政府呢？那得让政府尽量减少对经济活动的干预，并相应缩小公务员和预算规模，同时逐渐放松管制，把力所能及的事务移交给民间。

减少公务员数量。
削减预算。
放松管制。
小政府
把这些贯彻到底，就成为夜警国家了（☞P.282）。
能够自由进行经济活动。
支持！
税金减少了。
竞争激烈了。
反对！
福利下降了。

大政府

古典经济学派的思想，在很长的时间范围内都是经济学的主流。然而到了20世纪30年代，出现了世界性的大萧条，越来越多的现象无法用**萨伊定律**来解释，这时走到台前的是**凯恩斯经济学**。凯恩斯经济学认为，在市场失灵的时候，要轮到“**大政府**”登场了。

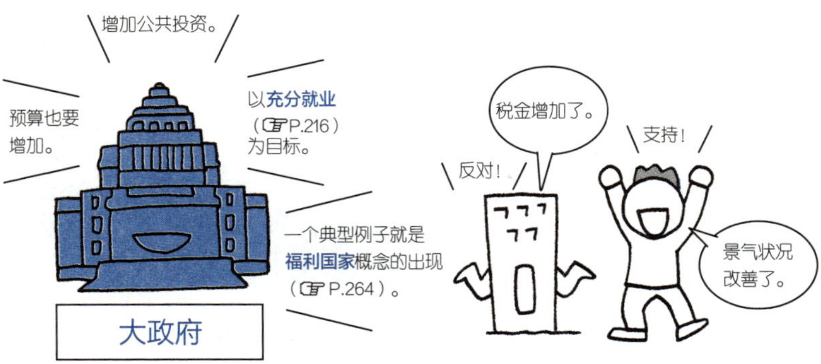
增加公共投资。
预算也要增加。
以充分就业（☞P.216）为目标。
一个典型例子就是福利国家概念的出现（☞P.264）。
大政府
税金增加了。
反对！
支持！
景气状况改善了。

凯恩斯政策

总需求管理政策

凯恩斯的主张是：以**有效需求原理**（☞ P.185）为基础，政府通过财政政策和金融政策对社会的总需求进行管理，目标是改善景气状况和促进经济增长。事实上，第二次世界大战后的世界各国借助“**凯恩斯政策**”，实现了高经济增长率。

增加公共事业啦。
政府对总需求进行管理是很重要的。
成为高福利国家啦！
减税了！
不用担心财政赤字。
大政府时代来了。
凯恩斯

充分就业

凯恩斯强调的另一点就是**就业**的问题。失业可分为三种，凯恩斯经济学主张消除其中的**非自愿性失业**，使**GDP达到充分就业**（☞ P.260）**水平**。此理论是西欧各国实现**福利国家**（☞ P.264）目标的理论支柱。

不想干，所以不干了。
出了些状况，暂时性失业。
明明想工作，却找不到岗位。
没有非自愿性失业，就是充分就业。
非自愿性失业是有效需求不足导致的。
……
凯恩斯
自愿性失业
摩擦性失业
非自愿性失业

芝加哥学派

不过，到了20世纪70年代，**经济滞胀**（☞ P.29）在世界各国扩散。各国意图通过扩大需求来恢复景气，但是这样做并没有减少失业人数，通胀仍在演进，财政赤字持续扩大。此时，以米尔顿·弗里德曼为核心的“芝加哥学派”登场了。

这是货币主义
（☞P.254）。
应通过货币政
策来对经济进
行控制。
所以用财政政策
等手段干预经济
是不好的。
这是小政府
（☞P.215）。
这是新自由主义
（☞P.253）。
弗里德曼

弗里德曼等人形成的芝加哥学派，所主张的财政政策被称为“**新自由主义**”，所主张的金融政策被称为“**货币主义**”。弗里德曼除了被世界各国的中央银行聘为顾问之外，他还对美国的里根总统和英国的撒切尔首相的经济政策施加了极大的影响。

于是有了里根经济学
（☞P.272）。
受到了弗里
德曼的影响。
于是有了撒切尔主义
（☞P.276）。
里根，美国总统
（任期 1981—1989 年）
撒切尔，英国首相
（任期 1979—1990 年）
然而从 20 世纪 90 年代开始，出现了
世界经济衰退，货币主义也不再有效，
凯恩斯政策开始被重新审视。
凯恩斯经济学已
经不再管用了。

who's who

米尔顿·弗里德曼（1912—2006年）

美国经济学家。芝加哥学派的领袖，货币主义的倡导者。1976年获得诺贝尔经济学奖。著作有《资本主义和自由》等。

货币

让我们继续有关政府职责的话题，看看**中央银行**的职责有哪些。对日本而言，中央银行就是**日本银行**，与我们最密切相关的职责就是“**货币**”的发行。货币具有如下的3种职能。

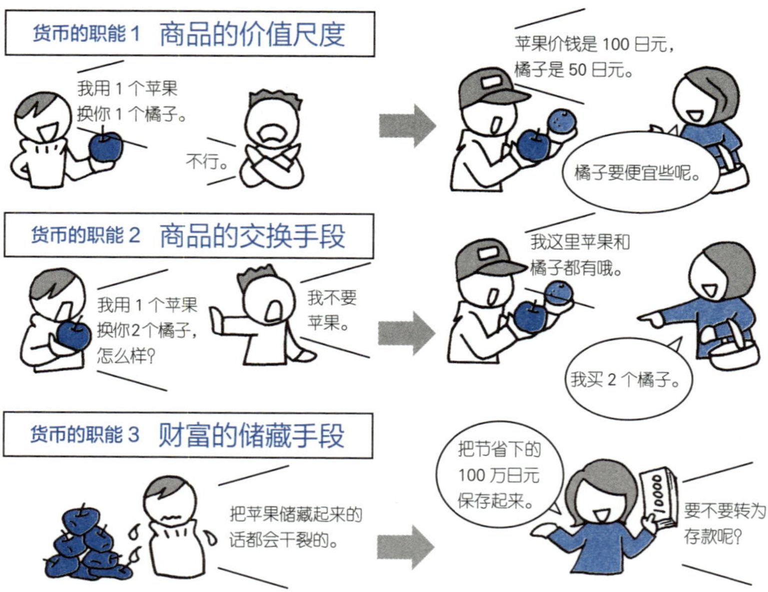

货币的职能 1 商品的价值尺度
我用 1 个苹果
换你 1 个橘子。
不行。
苹果价钱是 100 日元，
橘子是 50 日元。
橘子要便宜些呢。
货币的职能 2 商品的交换手段
我用 1 个苹果
换你2个橘子，
怎么样?
我不要
苹果。
我这里苹果和
橘子都有哦。
我买 2 个橘子。
货币的职能 3 财富的储藏手段
把苹果储藏起来的
话都会干裂的。
把节省下的
100 万日元
保存起来。
10000
要不要转为
存款呢?

从上例中能够清楚地看到，一般说到“货币”时，不仅指现金，还包含活期存款等形式的 “存款货币” 。存款货币属于不受黄金担保的“信用货币”，而“纸币也属于信用货币。”

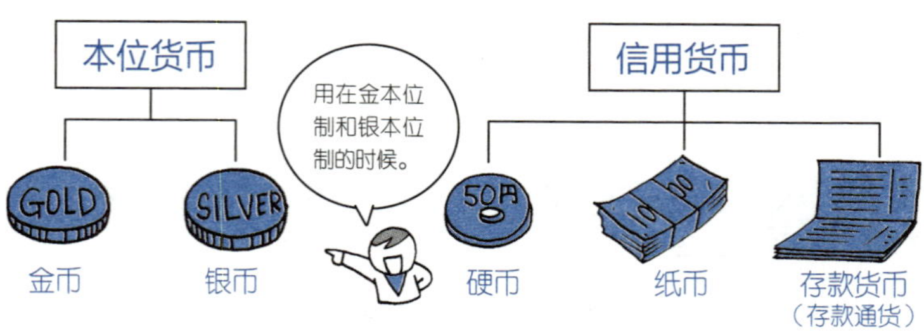

本位货币
用在金本位
制和银本位
制的时候。
信用货币
GOLD
SILVER
50円
金币
银币
硬币
纸币
存款货币
（存款通货）

管理通货制度

货币，有时候也叫作“**通货**”，表示依据法律被赋予“**强制流通力**”的货币。

日本银行券是具有强制流通力的货币。
你看，我给你付了1亿日元。
啊……
所以，即便用10万张1000日元面值的纸币来支付1亿日元，对方也不能拒绝。
那我也用这些1日元硬币支付1万日元。
这可不行！硬币属于辅助货币。
在日本，辅助货币的强制流通力，最大只能达到面额的20倍。

在第一次世界大战之前，是以保证通货和黄金兑换（换取）的“**金本位制度**”为基础来发行通货的。但是在**世界大萧条**（☞ P.261）之后，很多国家发行的通货和其黄金储备量不再挂钩，即向“**管理通货制度**”转型。因此，各国政府能凭借调节通货发行量来谋求物价稳定和经济增长。但另外，也会因通货增发滋生新的通胀风险等。

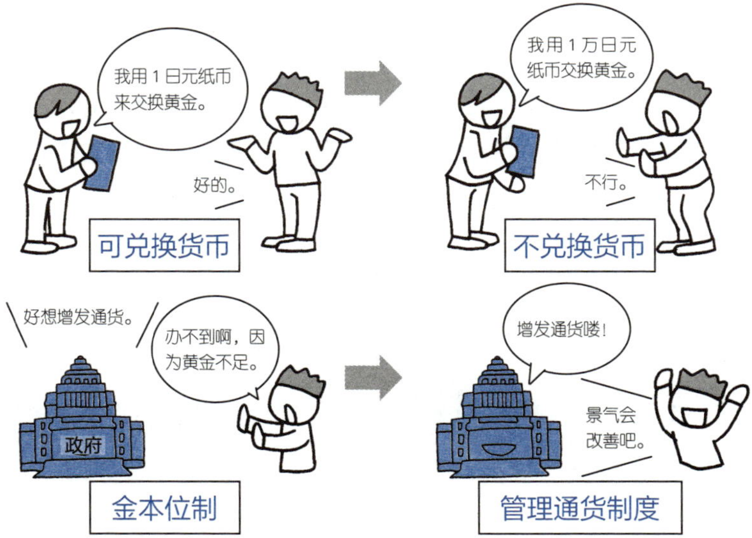
我用1日元纸币来交换黄金。
好的。
可兑换货币
我用1万日元纸币交换黄金。
不行。
不兑换货币
好想增发通货。
办不到啊，因为黄金不足。
政府
金本位制
增发通货喽！
景气会改善吧。
管理通货制度

货币供给

货币供应量、通货余额、通货供应量

为整体经济供给的通货总量称为“**货币供给**”（**货币供应量**）。货币供给具体是指除金融机构和中央政府之外，企业、家庭、地方政府等（**货币持有主体**）所拥有的“**通货余额**”。通货中除了现金通货外，还包含存款通货。

也叫作货币供应量吗?
叫通货余额怎么样?
2008年，日银在重新审视这个概念时改了名称。
在海外，似乎货币供应量这种叫法是主流哦。
完成私营化的邮政银行，对其的叫法则完全不同。

货币供给中的“货币”（通货），其范畴究竟有多大，会根据国家和时代而有所差异。日本银行的货币供应量统计由下面4项指标构成，且会分别发布。目标货币按范围大小排列为：M1（范围最狭窄）、M2、M3，范围逐渐拓宽，广义流动性范围最广。

准通货☞P.283
CD☞P.259
CP☞P.259

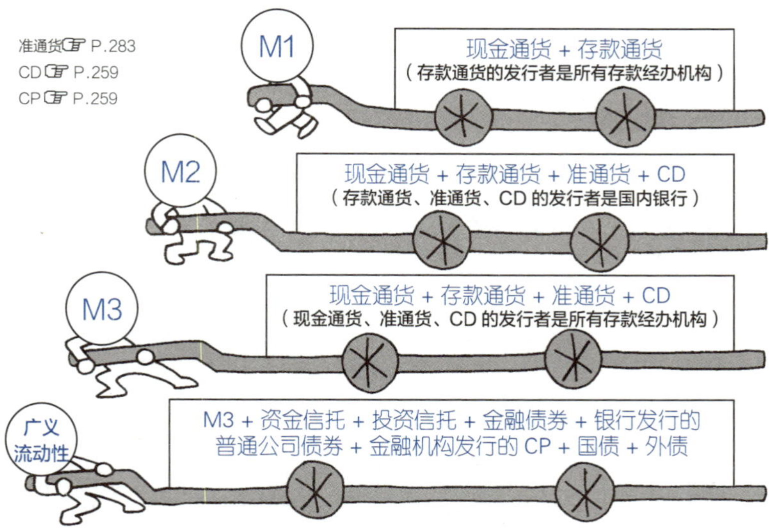

M1
现金通货 + 存款通货
（存款通货的发行者是所有存款经办机构）
M2
现金通货 + 存款通货 + 准通货 + CD
（存款通货、准通货、CD的发行者是国内银行）
M3
现金通货 + 存款通货 + 准通货 + CD
（现金通货、准通货、CD的发行者是所有存款经办机构）
广义流动性
M3 + 资金信托 + 投资信托 + 金融债券 + 银行发行的普通公司债券 + 金融机构发行的CP + 国债 + 外债

※ 现金通货 = 日本银行券发行额 + 货币（硬币）流动额。
※ 存款通货 = 存款货币（活期、普通、储蓄、通知、额外、纳税准备）- 调查对象在金融机构保有的支票·票据。
※ 以居住者中的一般法人、个人、地方公共团体等的保有份额为对象。

马歇尔K值

Marshallian K

如何判断货币供给——通货的供给量是否合适？**阿尔弗雷德·马歇尔**（☞ P.94）构想出名为“**马歇尔K值**”的指标，用来对此问题进行判断。马歇尔K值指的是货币供给和GDP的比值。

马歇尔K值 = 货币供给 / GDP
在日本，货币供给一般用“M2+CD”（货币供应量中的M2）来表示。
这里的GDP是名义GDP（☞P.181）。

马歇尔K值是货币相对GDP的比值，其值越大，意味着市场中充斥着越多的资金。因此，观察一下长期趋势，并和其他国家的K值做比较之后，就能够正确判断货币供给是否处于适当的水平。

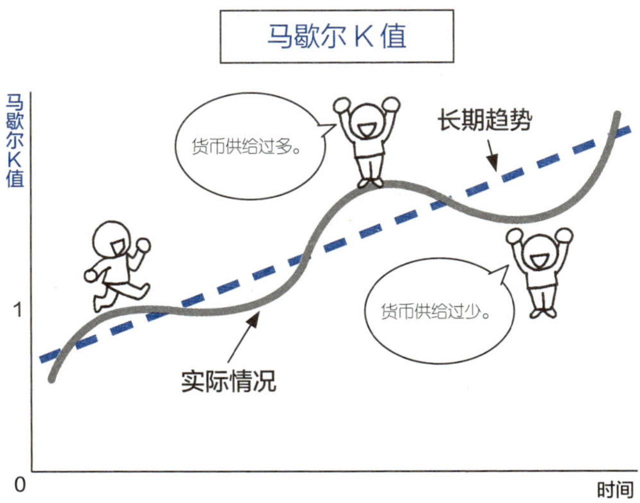
马歇尔K值
马歇尔K值
1
0
时间
货币供给过多。
长期趋势
货币供给过少。
实际情况

金融

中央银行还会利用**金融政策**（☞ P.22）对经济进行调整。所谓“**金融**”，就是指资金的融通，即将资金从有节余的地方借到资金不足的地方。例如，有闲置资金的家庭，对资金不足的企业进行投资或融资。

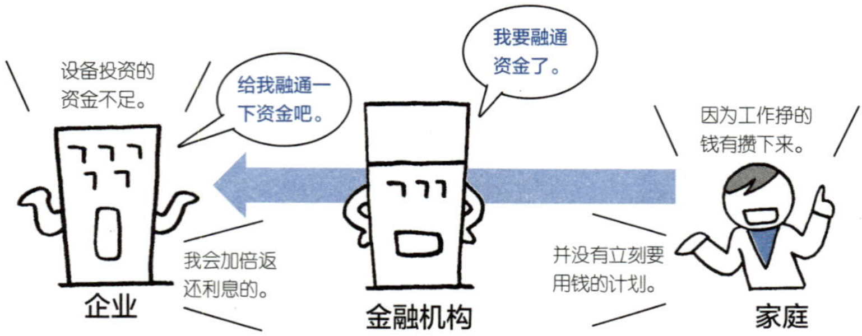
设备投资的
资金不足。
给我融通一
下资金吧。
我会加倍返
还利息的。
企业
我要融通
资金了。
金融机构
因为工作挣的
钱有攒下来。
并没有立刻要
用钱的计划。
家庭

那么中央银行的金融政策，是怎样实施的呢？例如，当中央银行采取增加货币供给的政策时，情况可以用IS-LM模型看得一清二楚：通货（货币）供给一旦增加，利率会下降，国民收入会增加。

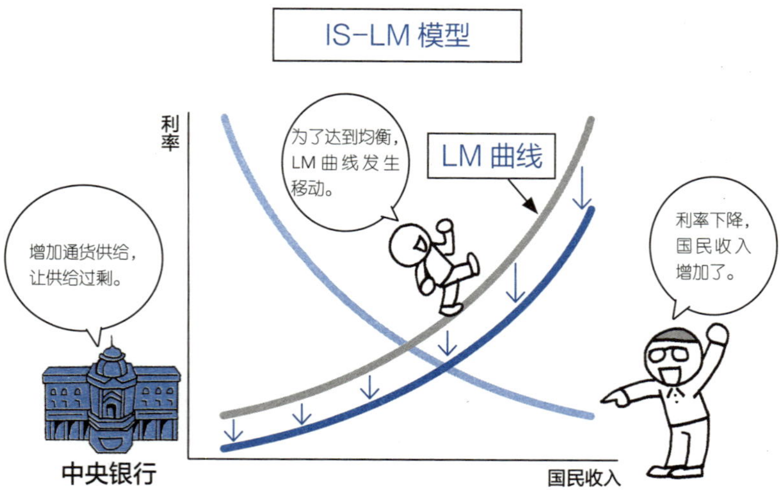
IS-LM 模型
利率
国民收入
增加通货供给，
让供给过剩。
中央银行
为了达到均衡，
LM 曲线发生
移动。
LM 曲线
利率下降，
国民收入
增加了。

高能货币

货币基数、基础货币

“**高能货币**”的含义就是“强力通货”，它凭借**信用创造**（☞ P.224）作用，甚至能产生出几倍的货币供给。具体而言，高能货币是中央银行发行的现金通货，及商业银行交由中央银行保管的**存款准备金**（☞ P.232）之和。

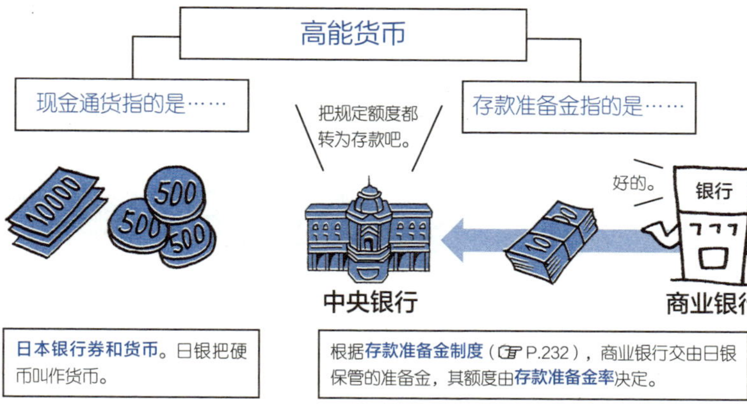

高能货币
现金通货指的是……
存款准备金指的是……
把规定额度都转为存款吧。
好的。
10000
500
银行
中央银行
商业银行
日本银行券和货币。日银把硬币叫作货币。
根据存款准备金制度（☞ P.232），商业银行交由日银保管的准备金，其额度由存款准备金率决定。

高能货币的重要之处在于，它是中央银行可直接控制的通货量。无论是现金通货量，还是存款准备金量，都可由中央银行决定。于是，中央银行可通过控制高能货币量，使货币供给保持在适当水平。

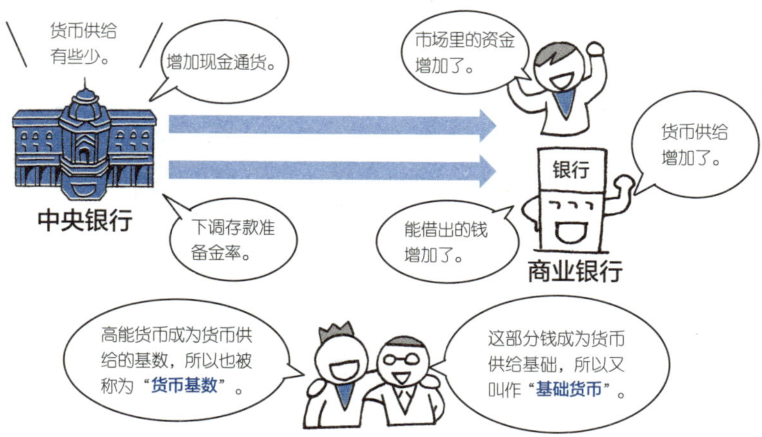

货币供给有些少。
增加现金通货。
市场里的资金增加了。
中央银行
下调存款准备金率。
银行
货币供给增加了。
能借出的钱增加了。
商业银行
高能货币成为货币供给的基数，所以也被称为“货币基数”。
这部分钱成为货币供给基础，所以又叫作“基础货币”。

信用创造

高能货币能派生出自身几倍的货币供给，这被称为“**信用创造**”。接下来，我们来看看信用创造的机制过程。比如，某银行汇集了100亿日元的存款，假设交由中央银行保管的存款准备金率为10%，这样一来……

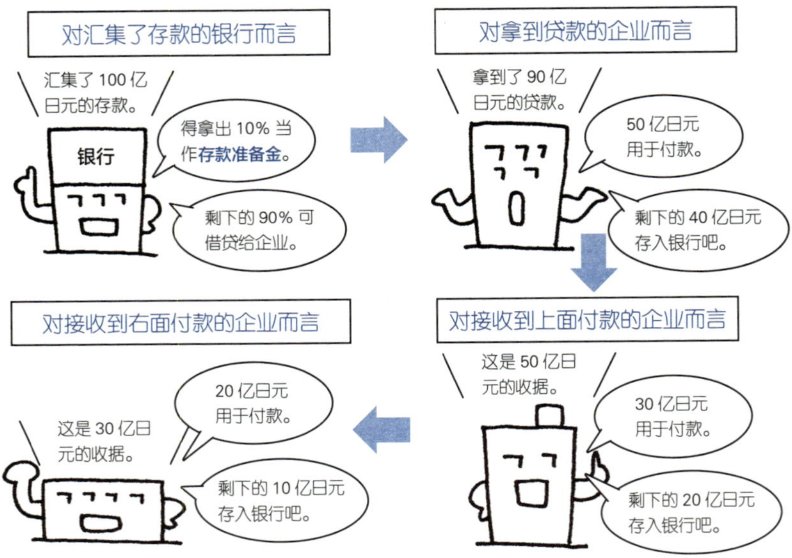

对汇集了存款的银行而言
汇集了100亿日元的存款。
银行
得拿出10%当作**存款准备金**。
剩下的90%可借贷给企业。
对拿到贷款的企业而言
拿到了90亿日元的贷款。
50亿日元用于付款。
剩下的40亿日元存入银行吧。
对接收到上面付款的企业而言
这是50亿日元的收据。
30亿日元用于付款。
剩下的20亿日元存入银行吧。
对接收到右面付款的企业而言
这是30亿日元的收据。
20亿日元用于付款。
剩下的10亿日元存入银行吧。

这样重复进行下去，银行贷出的90亿日元最终会全部转化为银行的存款。这时，你会发现，银行最初的存款一点都没减少，等同于存款（存款通货）增加了90亿日元。而且，所增加的90亿日元存款中的大部分，还可以再次流入信贷循环中。

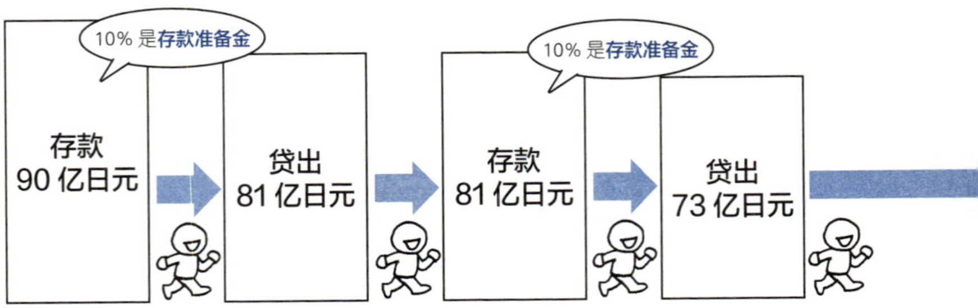

10%是**存款准备金**
存款 90亿日元
贷出 81亿日元
10%是**存款准备金**
存款 81亿日元
贷出 73亿日元

信用乘数 货币乘数

像前面所讲的，由最初的通货量派生出几倍的存款通货，从而扩大货币供给的现象，就是信用创造。表示货币供给是高能货币多少倍的比率称为“**信用乘数**”。

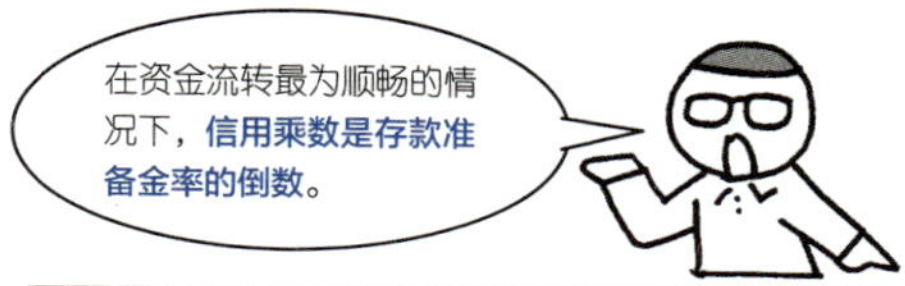
在资金流转最为顺畅的情况下，信用乘数是存款准备金率的倒数。

※ 倒数 与当前数相乘等于 1 的数。

信用乘数 = 存款准备金率的倒数

如果存款准备金率为 10%，即 1/10 时，信用乘数就是 10。
如果存款准备金率为 5%，即 1/20 时，会派生出 20 倍的货币供给。

然而，当企业和家庭的现金比率（**现金存款比率**，☞ P.280）较高时，或者银行收紧信贷时，信用乘数将会下降。现实中的信用乘数，是用货币供给除以高能货币得到的数值。

把这些钱变成存款。
偿还借款吧。
我要收紧信贷。
银行
这些原因导致实际的信用乘数下降。

$$\text{信用乘数} = \frac{\text{货币供给}}{\text{高能货币}}$$

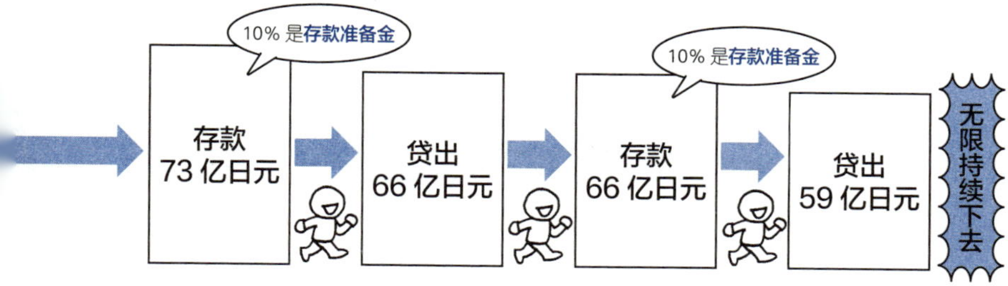
10% 是存款准备金
存款 73 亿日元
贷出 66 亿日元
10% 是存款准备金
存款 66 亿日元
贷出 59 亿日元
无限持续下去

中央银行

“**中央银行**”的金融政策就是通过通货供给来调节经济。金融政策可以采取的手段分为“**价格政策**”和“**数量政策**”（☞ P.228）两种。中央银行除了金融政策以外，还有以下各项工作职责。

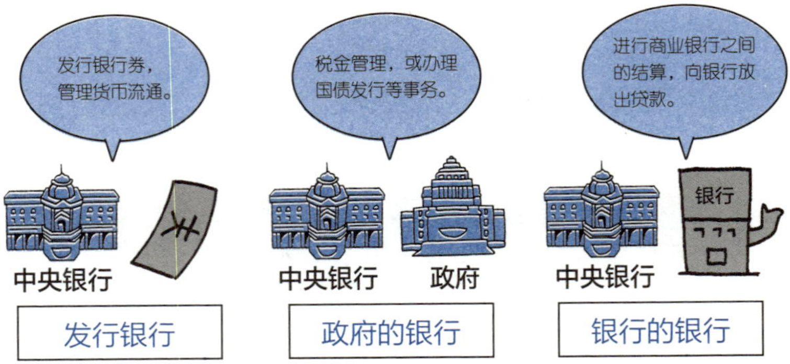
发行银行券，
管理货币流通。
中央银行
发行银行
税金管理，或办理
国债发行等事务。
中央银行
政府
政府的银行
进行商业银行之间
的结算，向银行放
出贷款。
银行
中央银行
银行的银行

日本银行 日银

《日本银行法》规定，日本的中央银行为“**日本银行**”（**日银**）。日本银行法还同时规定了日银的两个主要目标，即“**稳定物价**”和“**稳定金融系统**”。因此，日银又被称为“物价守护者”和“通货守护者”。

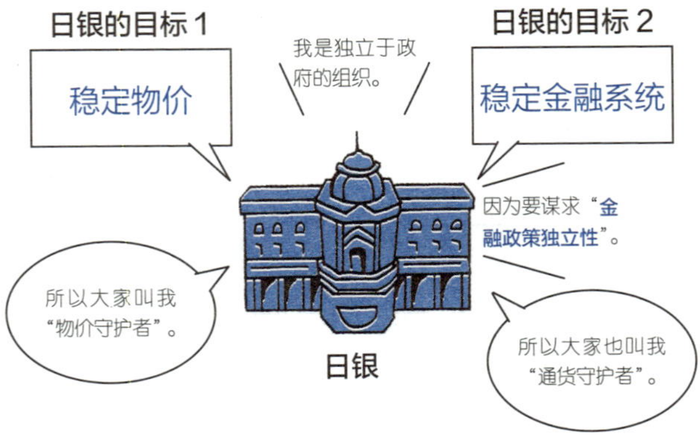
日银的目标 1
稳定物价
我是独立于政
府的组织。
日银的目标 2
稳定金融系统
因为要谋求“金
融政策独立性”。
所以大家叫我
“物价守护者”。
日银
所以大家也叫我
“通货守护者”。

FRB 美国联邦储备委员会、Federal Reserve Board

“FRB”是世界上最著名的中央银行。美国的联邦储备系统（FRS）太过复杂，中央银行的职能由12个地区联邦储备银行行使，而由FRB负责金融政策的决策。此外，公开市场操作（☞ P.230）属于联邦公开市场委员会（FOMC）的职能范围。

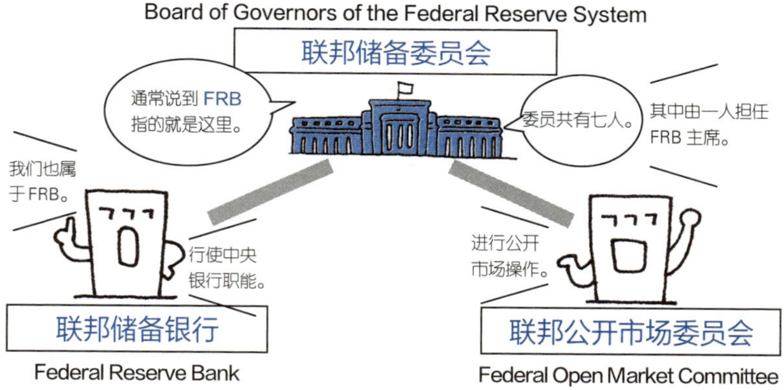

Board of Governors of the Federal Reserve System
联邦储备委员会
通常说到 FRB 指的就是这里。
委员共有七人。
其中由一人担任 FRB 主席。
我们也属于FRB。
行使中央银行职能。
进行公开市场操作。
联邦储备银行
Federal Reserve Bank
联邦公开市场委员会
Federal Open Market Committee

ECB 欧洲中央银行，European Central Bank

与美联储相仿，制定欧元区（☞ P.62）金融政策的机构就是“ECB”。其总部在德国的法兰克福。ECB由包含非欧盟加盟国在内的各国中央银行和欧洲中央银行系统（ESCB）构成。由各国中央银行对应本国市场的具体情况进行公开市场操作。

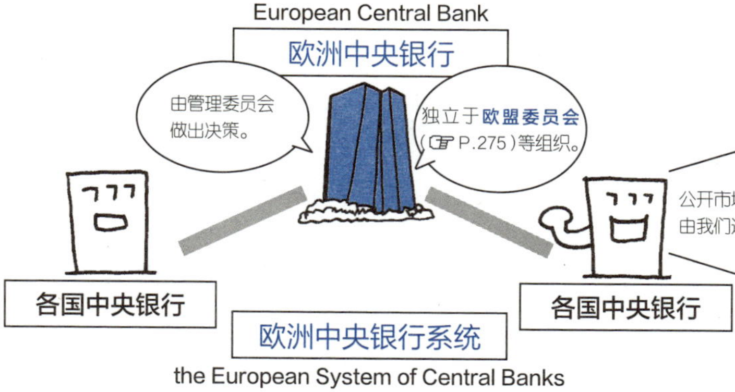

European Central Bank
欧洲中央银行
由管理委员会做出决策。
独立于欧盟委员会（☞ P.275）等组织。
公开市场操作之类，由我们进行。
各国中央银行
各国中央银行
欧洲中央银行系统
the European System of Central Banks

Chapter 7 政府·银行 宏观经济学关键词②

政策性利率

中央银行的金融政策手段，大体上可以分为“**价格政策**”和“**数量政策**”。价格政策是对“**政策性利率**”进行操作，而数量政策就是指**公开市场操作**（☞ P.230）和**存款准备金操作**（☞ P.232）两种。

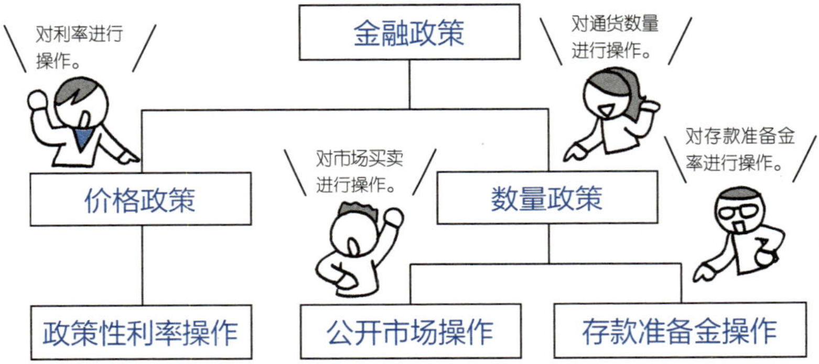
金融政策
对利率进行操作。
对通货数量进行操作。
价格政策
对市场买卖进行操作。
数量政策
对存款准备金率进行操作。
政策性利率操作
公开市场操作
存款准备金操作

中央银行对商业银行融资时，使用的利率就是“**政策性利率**”。政策性利率涉及存储款和贷款。于是，当景气有过热的趋势时，可以提高政策性利率来抑制通货供给。以前日银采用的“**法定利率操作**”就是典型的例子。

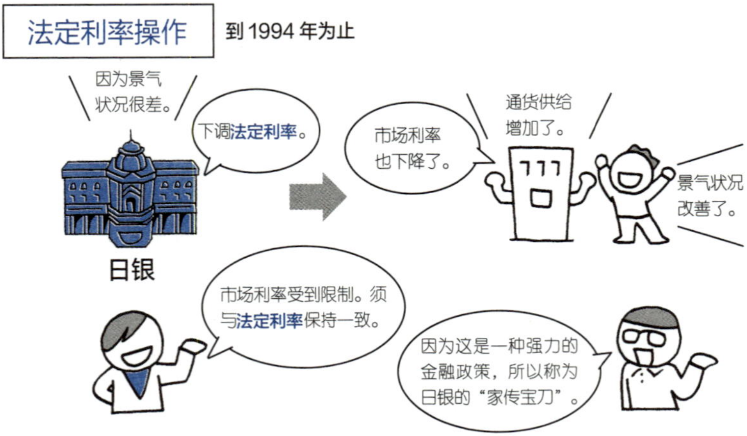
法定利率操作
到1994年为止
因为景气状况很差。
下调法定利率。
日银
市场利率也下降了。
通货供给增加了。
景气状况改善了。
市场利率受到限制。须与法定利率保持一致。
因为这是一种强力的金融政策，所以称为日银的“家传宝刀”。

1994年，商业银行的利率完全自由化，无法再进行法定利率操作了。取而代之的，是对日银政策性利率之一的**短期利率**（☞ P.28）进行操作。具体来讲，是对**无担保隔夜拆借利率**（☞ P.280）用**公开市场操作**（☞ P.230）的方式进行引导。

无担保拆借利率（隔夜） 到2013年为止

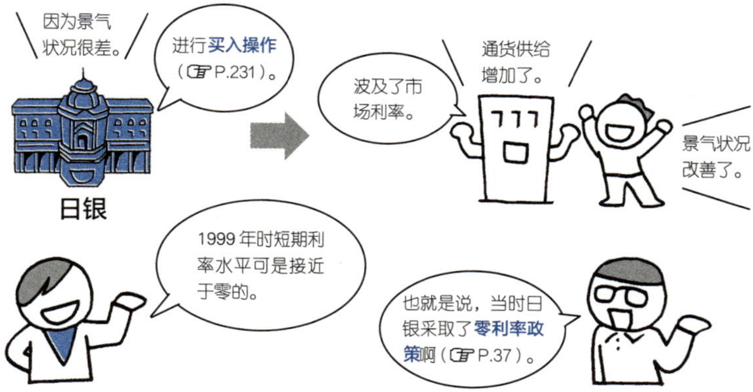

因为景气状况很差。
进行买入操作（☞P.231）。
日银
波及了市场利率。
通货供给增加了。
景气状况改善了。
1999年时短期利率水平可是接近于零的。
也就是说，当时日银采取了零利率政策啊（☞P.37）。

基准贴现率及贷款基准利率

2006年起，法定利率的名称变成“**基准贴现率及贷款基准利率**”，其操作目标为短期利率，法定利率的意味渐弱。2013年，伴随**量化和质化货币宽松**，其操作目标又变为“货币基数”，利率目标朝着负利率迈进。

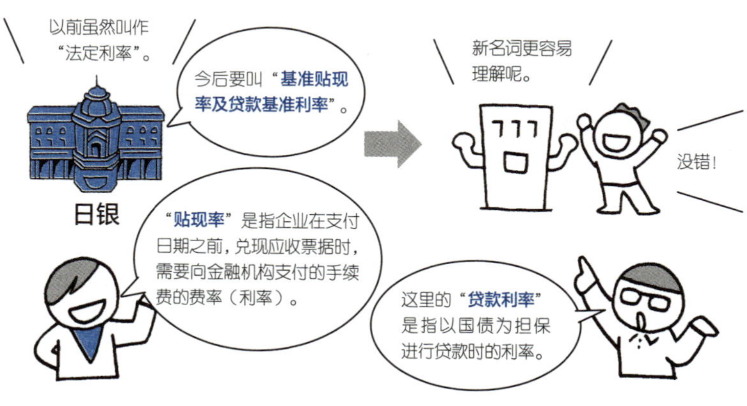

以前虽然叫作“法定利率”。
今后要叫“基准贴现率及贷款基准利率”。
日银
新名词更容易理解呢。
没错！
“贴现率”是指企业在支付日期之前，兑现应收票据时，需要向金融机构支付的手续费的费率（利率）。
这里的“贷款利率”是指以国债为担保进行贷款时的利率。

公开市场操作

公开市场买卖

近年来，在日银的金融政策中，最为重要的手段就是“**公开市场操作**”。它指的是中央银行通过在市场上买卖债券和票据，**对通货供应量进行操作**。卖出债券和票据时，交换得到的通货集中于中央银行处，达到吸收市场上通货的目的；买入时，则意味着向市场供给通货。

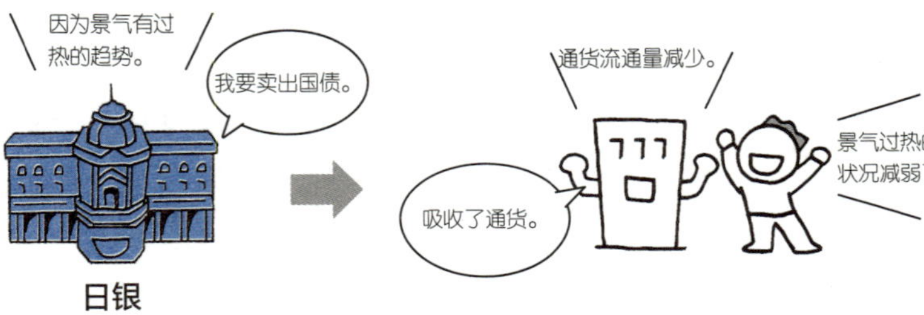
因为景气有过热的趋势。
我要卖出国债。
日银
通货流通量减少。
吸收了通货。
景气过热的状况减弱了。

公开市场操作不仅能调节通货供应量，还具有调整利率的效果。像对**无担保隔夜拆借利率**的公开市场操作，其目的正是调整政策性利率（☞ P.229）。从这个层面来讲，日银可通过买入操作，引导利率走低。

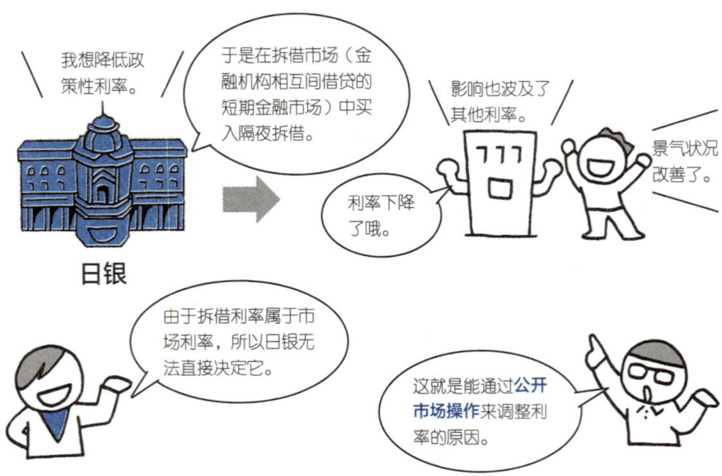
我想降低政策性利率。
于是在拆借市场（金融机构相互间借贷的短期金融市场）中买入隔夜拆借。
日银
影响也波及了其他利率。
利率下降了哦。
景气状况改善了。
由于拆借利率属于市场利率，所以日银无法直接决定它。
这就是能通过公开市场操作来调整利率的原因。

公开市场卖出 卖出操作、回收资金操作

公开市场操作简称为“操作”，所以公开市场卖出操作可以简称为“**卖出操作**”。根据日银官网主页上的内容，在2017年，“**卖出操作**”（**回收资金操作**）的对象如下图所示。

票据
这是日银的票据。
国债
债券正回购
这是日银做了特别约定将会回购的国债。
国库
短期证券
这是政府发行的债券。

公开市场买入 买入操作，供应资金操作

与之对应，公开市场买入操作简称为“**买入操作**”。“**买入操作**”（**供应资金操作**）拥有比卖出操作种类更多的对象。其中部分对象如下图所示，此外还包含以债券做担保放出的贷款。

国债
这是日本的国债。
共同担保资金
供应操作
以债券等为担保放贷。
CP
☞P.259
企业债
这是企业的票据和企业债。
ETF
☞P.262
J-REIT
☞P.267
这是上市投资信托和房地产投资信托。

摘录了日本银行主页名为《告诉我！日银》的文章的部分内容 www.boj.or.jp

存款准备金率操作

法定准备金率操作

日银金融政策的第三招“**存款准备金率操作**”，则是对“**存款准备金制度**”加以利用。存款准备金制度的主要内容是指商业银行必须将其所汇集存款的一定比率以上的部分交由中央银行保管。设立这种制度的初衷，就是为了保证当存款人要求兑付时，银行有能力回应这种要求。

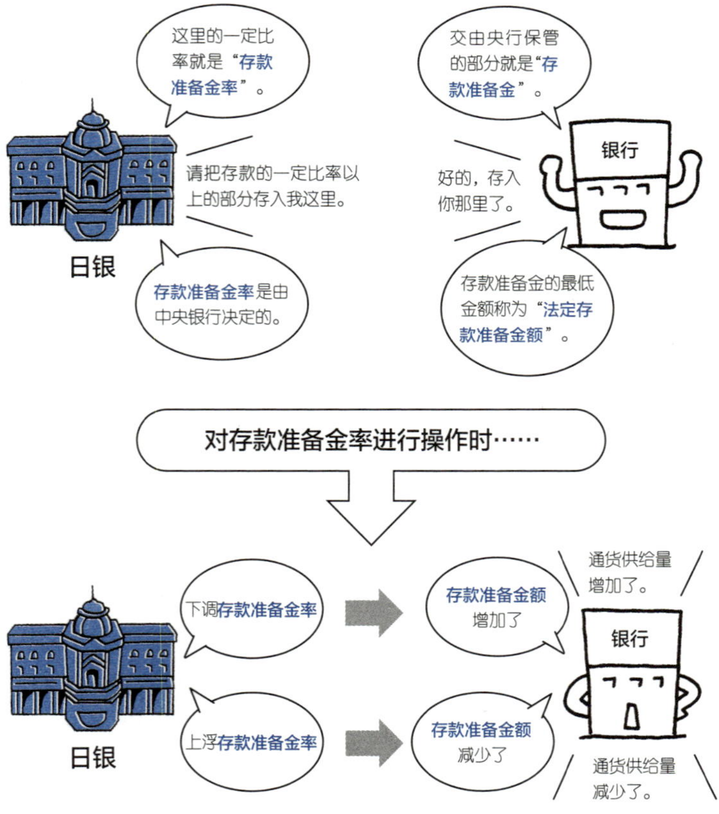

这里的一定比率就是“存款准备金率”。
请把存款的一定比率以上的部分存入我这里。
日银
存款准备金率是由中央银行决定的。
交由央行保管的部分就是“存款准备金”。
银行
好的，存入你那里了。
存款准备金的最低金额称为“法定存款准备金额”。
对存款准备金率进行操作时……
下调存款准备金率
存款准备金额增加了
通货供给量增加了。
银行
日银
上浮存款准备金率
存款准备金额减少了
通货供给量减少了。

不过，对于拥有发达金融市场的国家而言，存款准备金率操作的效果是有限的。实际上，日银的存款准备金率自1991年以后再没有发生变化。日银金融政策的核心，果然还是公开市场操作啊。

金融系统

日银金融政策的目标之一就是**稳定金融系统**（☞ P.226）。所谓“**金融系统**”，就是包含结算制度、金融机构进行金融商品交易的金融市场，以及与这些对应的政府金融管制、中央银行金融政策的整体概念。

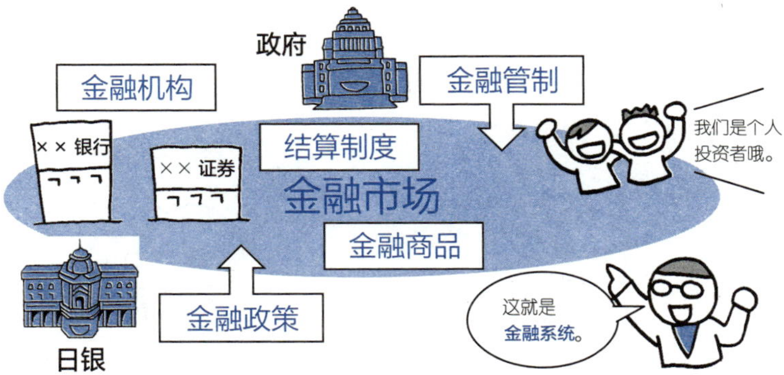

政府
金融机构
金融管制
××银行
××证券
结算制度
金融市场
金融商品
我们是个人投资者哦。
金融政策
日银
这就是金融系统。

最后贷款人 LLR ,lender of last resort

为了维持金融系统的稳定，中央银行设定了面向存款人的**存款保险机构**（☞ P.260）等制度。而且，中央银行的重要职能之一，就是成为金融机构的“**最后贷款人**”。近年来，出现了一些中央银行作为“最后贷款人”的事例，如下图所示。

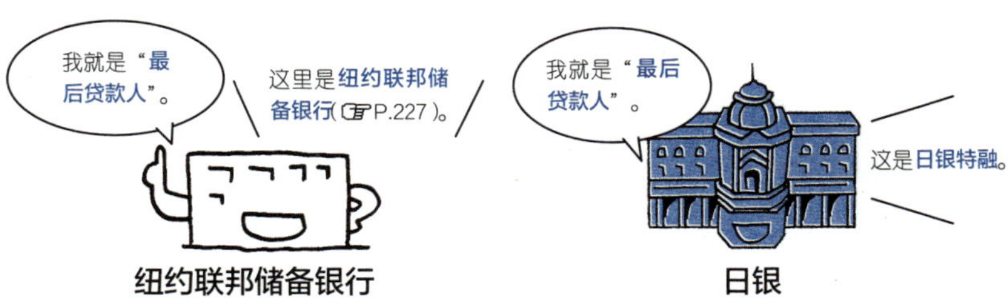

我就是“最后贷款人”。
这里是纽约联邦储备银行(☞P.227)。
纽约联邦储备银行
我就是“最后贷款人”。
这是日银特融。
日银

2008年，因受美国次贷危机的影响，贝尔斯登公司遭受严重损失，为此，**纽约联邦储备银行**通过摩根大通向其提供资金（☞ P.67）。

在泡沫破裂后的1997年，北海道拓殖银行和山一证券，因负有大量坏账而破产，为此日银基于日本银行法对它们提供了名为“**日银特融**”的巨额特别融资（☞ P.35）。

货币的中立性

货币中立性命题

关于中央银行的金融政策方面，大致可分为两种看法。其中一种是从**凯恩斯经济学**（☞ P.250）的立场出发，认为即使在金融政策中对总需求的管理也是有效的；另一种观点则是从**货币主义**（☞ P.254）的立场出发，认为金融政策只应凭借货币政策来实施。

即使在金融政策中，对总需求的管理也是有效的。
可凭借公开市场操作等手段管理总需求。
对财政政策来讲也是一样（☞P.21）。
凯恩斯
凯恩斯经济学
你那种量体裁衣式的货币供给，并不是好的金融政策。
基于一定规则的金融政策才是好的金融政策。
反而会对经济产生不好的影响。
弗里德曼
货币主义

在这两种观点背后，都存在“**货币中立性**”的问题。货币中立性，是指货币数量的增加并不会对消费、投资和GDP增长等带来影响，而是在经济层面保持中立。

货币对于经济而言是中立的。
货币数量增减时，物价也会随之做相应调整。
货币
所以虽然货币数量的增减会对物价产生影响，但不会对经济产生影响。
也就是说，无法利用货币数量的增减调整经济增长。
能够通过货币数量的增减，控制通胀率。
这是美国的经济学家对世界上 110 个国家 30 年间的经济增长率和通胀率的关系做了调查研究后得出的结论。
货币中立性

凯恩斯经济学认为，短期内货币供给的增减会对消费、投资和GDP产生影响，所以，可通过这样的方式管理总需求。而货币主义则认为，基于货币中立性，强调货币供给的增减，只会影响物价，而不会对经济造成影响。

货币供给的增减会对经济施加影响。
凯恩斯
凯恩斯经济学
所以，可以通过货币供给的增减，来管理总需求。
货币供给
这就是货币的中立性。
货币供给的增减只会影响物价。
弗里德曼
货币主义
所以，量体裁衣式的增减货币供给是不好的。
一定规则

总而言之，“从长期来看，货币中立性是正确的”，“但是，从短期来看，货币供给的增减会对消费、投资和GDP等方面施加影响，从而能够有效管理总需求”——这是当前的主流观点。

通过货币供给管理总需求。
短期
通过货币供给管理总需求。
短期
通过货币供给管理总需求。
短期
长期来看，货币中立性是成立的。
通过货币供给的增减调整物价。
长期

总需求

在宏观经济学内容的最后，让我们来讨论“**总需求**”和“**总供给**”相关的问题。首先来看“**总需求**”。总需求是指所有的需求，是和总生产对应的需求，因此也可以说是**GDP**（**国内生产总值**，☞ P.16）对应的需求，一般用如下的公式来表示。

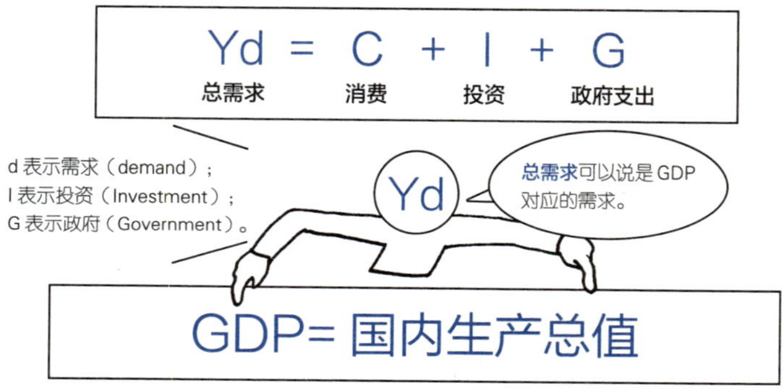
Yd = C + I + G
总需求 消费 投资 政府支出
d 表示需求（demand）；
I 表示投资（Investment）；
G 表示政府（Government）。
Yd
总需求可以说是 GDP 对应的需求。
GDP= 国内生产总值

总供给

另外，“**总供给**”是指所有的供给，也可以说是GDP本身，一般用如下的公式表示。由于总供给会受到**劳动力市场**的影响，所以**总供给曲线**（☞ P.238）不仅仅包含**商品市场**和**货币市场**部分（☞ P.186），其范围还将扩展到**劳动力市场**。

Ys = C + S + T
总供给 消费 储蓄 租税
Ys
总供给可以说就是 GDP 本身。
s 表示供给（supply）；
S 表示消费（Saving）；
T 表示租税（Tax）。
GDP= 国内生产总值

劳动力市场均衡

我们来看一下劳动力市场的需求和供给情况。劳动力市场中的需求曲线和商品市场的需求曲线没有差别，其纵坐标表示工资，横坐标表示就业量。曲线整体向右下方弯曲延伸，即劳动力需求随着薪水下降而增加，随着薪水上升而减少。

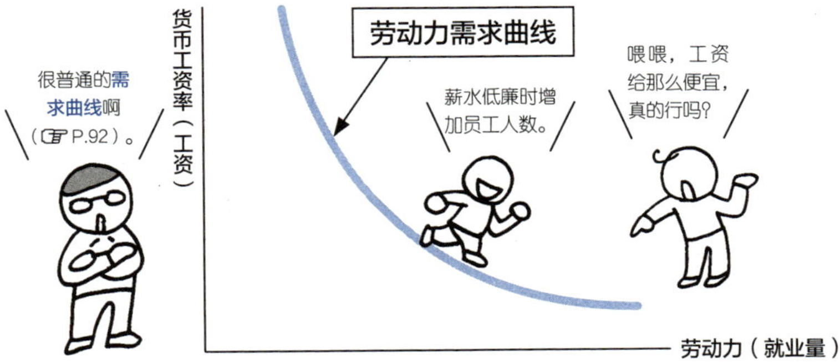

劳动力需求曲线
货币工资率（工资）
劳动力（就业量）
很普通的需求曲线啊（☞P.92）。
薪水低廉时增加员工人数。
喂喂，工资给那么便宜，真的行吗？

工资的向下刚性

与需求曲线对应，劳动力市场的供给曲线在凯恩斯经济学中如下图所示，呈现这样的曲线，是因为其中考虑了“**工资的向下刚性**”。其含义是指当劳动者无法接受低于一定水平的工资时，供给曲线将从这里开始向左变为水平的直线。此时供给曲线和需求曲线的交点就是“**劳动力市场均衡点**”。

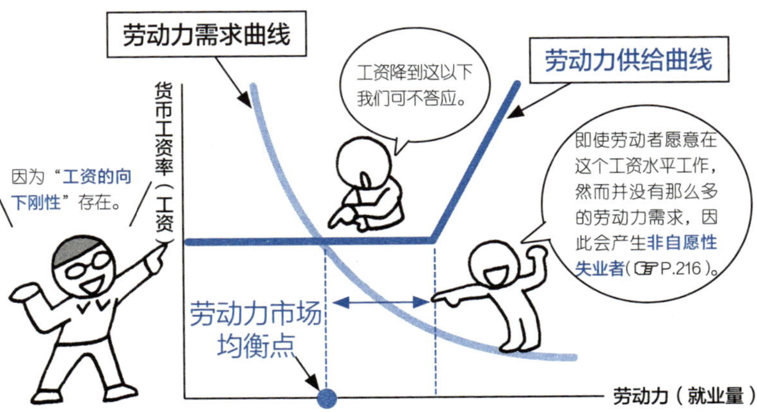

劳动力需求曲线
劳动力供给曲线
货币工资率（工资）
劳动力（就业量）
劳动力市场均衡点
因为“工资的向下刚性”存在。
工资降到这以下我们可不答应。
即使劳动者愿意在这个工资水平工作，然而并没有那么多的劳动力需求，因此会产生非自愿性失业者（☞P.216）。

总供给曲线

AS曲线，Aggregate Supply Curve

接下来要讲的是“**总供给曲线**”。在凯恩斯经济学中，总供给曲线表示使企业利润最大化的物价水平和GDP之间的关系。因为企业的产量会随着价格的上涨而增加，所以总供给曲线会向右上方延伸。此时，由于产量增加，劳动力市场的就业量也增加了。

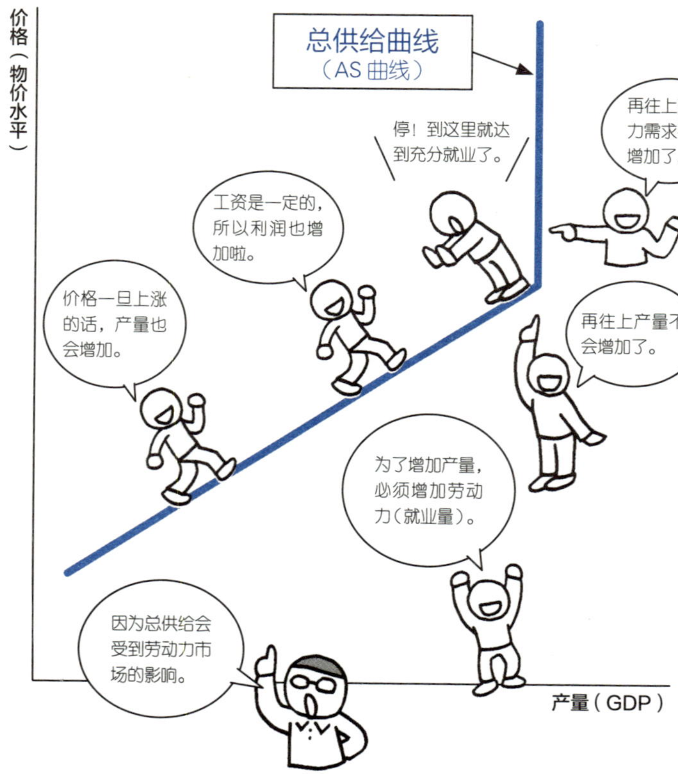
价格（物价水平）
总供给曲线
（AS曲线）
停！到这里就达到充分就业了。
再往上劳动力需求不会增加了。
工资是一定的，所以利润也增加啦。
价格一旦上涨的话，产量也会增加。
再往上产量不会增加了。
为了增加产量，必须增加劳动力（就业量）。
因为总供给会受到劳动力市场的影响。
产量（GDP）

如前项中所示，在达到劳动力均衡前，工资水平是一定的。所以，随着价格上涨，企业能够通过不断增加产量来提升利润。然而，当达到**充分就业**（☞ P.216）状态时，劳动力供给不能继续增加，企业这时也无法继续再往上提高产量了。

总需求曲线

AD曲线，Aggregate Demand Cureve

另外，“**总需求曲线**”表示当**商品市场**和**货币市场**（☞ P.186）同时达到均衡时，所对应的物价水平和国民收入的关系。换言之，总需求曲线可以利用**IS曲线**（☞ P.187）和**LM曲线**（☞ P.188）很方便地求得。由于需求是随着价格下降而增加的，因此总需求曲线是向右下方弯曲延伸的。

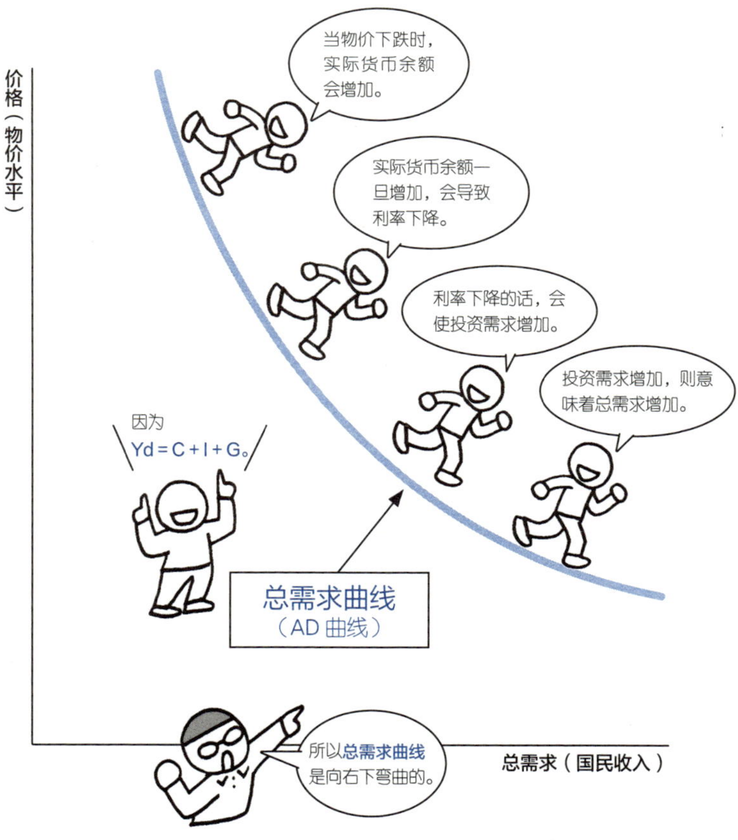

价格（物价水平）
当物价下跌时，实际货币余额会增加。
实际货币余额一旦增加，会导致利率下降。
利率下降的话，会使投资需求增加。
投资需求增加，则意味着总需求增加。
因为Yd＝C＋I＋G。
总需求曲线（AD 曲线）
所以总需求曲线是向右下弯曲的。
总需求（国民收入）

总需求（Yd）是由消费（C）+投资（I）+政府支出（G）构成的（☞ P.236），其中消费和政府支出是剔除物价变动影响的实际部分，**受到物价变动影响的只有投资部分**。因此，如上图所示可以通过调节利率来调整总需求的变化。

AD-AS模型

AD-AS分析 总需求总供给模型，总需求总供给分析

让我们把总需求曲线（AD曲线）和总供给曲线（AS曲线）绘制在一个坐标系中，它们的交点就成了均衡点。这样一来，此时的**均衡价格**和**均衡GDP**就决定了物价水平和GDP。用这种方式解释物价和GDP的宏观经济模型叫作“**AD-AS模型**”。

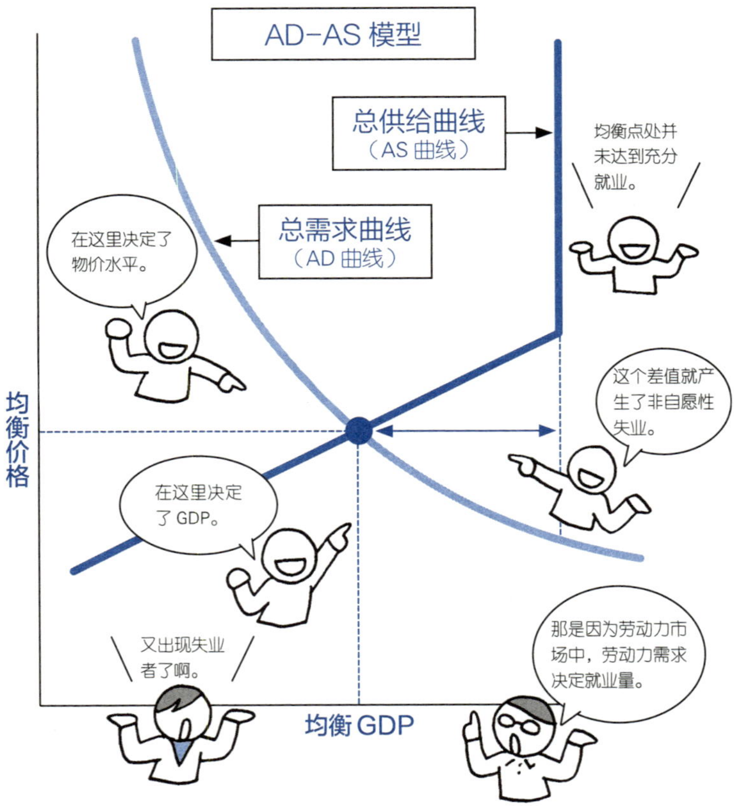
AD-AS 模型
总供给曲线
（AS 曲线）
总需求曲线
（AD 曲线）
均衡点处并
未达到充分
就业。
在这里决定了
物价水平。
这个差值就产
生了非自愿性
失业。
均衡价格
在这里决定
了 GDP。
又出现失业
者了啊。
那是因为劳动力市
场中，劳动力需求
决定就业量。
均衡 GDP

总需求曲线是从IS曲线和LM曲线推导出来的。因此，总需求曲线上总会存在一个**均衡点，使商品市场和货币市场都达到均衡**（☞ P.239）。但是，并不意味着达到均衡时劳动力市场实现了充分就业，从上图中就能明白这一点。

在这个 AD-AS 模型中，商品市场和货币市场也达到了均衡。
又会出现很多非自愿性失业者了呢。

接下来，就是**财政政策**（☞ P.21）和**金融政策**（☞ P.22）出场的时候了。当通过财政政策增加政府支出，通过金融政策增加货币供给时，我们能够看到AD-AS模型会发生一些变化。由于上述政策的影响，总需求曲线会向右上方移动。这样一来……

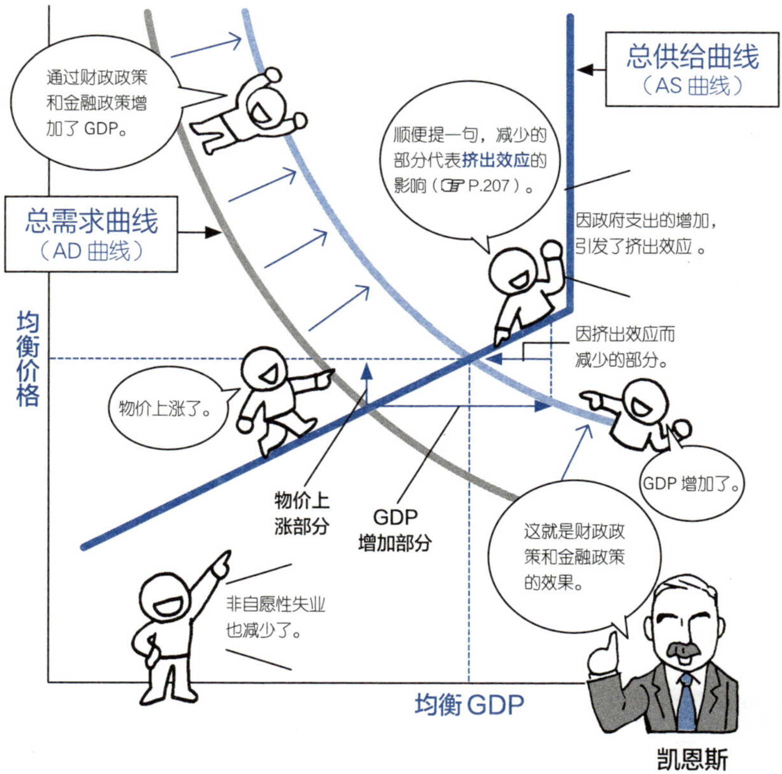
通过财政政策和金融政策增加了 GDP。
总供给曲线
（AS 曲线）
顺便提一句，减少的部分代表挤出效应的影响（☞ P.207）。
总需求曲线
（AD 曲线）
因政府支出的增加，引发了挤出效应。
均衡价格
因挤出效应而减少的部分。
物价上涨了。
GDP 增加了。
物价上涨部分
GDP 增加部分
这就是财政政策和金融政策的效果。
非自愿性失业也减少了。
均衡 GDP
凯恩斯

这种AD-AS模型常用于对已经施行的财政政策和金融政策的效果进行分析。它不但适用于凯恩斯经济学，还是一个能广泛应用于现代经济学多个领域的宏观经济模型。

用1分钟回顾一下!

本章的要点

- □ 政府所进行的公共投资，会使国民收入放大到其金额的数倍，这叫作乘数效应。
- □ 政府财政中嵌入了名为内在稳定器（自动稳定装置）的机能，这种稳定器可自动调节景气变动。
- □ 国家财政依靠负债来维持的状态就是财政赤字。特别是基础财政收支（Primary Balance）的赤字，会形成基础性财政赤字问题。
- □ 基于有效需求原理，政府凭借财政政策和金融政策来管理总需求，来实现景气调节和经济增长的目的，这就是凯恩斯政策。
- □ 为整体经济供给的通货总量叫作货币供给。马歇尔K值是评判货币供给量是否合适的指标。
- □ 中央银行通过控制高能货币（货币基数）来使货币供给处于合适的水平。
- □ 中央银行的金融政策，分为对政策性利率进行操作的价格政策和利用公开市场操作等实施的数量政策。
- □ 中央银行在市场上买卖债券和票据的行为称为公开市场操作（Operation）。公开市场操作不但能调节通货供应量，还能有效调整利率。
- □ 货币主义中有名为货币中立性的观点，这种观点认为货币量的增减不会影响消费、投资和GDP增长，而是在经济层面保持中立。
- □ AS-AS模型是一种从总需求和总供给的关系出发，来解释物价和GDP的宏观经济模型。

who's who

让·巴蒂斯特·萨伊（1767—1832年）

法国经济学家。提出了“供给能够创造其本身的需求”的观点，即著名的“萨伊定律”。主要著作为《经济学概论》。

Chapter 8

经济学史关键词

重商主义

mercantilism

在亚当·斯密（☞ P.78）之前，自16世纪起到18世纪为止，这段时期名为“重商主义”，其经济思想在欧洲君主专制国家中占据主流。简单来讲，重商主义的观点就是指重视商业（出口）来使国家富裕。这里所说的富裕，主要是指在金、银及由金银铸造的货币方面的富裕。

这是东印度公司。
用出口来赚钱哦。
要保护出口产业。
赚取的财富用金银来储存。
对进口征收关税。

重农主义 physiocracy

当然也有与重商主义相反的观点。在18世纪后半叶的法国，产生了“重农主义”的思想，重农主义主张财富只能从农业发展中产生。

这里在进行大规模的农业生产。
财富是由农业产生的。
没有农产品的话，工商业就无法正常运转。
自由放任主义（Laissez Faire）才是正确的（☞ P.214）。
对出口行业进行保护是荒谬的。

总之，重商主义所产生的贸易保护，会妨碍自由竞争环境中的经济发展，古典经济学派就萌芽于对重商主义的批判中。

古典经济学派

古典派、古典学派、英国古典经济学派

18世纪后半叶，在工业革命结束后的英国，诞生了最早的经济学体系。以**亚当·斯密**（☞ P.78）、**托马斯·马尔萨斯**、**大卫·李嘉图**（☞ P.212）、**J.S.穆勒**（☞ P.246）这些载入历史教科书中的经济学家为核心，形成了"**古典经济学派**"。

我写了《国富论》。
我写了《人口论》。
我写了《经济学及赋税原理》。
我写了《政治经济学原理》。
亚当·斯密
托马斯·马尔萨斯
大卫·李嘉图
J. S. 穆勒

身处工业革命后的背景下，古典经济学派认为，经济社会是由**地主**、**资本家**和**劳动者**三个阶级构成的。三个阶级分别提供**土地**、**资本**和**劳动力**，并分别获取**地租**、**利润**和**工资**，古典经济学派对这个过程中财富的生产和分配问题也做出了分析。

我获得了地租。
我获得了利润。
我获得了工资。
财富是如何生产和分配的呢？
地主
资本家
劳动者
古典派经济学家

who's who

托马斯·马尔萨斯（1766—1834年）
英国经济学家。在其主要著作《人口论》中，他认为，当人口增加导致食物不足时，会滋生贫困和败德行为，这本身也是一种人口抑制机制，他在书中也阐述了相应的对策。

劳动价值理论

古典经济学派另外也倡导“**劳动价值理论**”，即价值是由人的劳动创造的。**亚当·斯密**在《国富论》中谈到，重商主义所重视的财富并不是金、银，而是劳动。为了提高劳动价值，国家不应该对经济活动进行干预，而应使其自由竞争。

我们是劳动者。
金银并不是财富，劳动才是。
为了提高劳动价值，国家不应该干预经济活动。
果然自由放任主义（Laissez Faire）才是正确的（☞P.214）。
亚当·斯密

之后，**李嘉图**继承并发展了斯密劳动价值理论的一部分。而且在自由竞争方面，他特别重视自由贸易，阐明了通过自由贸易可使本国和对方国家都富裕起来的观点。同时，李嘉图也提出了贸易方面的**比较优势原理**。

这是一艘商船。
英国应该采取自由贸易主义政策。
为了让国家之间互惠互利，共同富裕，不应该进行贸易保护。
要利用比较优势原理（☞P.45）。
李嘉图

who's who

约翰·斯图亚特·穆勒（1806—1873年）

英国经济学家。从马尔萨斯和李嘉图那里继承了亚当·斯密的经济学理念，是古典经济学派集大成者。主要著作有《政治经济学原理》。

马克思经济学

马克思主义经济学

卡尔·马克思（批判地）继承了古典经济学派的阶级观点和劳动价值理论。“**马克思经济学**”认为，工人阶级创造的价值超过劳动力价值（工资）本身时，就产生了“**剩余价值**”，而剩余价值将转化为资本家所榨取的利润、利息、地租。

也叫无产阶级。
我们是工人阶级。
劳动过程中创造了超出工资的剩余价值。
剩余价值转化为资本家所榨取的利润等。
这就是剩余价值理论。
马克思

马克思经济学扩展到意识形态上就形成了“**马克思主义**”（☞P.274）。后来，俄国革命家**弗拉基米尔·列宁**通过俄国革命建立了历史上第一个社会主义国家——苏联，而马克思主义正是其思想支柱。

也叫资产阶级。
我们是资本家阶级。
发起革命，从资本家手中夺取生产资料。
资本主义会因自身矛盾而崩溃，然后诞生社会主义国家。
这就是马克思列宁主义。
列宁

who's who

卡尔·马克思（1818—1883年）

德国经济学家，哲学家。与弗里德里希·恩格斯一起，留下了许多著作，包括《共产党宣言》《经济学批判》《资本论》全三卷等。

新古典经济学派

劳动价值学说和剩余价值学说都认为人的劳动产生了价值。与之相对应，“新古典经济学”认为价值是由**边际效用**（☞ P.99）决定的。而且新古典经济学同时指出，边际效用是递减的（**边际效用递减法则**，☞ P.99）。

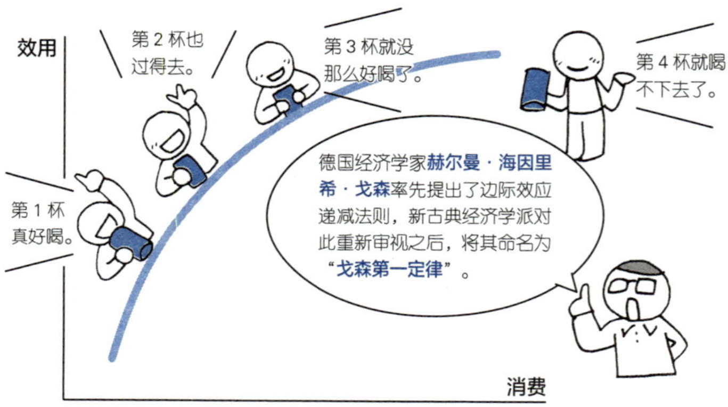

效用
第 2 杯也过得去。
第 3 杯就没那么好喝了。
第 4 杯就喝不下去了。
第 1 杯真好喝。
德国经济学家赫尔曼 · 海因里希 · 戈森率先提出了边际效应递减法则，新古典经济学派对此重新审视之后，将其命名为“戈森第一定律”。
消费

边际的概念不光适用于家庭的**效用**（☞ P.84），在企业生产中同样存在**边际生产**（☞ P.108），且遵循**边际生产递减法则**（☞ P.108）。具体来说，就是当消费增加为2倍时效用并不会增加为2倍，劳动增加为2倍时产量也不会增加到2倍。

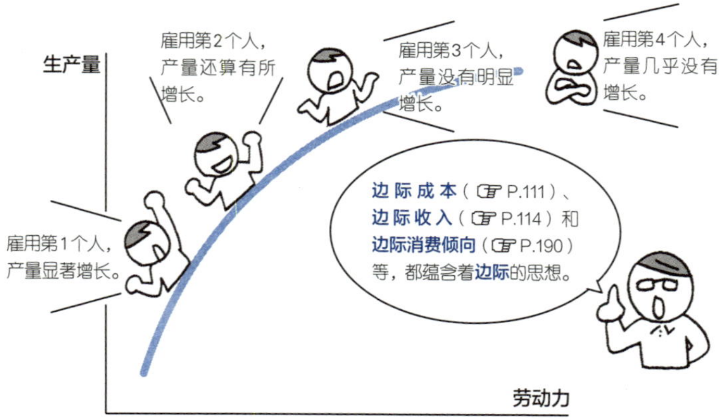

生产量
雇用第2个人，产量还算有所增长。
雇用第3个人，产量没有明显增长。
雇用第4个人，产量几乎没有增长。
雇用第1个人，产量显著增长。
边际成本（☞ P.111）、边际收入（☞ P.114）和边际消费倾向（☞ P.190）等，都蕴含着边际的思想。
劳动力

边际革命

边际的思想引发了经济学的大变革，因此也被称为“**边际革命**”。这次革命并不是由某一个人所发起的。实际上，在19世纪70年代，奥地利、法国、英国的3个经济学家几乎同时发表了关于边际效用的理论。

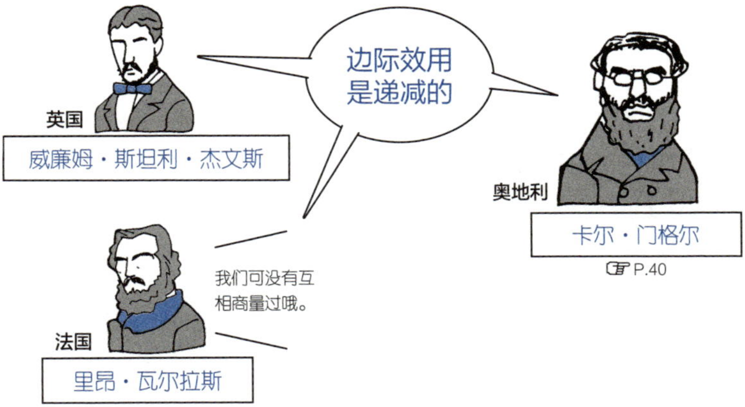

边际效用是递减的
英国
威廉姆·斯坦利·杰文斯
奥地利
卡尔·门格尔
P.40
我们可没有互相商量过哦。
法国
里昂·瓦尔拉斯

一般均衡理论 一般均衡分析

新古典经济学派的另一大特征，就是在经济学中应用了数学分析方法。例如，发起边际革命的3个经济学家之一，法国经济学家**里昂·瓦尔拉斯**所创立的“**一般均衡理论**”，就是从数学的层面解释了整体市场在价格和供需相等时达到均衡的过程和条件。

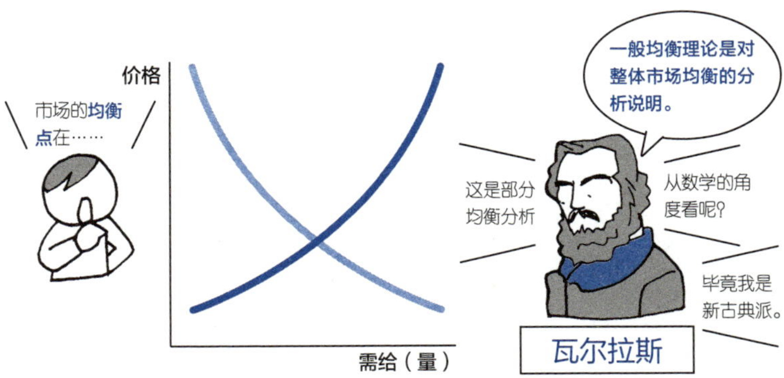

价格
市场的均衡点在……
需给（量）
一般均衡理论是对整体市场均衡的分析说明。
这是部分均衡分析
从数学的角度看呢?
毕竟我是新古典派。
瓦尔拉斯

凯恩斯经济学

其后，新古典经济学派迎来了20世纪30年代的**大萧条**（☞ P.261）时代。之前的新古典派对于经济政策方面一如既往地支持**萨伊定律**（☞ P.214），即需求和供给总会趋于相等，经济的事情交给市场就行了。

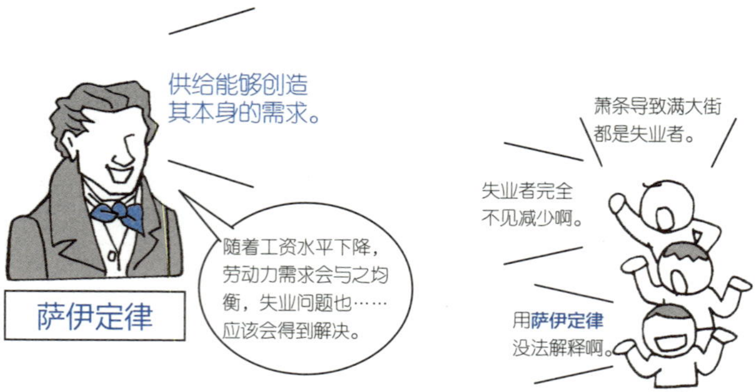

供给能够创造
其本身的需求。
萨伊定律
随着工资水平下降，
劳动力需求会与之均
衡，失业问题也……
应该会得到解决。
萧条导致满大街
都是失业者。
失业者完全
不见减少啊。
用萨伊定律
没法解释啊。

此时新古典派的代表人物之一——剑桥学派的**凯恩斯**登场了。凯恩斯用**非自愿性失业**（☞ P.216）和**工资的向下刚性**（☞ P.237）解释了大萧条时的失业问题，并认为由政府创造的有效需求会产生**乘数效应**（☞ P.205）——这些构成了**凯恩斯政策**的基本内容（☞ P.216）。

非自愿性失业的
原因在于有效需
求不足。
国民收入和就业
决定了有效需求
的规模
由于向下刚性的存
在，工资不会一直
降低。
这就是有效需求原理
（☞ P.185）。
凯恩斯
乘数效应也会
发挥作用。
政府来管理总
需求就行了。
政府来制定
财政政策。
金融政策也
交给政府。

凯恩斯革命

于是，凯恩斯所倡导的主张引发了一场“**凯恩斯革命**”。最初，对于该把哪些内容划入凯恩斯革命的范畴人们意见不一，不过大家对**有效需求原理**和**流动性偏好**（☞ P.252）都没有异议，因为它们是凯恩斯经济学的支柱。

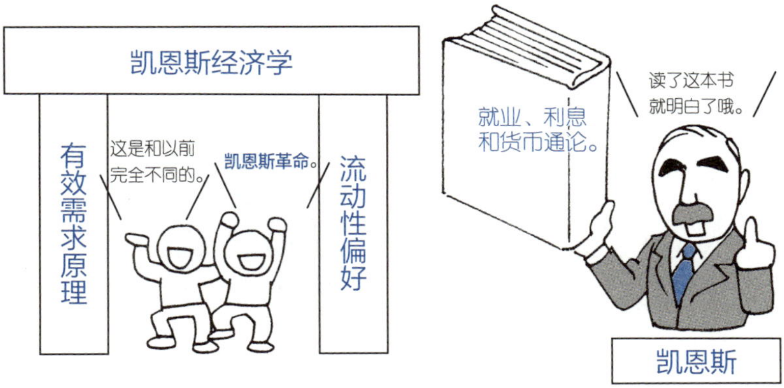
凯恩斯经济学
有效需求原理
这是和以前
完全不同的。
凯恩斯革命。
流动性偏好
就业、利息
和货币通论。
读了这本书
就明白了哦。
凯恩斯

需求经济学 需求侧经济学

凯恩斯经济学和之前一直重视供给的经济学划清了界限。由于它侧重于分析对需求采取的政策，因此又被称作“**需求经济学**”。于是，在**AD-AS模型**（☞ P.240）中，凯恩斯经济学将会使总需求曲线往右上方移动。

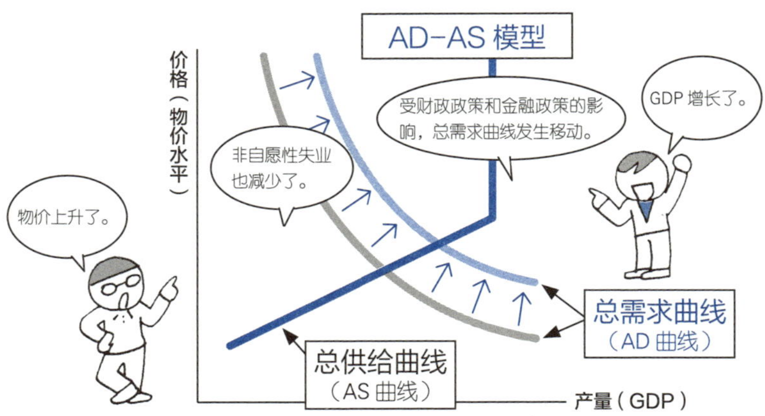
AD-AS 模型
价格（物价水平）
受财政政策和金融政策的影
响，总需求曲线发生移动。
GDP 增长了。
非自愿性失业
也减少了。
物价上升了。
总需求曲线
（AD 曲线）
总供给曲线
（AS 曲线）
产量（GDP）

流动性偏好 流动性偏好理论

顺便说一句，让**总需求Yd**发生变化的是（**消费C+投资I+政府支出G**）之中的**投资I**部分（☞ P.239）。由于投资I受到利率的影响，所以必须分析利率趋势，才能知晓总需求的变化。凯恩斯经济学中的“**流动性偏好**”就解释了这一点。

利率是由流动性偏好（货币需求）和货币供给的均衡点所决定的。
货币供给会因金融政策而变化。
那么流动性偏好呢？
凯恩斯
政府

比起持有能产生利息的债券，人们宁愿选择持有流动性强的货币，这种现象就是“流动性偏好”。为何人们会更喜欢货币呢？

有了货币，无论何时都能做交易。
有了货币，万一出现意外也会比较安心。
货币并不会像债券一样跌价。
交易动机
预防动机
投机动机
也就是说，债券的利息就是放弃流动性的补偿。
这样一来，如果利率上升又怎么说？
买点债券也行啊。
这时流动性偏好变小了。
货币需求也变小了。

像这样，利率由变化的流动性偏好（货币需求和货币供给的关系）的均衡点决定，这就是流动性偏好理论。

新自由主义

Neoliberalism

20世纪70年代，经济滞胀现象席卷全球，**凯恩斯政策**（☞ P.216）不再行得通。取而代之的是以弗里德曼为核心的**芝加哥学派**（☞ P.217）的崛起。弗里德曼等人批判了凯恩斯政策，并且提出了名为“**新自由主义**”的经济政策。

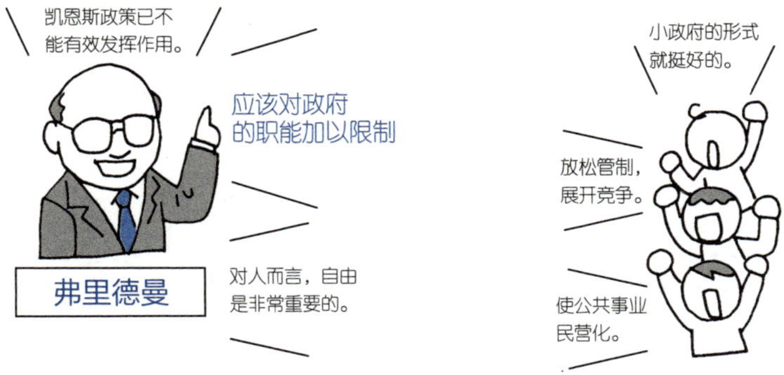
凯恩斯政策已不能有效发挥作用。
应该对政府的职能加以限制
弗里德曼
对人而言，自由是非常重要的。
小政府的形式就挺好的。
放松管制，展开竞争。
使公共事业民营化。

供给 供给侧

对总需求管理政策做出批判的新自由主义，转而重视供给方面，即通过放松管制和减税，激活生产和投资，从而提高生产力，扩大供给。和需求经济学的名称类似，重视供给面分析的学派也叫作“**供给经济学**”。

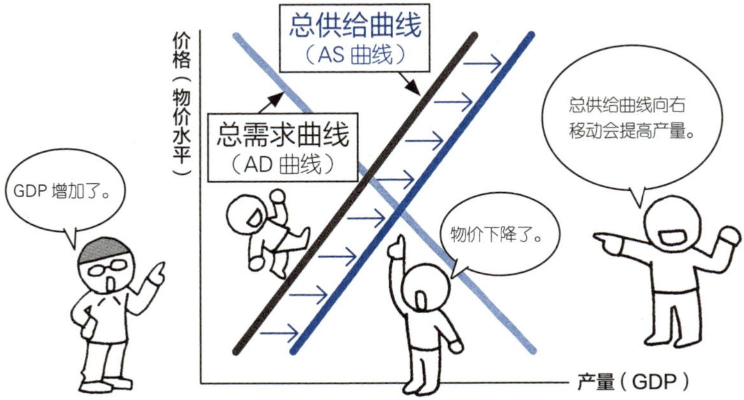
价格（物价水平）
总供给曲线
（AS 曲线）
总需求曲线
（AD 曲线）
产量（GDP）
GDP 增加了。
物价下降了。
总供给曲线向右移动会提高产量。

货币主义

弗里德曼倡导的金融政策称为“**货币主义**”，支持货币主义观点的人叫作**货币主义者**。货币主义者认为：货币量（货币供给）是使物价和名义国民收入发生变动的主要原因。这样一来……

不需要各种各样的金融政策。
只需供给与经济增长率相匹配的货币量即可。
经济的事情应该交给市场。
政府不应该干预市场。
……
货币量需要遵循一定规则来决定。
不需要大政府。
……
弗里德曼
中央银行
政府

货币数量理论

这里提到的货币主义学说，是**古典经济学派**的“**货币数量理论**”在现代的复兴。

物价水平是由货币流通量决定的。
在现代重新整理后称为“新货币数量理论”。
货币量变为2倍的话，物价也变为2倍。
也就是说，货币具有中立性（☞P.234）。
对分析通胀很有帮助。
弗里德曼
货币数量理论
新货币数量理论

不过，货币主义并不能够很好地应对自20世纪90年代起出现的全球经济衰退，人们又开始重新审视凯恩斯经济学。

行为经济学

在近年来经济学的发展趋势中，“**行为经济学**”受到了极大的关注。行为经济学的主要特点是，在经济学的数学模型中引入了心理学观测方法，来解释人的非理性经济行为。近年来，行为经济学在各个领域中的应用也得到了不断发展，如下面的实例所示。

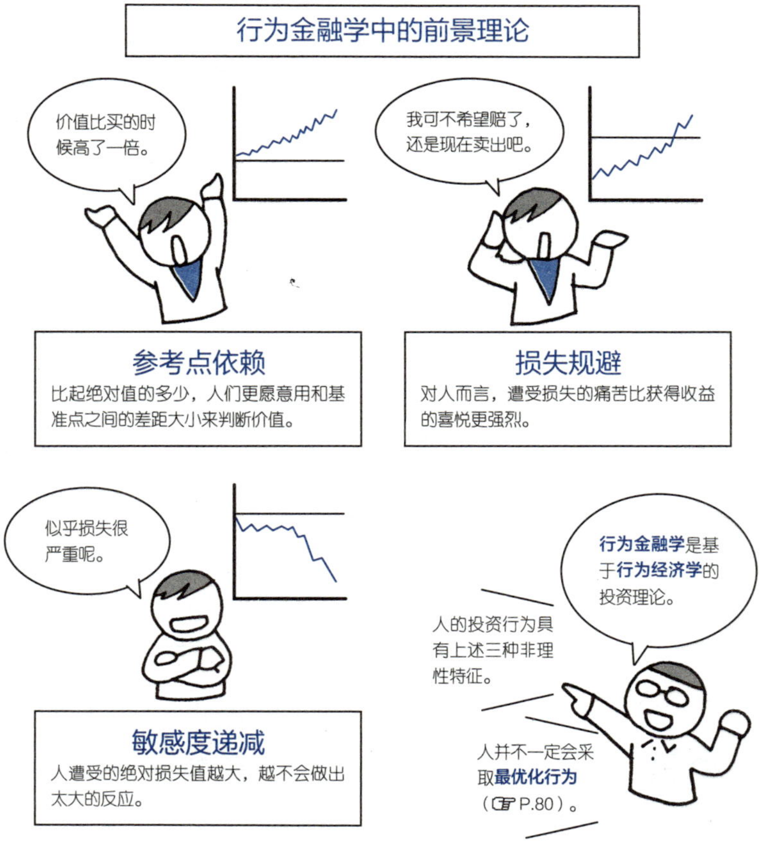

行为金融学中的前景理论
价值比买的时候高了一倍。
我可不希望赔了，还是现在卖出吧。
参考点依赖
比起绝对值的多少，人们更愿意用和基准点之间的差距大小来判断价值。
损失规避
对人而言，遭受损失的痛苦比获得收益的喜悦更强烈。
似乎损失很严重呢。
敏感度递减
人遭受的绝对损失值越大，越不会做出太大的反应。
行为金融学是基于行为经济学的投资理论。
人的投资行为具有上述三种非理性特征。
人并不一定会采取最优化行为（☞P.80）。

行为经济学领域所做出的上述贡献得到了认可，因此，已经有数位行为经济学者获得了诺贝尔经济学奖。可以说，在经济学中，还蕴藏着许许多多未知的可能性。

用1分钟回顾一下！

本章的要点

☐ 18世纪后半叶，在英国诞生了最早的经济学体系，被称为**古典经济学派**。古典经济学派认为，价值是由人的劳动产生的，倡导**劳动价值理论**。

☐ 到了19世纪70年代，**新古典经济学派**兴起。此学派认为价值是由**边际效用**决定的。边际的概念引发了经济学领域的大变革。

☐ 经过20世纪30年代大萧条的洗礼，以有效需求原理和流动性偏好为两大支柱的**凯恩斯经济学**登场了。

☐ 侧重于政府创造有效需求的**凯恩斯政策**，也终于走入了死胡同。取而代之的是以弗里德曼为核心的芝加哥学派，他们提出了名为“**新自由主义**”的经济政策。

who's who

里昂·瓦尔拉斯（1834—1910年）

因“一般均衡理论”被人们所熟知的法国经济学家。在瑞士洛桑大学任教，于19世纪70年代发表了《纯粹经济学纲要》等杰出著作，提出了“边际效用理论”。

（附录）经济关键词词典

数字

2025危机 （日本经济） 安倍经济学 ☞ P.39

表示日本在2025年前后将直面社会超老龄化的问题。其起因在于，到了2025年团块世代人群将成为75岁以上的后期高龄者。按照厚生劳动省的测算，到了2025年，后期高龄者将占据全部人口的18%，如果再加上65岁以上75岁以下的前期高龄者，这一数字将超过30%。届时，相关的医疗、看护、福利等社会保障成本都会显著增加，引起了人们的担忧。于是，安倍经济学所提出的新三支箭里，其中一支箭就直指“安心的社会保障”。

A

AEC （国际经济） AFTA ☞ P.58，P.60

即“东盟经济共同体”，是英文ASEAN Economic Community的缩写。与欧盟一样，它以货币一体化组织为目标，谋求在地区内撤销关税，实现服务和投资自由化。在2015年经东盟首脑会议确认后成立。

APEC （国际经济） FTAAP ☞ P.58，P.59

即“亚洲太平洋经济合作组织”，是英文Asia Pacific Economic Cooperation的缩写，指的是由亚洲太平洋地区21个成员形成的经济合作框架。APEC占据全世界GDP的约 60%，贸易量占约50%，人口占约40%。

奥肯定律 （宏观经济） 失业率 ☞ P.279

即失业人数将随着实际GDP（☞ P.170）的增加而减少。换言之，实际GDP增长率一旦上升，失业率就会下降。这是由美国经济学家阿瑟·奥肯提出的。由于他更多依赖经验性的观察，而不是理论性的说明，因此又被称为

"奥肯经验法则"。

B

BIS 宏观经济 **中央银行** ☞ P.226

即"国际清算银行"，是英文Bank of International Settlements的缩写，指的是到2017年为止，世界上60个国家和地区的中央银行形成的组织。除了促进各国中央银行之间的合作之外，还承担着从各国中央银行接受存款的业务。总部在瑞士的巴塞尔。

BIS管制 宏观经济 **巴塞尔I、II、III** ☞ P.258

具体内容参见"巴塞尔I、II、III"。

巴塞尔I、II、III 宏观经济 **中央银行** ☞ P.226

也称为"巴塞尔协议"。27个国家和地区（在2017年）的中央银行、银行监管当局构成了巴塞尔银行监督委员会，由巴塞尔银行监督委员会公布的国际监管标准即巴塞尔I、II、III。在其中对拥有国际业务的银行的自由资本比率做出了规定。1998年签订的协议就是"巴塞尔I"，2004年的修订版称为"巴塞尔II"，2017年形成的最终协议就是"巴塞尔III"。有时也称其为BIS管制，但是巴塞尔银行监督委员会和BIS（国际清算银行）是不同的组织，这种叫法并不正确。

比较劣势 国际经济 **比较优势原理** ☞ P.45

"比较优势"的反义词，指不具有比较优势，在国内生产所需要的花费比在其他国家花费更昂贵的商品。处于比较劣势的行业在自由贸易中居于不利地位，因此往往会谋求贸易保护（☞ P.46）。

边际储蓄倾向 宏观经济学 **边际消费倾向** ☞ P.190

表示收入增加时，对应增加的储蓄部分的占比。由于收入会以储蓄和消费的形式分配，所以有"边际储蓄倾向=1 – 边际消费倾向"这样的等式成立。

边际劳动成本 微观经济学 **边际产品价值** ☞ P.130

表示作为生产要素的劳动力的投入量增加时所对应增加的成本。劳动力成本就是工资，因此也可以认为边际劳动成本就是对应的工资增加部分。

边际资本成本 （微观经济学） **边际产品价值** ☞ P.130

表示作为生产要素的资本的投入量增加时所对应增加的成本。在微观经济学中认为，资本总是处于借贷中，所以边际资本成本的含义也可以表述为资本增加时对应增加的利息部分。

布雷顿森林体系 （国际经济） **管理通货制度** ☞ P.219

指第二次世界大战后支撑世界经济长达20年以上的国际货币体系。1944年联合国的44个会员国在美国的布雷顿森林齐聚一堂，来缔结IMF协定（☞ P.52）。当时同时缔结了“以同黄金挂钩的美元为基准，其他国家的货币与美元保持固定汇率”的“IMF协定”（☞ P.52）。与之前采用的金本位制相对应，将这种国际货币体系又称为“黄金-美元本位制”。到了1971年受到尼克松冲击（☞ P.274）的影响，黄金和美元之间的兑换停止，布雷顿森林体系崩溃。

C

CD （宏观经济） **货币供给** ☞ P.220

英文Certificate of Deposit的缩写，即“可转让定期存单”。是一种能够向第三方转让的特殊存款，可在金融市场进行买卖。货币供应量统计的M2、M3以及广义流动性中均包含CD。

CP （宏观经济） **公开市场买入** ☞ P.231

英文Commercial Paper的缩写，指企业为了短期的资金筹措而发行的无担保期票。除了是日银买入操作的对象之外，金融机构发行的CP还成为货币供应量统计中广义流动性的组成部分。

财政紧缩 （日本经济） **金融政策** ☞ P.22

以抑制景气过热为导向的金融政策。与货币宽松相反，财政紧缩时会提高利率水平，减少资金供给量。

财政收支 宏观经济 **财政赤字** ☞ P.209

指国家和地方公共团体的收入和支出的收支结算（差额）。其中，国家的财政收支是审视一国经济状况的重要指标。当财政收支为负时，就产生了“财政赤字”，而从财政收支中剔除国债发行的影响后，就形成了“基础财政收支”（☞ P.20）。

成本推动型通胀 宏观经济学 **通胀** ☞ P.25

指因原材料和人工成本上升引起的通胀，一般发生在企业将生产成本转嫁到价格上时，有时也简称“成本通胀”。另外，有时把因进口原材料价格上涨引起的通胀叫作“进口通胀”。

乘数理论 宏观经济学 **乘数效应** ☞ P.205

乘数理论是用来说明投资的增加最终能让国民收入增加多少的一种经济理论，也是乘数效应和乘数计算的基础。乘数理论中的投资不单单指政府的公共投资，民间的设备投资等也可产生相同的乘数效应。

赤字国债 宏观经济 **财政赤字** ☞ P.209

指国家为弥补收入的不足而发行的国债。由于为此专门制定了相关法律来保证发行，所以官方称为“特例国债”，俗称赤字国债。除了特例国债之外，国债中还包括负担公共事业成本的“建设国债”“复兴国债”和“借换国债”。

充分就业GDP 宏观经济 **充分就业** ☞ P.216

指实现充分就业时的GDP。充分就业并不意味着失业率为零，其中可以包含一定的摩擦性失业（☞ P.216），因此有多种方法来推算充分就业GDP。

存款保险机构 宏观经济 **最后贷款人** ☞ P.233

指运营管理清算制度的机构。所谓清算，指的是当金融机构破产时能够保证存款人的资金退还的制度，但清算是有一定上限的。引入了清算制度的金融机构，需要向存款保险机构支付存款保险费，当其破产之后，由存款保险机构向存款人支付保险金。

D

大萧条 （经济学史） 泡沫经济 ☞ P.34

又叫“世界大萧条”“大恐慌”。20世纪20年代的美国，出现了历史上前所未有的最大规模的经济泡沫，并导致股价持续上涨。然而到1929年10月，伴随“黑色星期四”和“悲剧星期二”泡沫破裂，股价暴跌。以此为开端，人们陷入了长期严重的世界性衰退中。到了1933年，景气衰退仍在持续，美国股市的股价跌去了90%，实际GDP下降了30%，失业率甚至上升到了25%。世界各国都在 “经济封闭”的道路上越走越远，这也成为引发第二次世界大战的原因。

道琼斯平均股价 （微观经济） 股价指数 ☞ P.31

这是世界上最著名的股价指数。道琼斯平均股价指数有多种表现形式，应用最为广泛的是“道琼斯30种工业股平均指数”，此指数表示美国具有代表性的30个优质交易品种的平均股价。道琼斯平均股价准确来说应叫作“道琼斯平均工业股价”，不过有时也称为“道琼斯平均”“纽约道琼斯”“纽约平均股价”等。

钉住汇率制 （国际经济） 固定牌价制 ☞ P.56

是外汇市场中的一种固定牌价制，指本国货币和特定货币的汇率保持不变的制度。“钉住”字面上有“钉子”的含义，因此会让人产生一种本国货币被钉子固定在特定货币上的感觉。钉住汇率制中虽然本国货币与特定货币之间为固定牌价制，但是和其他货币之间属于浮动牌价制（☞ P.56）。大多数情况下，其中的特定货币都是指美元，这时也可以称为“钉住美元制”（☞ P.261）。

钉住美元制 （国际经济） 固定牌价制 ☞ P.56

指在外汇市场中采用“联系汇率制”，将本国货币与美元挂钩的汇率制度。和美国之间的贸易量占比很大，对美国依存度高的国家常常会采用这种汇率制度。遭受亚洲金融危机（☞ P.64）洗礼的各国，在危机来临之前都采用的是钉住美元制。

E

ESM （国际经济） 欧元危机 ☞ P.68

即“欧洲稳定机制”，是英文European Stability Mechanism的缩写，指的是对欧元区加盟国进行金融援助的机构。欧元区的金融支援机构本来已经有欧洲金融稳定基金（European Financial Stability Facility，EFSF）了，但是EFSF的有效期限是从2010—2013年，因此在援助了希腊、葡萄牙、爱尔兰之后，没法继续发挥作用。于是，欧元区设立了长效金融援助机构ESM来替代EFSF。

ETF （日本经济） 日本版金融大爆炸 ☞ P.36、P.231

即“上市投资信托”，是英文Exchange Traded Funds的缩写，指与日经平均股价等股指走势联动的投资信托。ETF在金融产品交易所上市，并可自由买卖。日本于2000年解除了对ETF的禁令，它也成为日银买入操作的对象。

F

法定利率 （宏观经济学） 政策性利率 ☞ P.228

指日银向商业银行放贷时的基准利率。由于之前市场利率是和法定利率挂钩的，因此可通过法定利率操作来改变政策性利率。到了1994年利率自由化之后，便无法再进行法定利率操作了，所以现在将法定利率更名为“基准贴现率及贷款基准利率”（☞ P.229）。

房地产投资信托 （日本经济） 买入操作 ☞ P.231

参考“REIT”（☞ P.276）的内容。

访日游客人数 （日本经济） 入境消费 ☞ P.276

指日本国家旅游局每月所发布的，对访日外宾人数的统计结果。其中会按不同国家、不同月份分别统计。由于入境消费（☞ P.276）会对日本经济产生可观的影响，所以这项数据也备受关注。日本政府订立的目标是：2020年，访日外宾人数达到一年4000万人。

菲利普斯曲线 （宏观经济） 物价上涨率 ☞ P.24

指用来表示工资上涨率（物价上涨率）和失业率（☞ P.279）之间关系

的曲线。英国经济学家阿尔本·菲利普斯发表了相关论文，阐述了工资上涨率和失业率的关系，之后虽然保罗·萨缪尔森（☞ P.156）重新整理归纳了物价上涨率和失业率的关系，不过依然维持菲利普斯曲线的叫法。在菲利普斯曲线中，物价上涨率随着失业率的降低而升高，随着失业率的升高而降低。

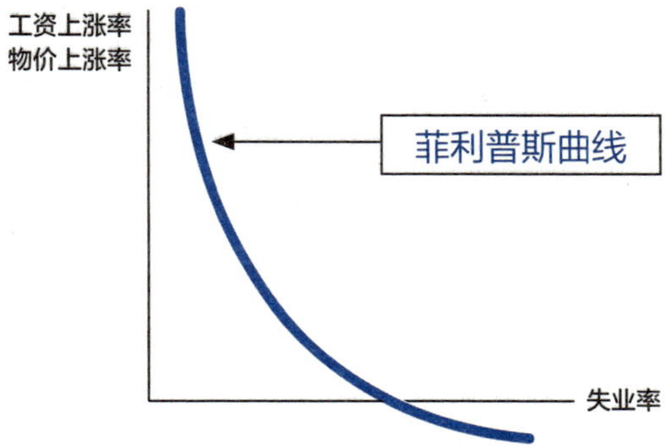

费雪效应 （宏观经济） **物价上涨率** ☞ P.24

当物价上涨时，名义利率会受到通胀预期的影响，这就是费雪效应。例如，当实际利率为2%物价上涨率为1%时，名义利率就成了3%。这样的关系如下式所示，下式被称为“费雪效应方程”。这是由美国经济学家、统计学家欧文·费雪提出的。

名义利率 = 实际利率 + 预期通胀率

分配层面的国民收入 （宏观经济学） **国民收入** ☞ P.173

指从分配层面测算的国民收入，可认为是分配给各生产要素（☞ P.107）的工资、地租、利息（利润）的总和。三面等价原则（☞ P.266）对国民收入而言也是成立的。

冯·诺依曼多部门增长模型 （宏观经济学） **哈罗德-多马模型** ☞ P.183

由冯·诺依曼提出，该模型是可与哈罗德-多马模型比肩的经济增长理论（☞ P.183）之一。顺便说一句，这里的冯·诺依曼还是创立了“博弈论”的数学家，也是那位从事原子弹开发的冯·诺依曼。

福利国家　宏观经济　**凯恩斯政策** ☞ P.216

其含义是以增进国民福利为目标，以实现充分就业（☞ P.216）、充实社会保障和加强公共服务为主要政策的国家。

G

GDE　宏观经济　**三面等价原则** ☞ P.165，P.171

即“国内支出总额”，是英文Gross Domestic Expenditure的缩写，是指从支出层面观测到的GDP。GDE可以用“民间最终消费支出+政府最终消费支出+固定资本形成总额+库存增加量+（出口−进口）”来表示。固定资本形成总额指的是，家庭住宅投资、企业设备投资和政府公共投资（☞ P.265）等有形无形资产的总额。

GDI　宏观经济　**三面等价原则** ☞ P.165、P.171

即“国内总收入”，是英文Gross Domestic Income的缩写，是指从收入层面观测到的GDP。GDI可以用“受雇者报酬+留存收益+（间接税−补助金）+固定资本消耗（☞ P.265）”来表示。受雇者报酬中，除了工资之外还包含董事薪酬、社会保险费中企业负担的部分等。营业盈余指的是营业利润、利息、租金等。

革新（innovation）　宏观经济　**经济增长理论** ☞ P.182

日语中多翻译为“技术革新”，不过熊彼特（☞ P.182）所讲的革新（innovation）并不局限于产业技术方面，他还提出了以下5种类别：1. 实现新的产品，2. 引入新的生产方法，3. 创造新的产业组织形式，4. 开拓新的销售市场，5. 控制新的供应来源。

更改货币面值单位　宏观经济　**管理通货制度** ☞ P.219

简称“更改币值”，即指代对货币单位和称呼的更改。更改币值的说法虽源于英文denomination，但是英文中的denomination仅仅具有货币单位和面额的含义。当出现急剧通胀导致货币出现1000倍或1万倍的贬值时，往往需要采用面值为之前千分之一或万分之一的新货币单位。

公共投资 (日本经济) 财政政策 ☞ P.21

指公共部门（☞ P.202）所进行的投资，与私人部门进行的“私人投资”相对应。在日本，绝大多数的公共投资都是政府部门进行的设备投资（☞ P.277）。具体来说，如道路、港湾、河川、土地改良及其他各种对公共设施的改善。

公共选择理论 (经济学史) 经济学 ☞ P.78

是一种从经济学角度分析政治流程和决策的学问。公共选择理论和微观经济学的前提是相同的，即人们都会以最大化自己的利益为目的来采取合理的行动。有了这样的前提，就可以分析当权者、政治家、官僚、行业团体等主体，会采取怎样的行动。各个主体都有各自不同的意见和利害关系，然而最终的政治性决策却只能有一种方案，因此“选择”就很重要了。美国经济学家詹姆斯·布坎南凭借这方面的研究获得了1986年的诺贝尔经济学奖。

供需缺口 (宏观经济) 总需求 ☞ P.236

指总需求和供给能力之间的缺口、差值，由于其中的总需求是指对GDP的需求，因此也叫作“GDP缺口”，而供给能力可从劳动力和资本（制造设备等）中推算。当供给能力大于总需求时，处于物资富足的状态，供需缺口为负；反之，当供需缺口为正时，容易出现物价上涨，因此也叫作“通胀缺口”。

固定资本消耗 (宏观经济学) 国内总收入 ☞ P.171

固定资本主要指建筑物、设备、机械等资本，就是所谓的固定资产。固定资产通常在使用过程中可能出现故障、老化或因事故和灾害受到损坏等状况，因此必须事先投入成本，以便于在固定资产失效时有能力提供替代方案。在SNA（☞ P.164）中，这方面的成本将作为GDP的一部分进行计算，叫作“固定资本消耗”。

广场协议 (国际经济) 合作干预 ☞ P.266

指1985年在纽约广场饭店召开的会议上由当时的G5（发达5国财务大臣-中央银行总裁会议）所达成的协议。在当时的外汇市场中，只有美元处于高位（独步天下的高位），美国正为由此不断扩大的贸易赤字（☞ P.48）而烦恼，急需通过汇率调整来改变这种不平衡，这才有了广场协议。协议签订后，各国进行了买入本国货币卖出美元的合作干预，这使得日元升值，美元贬值，日本经济陷入衰退。随后，日本做出了下调政策性利率的应对方法，然而引发了泡沫经济的破裂（☞ P.34）。

国家财富 [宏观经济学] **存量** ☞ P.166

指从一国的资产中除去负债后的净资产总额。与GDP表示一定时期内产出的商品和服务不同（流量），国家财富表示特定时间点所积蓄资产的现额（存量）。

国际分工 [国际经济] **经济全球化** ☞ P.42

指国与国之间进行的国际性分工。各国分别生产各自擅长的物产，再通过贸易互相进出口，来使整体的生产更为高效。李嘉图的“比较优势原理”从理论上说明了国际分工的优势（☞ P.45）。

国民收入的三面等价原则 [宏观经济学] **国民收入** ☞ P.173

与GDP的三面等价原则（☞ P.171）相同，国民收入的三面等价原则，指的是无论从生产、分配和支出中任何一个层面来审视，国民收入都是相等的。也就是说，生产层面的国民收入（☞ P.277）、分配层面的国民收入（☞ P.263）、支出层面的国民收入（☞ P.283）都是等价的。

H

合作干预 [国际经济] **外汇干预** ☞ P.57

指发达国家当局出于共同的目的，以合作的方式展开的外汇干预。比起单一国家的干预，其影响有着层次性的差别。各国在合作的同时，也对其他国家的外汇市场进行了干预。

货币宽松 [日本经济] **金融政策** ☞ P.22，P.37

为了促进经济繁荣而施行的金融政策。代表性政策就是通过下调利率水平来增加资金供给量。

货币互换协议 （国际经济） **外汇储备** ☞ P.51

指本国陷入货币危机时，可和别国货币相互调换的协议。此协议在两国中央银行之间缔结，操作方法是将本国需调换的货币交由对方保管，然后以预订汇率兑换对方货币。有时也简称“互换协定”或者“货币交换协定”。

货币危机 （国际经济） **亚洲金融危机** ☞ P.64

指货币的对外价值骤然下跌，使该国经济陷入严重混乱和衰退的境地。近年来，货币危机的例子层出不穷，亚洲金融危机就是典型案例之一。此外还有1994—1995年发生的墨西哥比索暴跌、1992年的英镑暴跌（欧洲金融危机、欧元危机）等。

混合经济 （经济学基础） **市场经济** ☞ P.77

表示将计划经济和市场经济混合而成的经济形式。市场经济是资本主义（☞ P.284）的基础，不过现代资本主义国家出于资源分配、收入再分配、稳定经济的目的，会多少对市场进行一定的干预，把这种经济形式叫作“混合经济”，这是现代资本主义的重要特征。

I

IT泡沫 （日本经济） **失去的二十年** ☞ P.35，P.37

也称作“互联网泡沫”或者“.com泡沫”。指1999—2000年，以美国为中心，IT相关企业的股价反常地出现了暴涨，随后短时间内又急速回落的泡沫经济现象。IT泡沫给全世界带来了衰退，也使日本在伊弉冉（伊邪那美）景气（☞ P.282）到来之前陷入了景气衰退期。

J

JICA （国际经济） **ODA** ☞ P.275

指“独立行政法人国际协力机构”，是英文Japan International Cooperation Agency的缩写。该机构是日本ODA的执行机构。

J-REIT （日本经济） **公开市场买入** ☞ P.36，P.231

指日本版的REIT（房地产投资信托，☞ P.262）。日本在2000年解除了

REIT的禁令，它也成为日银买入操作的对象之一。

计划经济 （经济学基础） **市场经济** ☞ P.77

计划经济是这样一种经济体制：劳动力之外的生产要素都归政府所有，由政府进行经济运营并制订资源分配计划。因曾在苏联等社会主义国家施行这样的经济体制，所以也叫作“社会主义计划经济”。与之对应的是，将资源分配交给市场机制叫作“市场经济”。不过，第二次世界大战后的很多发达资本主义国家，为了应对市场失灵都主动调整了财政政策，所以这时的它们也不再是完全的市场经济了，也有人把这样的经济体制称为“混合经济”（☞ P.267）。

计量经济学 （经济学史） **新古典经济学派** ☞ P.248

新古典经济学派不但给经济学带来了数学分析，而且更进一步将统计学手段引入形成了计量经济学。其分析流程大致为：经济学假设 → 数学模型 → 统计学证明。随着宏观经济分析的发展、经济统计的完善，以及高性能计算机的普及，计量经济学也得到了极大的发展。

机械订单统计 （日本经济） **景气指标** ☞ P.14

“机械订单”是指发给机械制造商的设备投资用机械的订单总额，它是具有代表性的景气先行指标，同时在经济景气指数（☞ P.192）中作为先行系列之一被采用。内阁府会在每月进行的“机械订单统计调查”中发布机械订单统计数据。

价格跟随者 （微观经济学） **价格领导者** ☞ P.141

在寡头垄断市场中，当价格是由价格领导者（☞ P.141）决定时（价格领导），追随价格领导者修改自身价格的企业就是“价格跟随者”。

金融管制 （日本经济） **日本版金融大爆炸** ☞ P.36

指为了金融系统的稳定，政府所制定的金融市场、金融交易、金融机构等方面的规则，以及所施加的限制，如规定利率上限、限制交易、限定金融机构业务范围等。放松或者撤销这些限制规则称为“放松（金融）管制”。

金融控股公司

(日本经济) 日本版金融大爆炸 ☞ P.36

控股公司是指那些支配、管理子公司业务的公司。在以前，由于垄断禁止法的存在并不会出现控股公司，不过在1998年修订相关法律后解禁。根据修订后的法律，银行、证券、保险领域允许设立金融控股公司，于是诞生了不少名为“××金融集团”“××控股”的庞大金融集团。

金融经济

(宏观经济) 金融 ☞ P.222

也叫作“资产经济”“货币经济”。金融经济是从实体经济（☞ P.278）中派生出的，以追求资本收益（☞ P.283）为目标的经济形式。金融交易、信用交易和期权交易等都属于此范畴。不包含在GDP（☞ P.16）中。

金融衍生品

(国际经济) 对冲基金 ☞ P.65

衍生表示派生、附属的意思，金融衍生品就是指“金融派生产品”。从金融产品派生出的对约定（期货交易）、权利（期权交易）、交换（掉期交易）等预先进行的交易，以它们为交易对象就形成了金融衍生品。交易者往往利用金融衍生品进行风险对冲（风险回避），这样一来，在承担较大风险时也可以凭借少量资金赚取较高的收益。

金砖国家新开发银行

(国际经济) IMF ☞ P.52

也可以简称“新开发银行”。由经济快速发展的巴西、俄罗斯、印度、中国、南非5国共同运营。金砖国家新开发银行是金砖国家为减轻金融危机带来的影响，构筑的一个共同金融安全网，属于应急储备救助机制。银行为金砖国家及其他新兴经济体、发展中国家的基础设施建设和可持续发展项目动员资源，作为现有多边和区域金融机构的补充，促进全球经济增长与发展。

经济封闭

(国际经济) 大萧条 ☞ P.261

指倾向于退出多个国家和地区紧密联系的经济合作体制，形成对外界封闭的经济圈这样一种经济状态。特别是指大萧条发生后的情况：英联邦各国及殖民地为应对萧条结成了封闭经济集团，以此为开端，美国、德国、日本等国也纷纷将各自封闭起来。这也成为引发第二次世界大战的原因之一。

经济观察家调查 〔日本经济〕 **景气指标** ☞P.14

内阁府自2000年进行的景气动向调查之一。其中会让像出租车司机、零售店老板、汽车经销商等职业的人来当“经济观察家”，并对他们进行问卷调查，通过问卷结果，可以从现实生活感受的层面对经济景气状况进行分析（下一项）。问卷中会将景气的现状、前景等划分为5档来评估，并将结果指标化。

经济普查 〔日本经济〕 经济 ☞P.72

指由总务省和经济产业省共同实施进行的经济调查。每五年进行一次，也叫作“经济国势调查”。其目的在于掌握日本的产业结构，并整理收集相关事业部、企业的信息。除去部分个人经营的农林渔业之外，国内所有的事业部、企业都是统计调查的对象。这里统计的含义是全面调查（而不是抽样调查）。其统计结果会以“经济结构统计”的形式公布。

景况感 〔日本经济〕 **短观** ☞P.15

用来描述对于景气状况的印象，如感觉景气变好了、变差了、没变化之类。短观中的经营状况指数和内阁府的经济观察家调查（前一项）都会以问卷形式对景况感进行调查。

经营状况判断指数 〔日本经济〕 **短观** ☞P.15

也称为“经营状况判断DI”，是量化企业经营状况的指标。计算方法是用自认为景气良好的企业占总体的百分比，减去自认为景气不好的企业所占百分比。当所有企业都认为景气状况良好时此指数为100，当认为好与不好的企业数量相同时此指数为0，当认为景气不好的企业占多数时此指数为负。一旦经营状况判断指数由负转正，可以做出景气正在上行的判断。经营状况判断指数是日银短观的核心指标。

绝对优势 〔国际经济〕 **比较优势原理** ☞P.45

指在国际经济中，能用比其他国家更低的成本生产特定产品的能力。绝对优势的概念是亚当·斯密（☞P.78）在李嘉图的“比较优势原理”出现之前所提出的。亚当·斯密认为，各国可通过生产各自具有绝对优势的商品来相互进行贸易，从而使各国均可获利。

K

凯恩斯交叉 （宏观经济学） **凯恩斯政策** ☞ P.216

也叫作“45度线图”“45度线分析”。与分析商品市场、货币市场、劳动力市场的AD-AS模型（☞ P.240）和分析商品市场、货币市场的IS-LM模型（☞ P.186）对应，凯恩斯交叉主要从商品市场的需求和供给出发对经济进行分析。其纵坐标表示总需求和总供给，横坐标表示国民收入，从原点引出的45度线可以看作总供给曲线。将总需求曲线也绘制在同一坐标系下，则总需求曲线和45度线的交点就是均衡点。当总需求曲线上下移动时，均衡点处的总供给和国民收入会相应地增加或减少，这符合“总需求决定了总供给和国民收入水平”的有效需求原理（☞ P.185）。此外，由于凯恩斯交叉以短期商品市场为对象，因此会对利率和价格做一定假设。

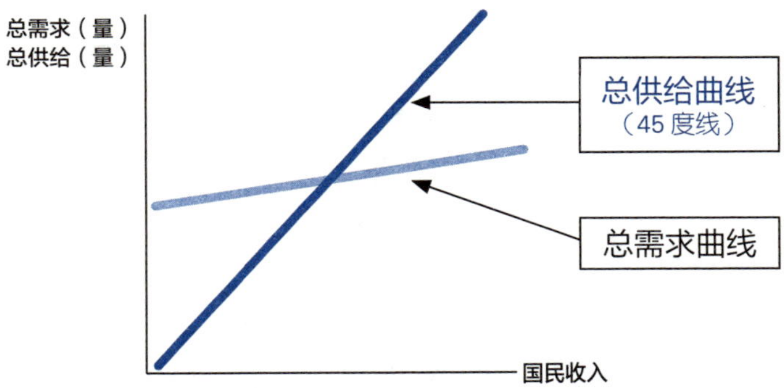

凯恩斯主义 （经济学史） **凯恩斯经济学** ☞ P.250

基于凯恩斯政策的理论，认为总需求管理政策有效——这种观点被称为凯恩斯主义。凯恩斯主义者，则指代支持凯恩斯经济学的经济学家。英国经济学家约翰·希克斯受凯恩斯的影响建立了IS-LM模型（☞ P.186），保罗·萨缪尔森（☞ P.156）等人在美国继承了希克斯的衣钵，进一步发展完善了数学模型，因此他们又被称为“美国凯恩斯主义”（新古典综合派）。另外，在英国继承凯恩斯本人衣钵的学派称为“后凯恩斯主义”。在芝加哥学派兴起后，主张重新审视凯恩斯政策的观点则被称为“新凯恩斯主义”（☞ P.281）。

可支配收入 （宏观经济） **收入** ☞ P.173

从微观层面来看，指的是从收入中减去税金和社会保险费用后的剩余部分，即各个家庭可自由支配（可使用）的收入部分。在宏观上讲，可通过SNA（☞ P.164）计算出国家整体的可支配收入，即“国民可支配收入”。

L

拉弗曲线 （宏观经济） **里根经济学** ☞ P.272

拉弗曲线表现了这样一种关系：税收随着税率上升而增加，但超过某一点后，税收反而随着税率上升而减少。这是由供给侧经济学（☞ P.253）领域的美国经济学家阿瑟·拉弗提出的，并且成为里根经济学大幅减税政策的理论依据。

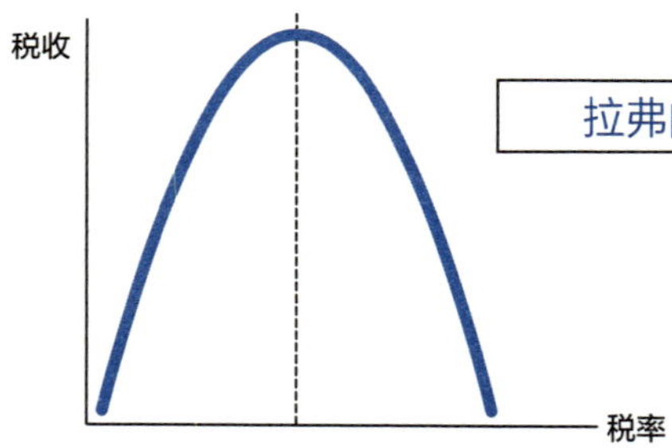

劳动分配率 （宏观经济） **附加值** ☞ P.162

指产出附加值中，分配给劳动力提供者的工资部分所占的比率。企业的劳动分配率，可用工资总额除以附加值总额来计算。在SNA（国民经济核算）中，可通过计算受雇者报酬占分配层面GDP的比率来得出劳动分配率。

累进税 （宏观经济学） **内在稳定器** ☞ P.206

税率随着课税数额的增加而升高的税被称为累进税，这种税率称为“累进税率”。由于随着收入和资产的增多缴税负担将变得越重，因此累进税具有内在稳定器和收入再分配（☞ P.204）的功能。

里根经济学 （宏观经济） **新自由主义** ☞ P.253

里根经济学是对美国总统里根在1981年推行的经济复兴计划中所提出经

济政策的统称。里根经济学基于新自由主义（☞ P.253）和货币主义，以抑制政府支出、大幅减税、放松管制、稳定的金融政策等为支柱。虽然其对抑制通胀和改善就业起到了作用，但同时也扩大了“孪生赤字”（☞ P.273）。

理性预期假说 （宏观经济学） **新凯恩斯主义** ☞ P.281

也叫作“理性预期形成假说”。其具体内容是指：在经济活动中，假定人们可基于全部信息做出理性预测，并形成正确的预期。这个假说是由20世纪70年代的美国经济学家罗伯特·卢卡斯和托马斯·萨金特提出的。若此种假说成立，那么对凯恩斯的总需求管理政策而言，人们甚至在短期内也能正确预测政府财政政策的结果，并做出相应的行动，导致政府没法实现预期的效果。

历史扩散指数 （宏观经济） **景气高峰（低谷）** ☞ P.197

用来判断景气高峰和景气低谷的指标。它是通过判定各系列经济景气指数（☞ P.192）的高峰和低谷之后得出的一种扩散指数（DI，☞ P.194）。当历史扩散指数连续低于50%时，可认为之前的月份为景气高峰，当历史扩散指数连续高于50%时，可认为之前的月份为景气低谷。

孪生赤字 （宏观经济） **里根经济学** ☞ P.272

指财政赤字（☞ P.209）和经常收支（☞ P.49）赤字同时出现的状态。美国自20世纪80年代的里根政府起就出现了此种问题，之后成为令美国历届政府头大的课题。

留存收益 （日本经济） **通缩思维** ☞ P.279

指企业在内部留存的收益。从企业会计层面来讲，是指从净利润中除去直接税、股息、董事分红等外部流出之后的剩余部分，常以“利润准备金”“任意公积金”或“保留盈余结转”的名目记入。财务省对法人企业的统计显示，2016年度日本企业的留存收益达到了创纪录的406万亿日元。究其原因，一方面是日本企业的经营策略重视现金流，另一方面有很多人指出是通缩思维的影响。

M

M&A 微观经济 企业 ☞ P.106

Margers & Acquisitions的缩写，指（企业的）合并与收购。除了字面上的合并、收购的意思外，还包含业务转移和公司拆分等方面。从广义上讲，设立合资企业、资本合作、业务合作等也可以称作M&A。进行M&A的目的一般包括扩展业务、参与新市场、企业集团重组、业务整合、救济破产企业（合并救济）等。

马克思主义 经济学史 马克思经济学 ☞ P.247

指由马克思和恩格斯创立的思想。马克思主义认为，资本主义意味着资本家阶级和工人阶级是对立的，而通过工人阶级的胜利，可实现没有阶级差异的社会。为了从理论上分析资本主义，马克思主义也十分重视经济学方面，于是马克思经济学也得到了发展。

马斯特里赫特条约 国际经济 欧元区 ☞ P.62

又称为“欧洲联盟条约”，是为促进欧盟经济一体化、货币一体化、政治一体化而制定的条约，因在1991年于荷兰的马斯特里赫特召开的首脑会议上达成相关协议而得名。之后，克服了部分加盟国拒绝批准此条约等问题，于1993年正式生效。

名义利率 日本经济 利率 ☞ P.26

指金融产品反映出来的纸面利率，并不会考虑物价上涨率（☞ P.24）的影响。而考虑了物价上涨率影响的就是实际利率（☞ P.278）。

N

尼克松冲击 国际经济 浮动牌价制 ☞ P.56

1971年8月，美国总统理查德·尼克松推行的经济政策使世界和日本遭受了重大打击，被称为“尼克松冲击”。美元作为当时主要通货，采用的是固定牌价制，尼克松冲击以停止美元和黄金的兑换为标志，迫使其他国家货币对美元的汇率一路走高。

O

ODA （国际经济） 经常性转移收支 ☞ P.49

即“政府开发援助”，是英文Official Development Assistance的缩写，指利用政府资金援助发展中国家的国际合作活动。对于日本而言，政府开发援助是由政府和JICA（☞ P.267）等相关机构推进实施的。OECD设置有开发援助委员会（DAC，Development Assistance Committee），每年都会公布各国ODA的实际成果。

OECD （国际经济） 自由贸易 ☞ P.46

即“经济合作与发展组织”，是英文Organisation for Economic Co-operation and Development的缩写，指以经济增长（☞ P.180）、贸易自由化、支援发展中国家为三大目标，由到2017年为止的35个国家组成的国际机构。每年召开1次部长理事会，每年发布2次“经济前景预测”（Economic Outlook），其结果常常见诸新闻报道。特别是在经济前景方面，会对全世界和各加盟国的经济增长率做出预测，其结果往往为世人所瞩目。

欧盟委员会 （宏观经济） ECB ☞ P.227

英文是European Commission，简称“EC”，也叫作“欧盟执委会”“欧洲联合委员会”等，是欧盟的行政执行机构，从各加盟国中分别选派1名委员来构成。

欧元集团 （国际经济） G7 ☞ P.43

即“欧元区财长会”。该机构设立的目的，为了协调欧元区的经济政策，是由各国的财务大臣形成的会议。欧元集团主席也会出席G7会议。

P

PCE核心平减指数 （宏观经济） FRB ☞ P.227

即“个人消费支出”，是英文Personal Consumption Expenditure的缩写。PCE平减指数是美国商务部每月都会发布的关于个人消费的物价趋势指标，计算方法是用实际PCE除以名义PCE。而“PCE核心平减指数”则进一步排除了价格变动剧烈的食品和能源的影响，它是FRB（☞ P.227）最为重视的物价指标。

R

REIT （日本经济） J-REIT ☞P.267

即“（上市）房地产投资信托”，是英文Real Estate Investment Trust的缩写。这是一种汇集投资者资金来购入房地产，并返还租金和出售收益的投资信托。而且，REIT会在金融产品交易所上市，并可以自由买卖。日本版的REIT被昵称为“J-REIT”（☞P.267）。

入境消费 （日本经济） 外需 ☞P.18

入境是指外国客人访问日本观光，入境消费指的就是访日外国客人在日本国内的消费。在GDP统计中，这部分消费属于出口，因此也成为外需（☞P.18）。访日外国人的数量可通过“访日游客人数”（☞P.262）知晓。

日元贷款 （国际经济） ODA ☞P.275

这里的“贷款”，指的是国际性的资金借贷。日元贷款是日本政府为发展中国家基础设施建设提供的低息、长期的资金贷款。近年来，日元贷款作为ODA（☞P.275）的一部分由JICA（☞P.267）进行放贷。

S

SDR （国际经济） IMF ☞P.52

英文Special Drawing Rights的缩写，指源于IMF的“特别提款权”。IMF的特别提款权将会以各加盟国的出资额为基准按比例分配，当货币危机来临之际，各国可凭借SDR从其他加盟国那里兑换货币。

撒切尔主义 （宏观经济） 芝加哥学派 ☞P.217

由英国的玛格丽特·撒切尔首相在1979—1990年任期中实施的政策统称为撒切尔主义。其在经济政策层面推行小政府（☞P.215）、放松管制、金融制度改革、国有企业私有化等，使英国经济得到复苏。撒切尔主义是新自由主义（☞P.253）政策的代表案例之一。

上市投资信托 日本经济 买入操作 ☞ P.231

可参考“ETF”（☞ P.262）的内容。

设备投资 日本经济 财政政策 ☞ P.21

指对建筑物、设备和机械等有形固定资产所投入的资金。设备投资包含公共投资和民间部门设备投资两种类型。与“库存投资”相比，设备投资作为GDP（支出层面的GDP）的“固定资本形成总额”存在，而库存投资则以“库存增加”的形式表现（☞ P.171）。

社会主义市场经济 经济学基础 市场经济 ☞ P.77

社会主义市场经济是同社会主义基本政治制度结合在一起的，使市场在国家宏观调控下对资源配置起基础性作用的经济体制，体现出社会主义的鲜明特色。

神经经济学 微观经济学 行为经济学 ☞ P.255

指神经科学和经济学融合而成的学科，其研究内容是借助神经科学来阐明经济活动中的决策机理。行为经济学主要从心理学角度来阐述经济活动，而在神经经济学中则阐明了人脑机能并在经济学中活用了神经科学的知识。

生产层面的国民收入 宏观经济学 国民收入 ☞ P.173

指从生产层面测算的国民收入，可认为是各行业产出附加值的总和。三面等价原则（☞ P.266）对国民收入而言也是成立的。

生产者物价指数 宏观经济 企业商品交易价格指数 ☞ P.175

对应美国名为“企业商品交易价格指数”的经济指标，简称“PPI”。是美国劳工部在对大约一万个品种的销售价格进行调查后，测算并每月发布的指标。生产者物价指数有多种表现形式，除了以所有品种为对象的综合指数外，还有排除了能源和食品的“核心指数”。在判断物价上涨率时应更关注核心指数。

市场价格表示 〔宏观经济〕 SNA ☞ P.164

指SNA（国民经济核算）中一种以市场交易价格的形式来表示生产额和收入额的方式。具体计算方法是：用缴纳的间接税，减去领取的补助金，得到"纯间接税"。再把纯间接税和生产成本相加后得到。而只用生产所花费的成本来表示生产额和收入额的方式，称为"要素成本表示"。

实际利率 〔日本经济〕 利率 ☞ P.26

从金融商品所反映的名义利率（☞ P.274）中减去物价上涨率后得到的利率。例如，定期存款的名义利率为2%，若此时的物价上涨率为1.5%，那么实际利率仅为0.5%。

世界银行 〔国际经济〕 G20 ☞ P.43

指主要为发展中国家提供低息、无息贷款和捐赠的联合国专门机构。世界银行由5个成员机构组成，一般将"国际复兴开发银行"和"国际开发协会"合称为世界银行，剩下的三个机构则与之一起构成了"世界银行集团"。虽然世界银行是属于联合国的机构，但是作为金融机构其在对联合国加盟国的出资额方面具有投票权。

实体经济 〔宏观经济〕 金融经济 ☞ P.269

也叫作"实物经济"。它是这样一种经济形式：在支付金钱后，获得的是类似商品和服务、劳动力、公共服务等具体的补偿。凭借实际GDP（☞ P.170）的数值就能知晓实体经济的规模大小，与之相对的是"金融经济"。

实验经济学 〔微观经济学〕 行为经济学 ☞ P.255

根据实验来对人们的经济行为进行验证的经济学领域。从实验经济学的角度来看，即使让被试者自由行动来最大化自身利益，被试者最终却并不一定会采取理性、利己的行为。而实验经济学就是用来研究经济理论和现实之间的这种差异，以及市场机制（☞ P.125）在何种条件下才会生效等问题。美国经济学家弗农·史密斯就是因为在实验经济学领域的研究获得了2002年的诺贝尔经济学奖，那时同时获奖的还有行为经济学领域的丹尼尔·卡尼曼。

失业率 （宏观经济学） **基本经济要素** ☞ P.57

表示该国就业状况的重要指标，一般是指失业者占劳动力人口的比例。其中劳动力人口是就业者和失业者的人数总和，因此失业率可以用下式来表示。在日本又称作“完全失业率”（☞ P.280）。

$$\text{失业率} = \frac{\text{失业人数}}{\text{就业人数} + \text{失业人数}} \times 100$$

收入 （微观经济学） **成本曲线** ☞ P.110

企业收入的大部分源于实业的营业额。在家庭收入方面，对于个体经营者而言指营业额，对于劳动者而言则指工资。政府的收入多被称作“岁入”（支出称作岁出）。

索洛–斯旺模型 （宏观经济学） **经济增长理论** ☞ P.182

可与哈罗德–多马模型（☞ P.183）比肩的一种经济增长理论，由美国经济学家罗伯特·索洛和特雷弗·斯旺提出。由于这种模型和新古典经济学派（☞ P.248）的观点相近，因此又称为“新古典派增长模型”。

T

TOB （微观经济） **企业** ☞ P.106

即“股票公开收购”，是英文Take–Over Bid的缩写，指从市场外的多个非特定股东处进行的股票收购，且需公布收购数量、价格、期限等信息。拟从市场外收购超过上市公司股份三分之一的股票时，原则上必须进行公开收购。

通货再膨胀 （宏观经济） **通货紧缩** ☞ P.25

指脱离通缩之后，尚未形成通胀的状态。另外，还可以指为了达到景气扩大的目的有意引发温和通胀的金融政策。针对20世纪90年代后半段日本的全面通缩，很多经济学家主张采取以货币宽松为中心的景气刺激政策，他们被称为“再通胀派”。

通缩思维 （日本经济） **通货紧缩** ☞ P.25

指在日本经济通缩时代消费者和企业所形成的行为模式和思维方式。此时，消费者最为看重的是价格，且趋向于控制消费并增加储蓄。企业也会控制人工费和设备投资开支，更为注重留存收益。但是，“想一下子消除人们的通缩思维可不容易”。

W

外汇倾销

(国际经济) 外汇市场 ☞ P.54

指在外汇市场中引导本国通货贬值，从而实现促进出口的目的。一旦本国通货贬值会导致出口产品的实际价格下降，因此可以用“倾销”这个词语来形容。对于采用浮动牌价制的国家而言，表面上看，似乎是汇率波动导致了倾销现象的出现。然而到20世纪30年代出现世界性大萧条的时候，各国都把外汇倾销作为促进出口的政策性手段加以利用。

完全失业率

(宏观经济) 失业率 ☞ P.279

是日本失业率的指标，用完全失业者在劳动力人口中的占比计算得出。根据总务省主页的内容，完全失业者是指“未从事工作但如有工作机会能立刻投入工作的人，以及正在寻找工作的人”。总务省在每月的“劳动力调查”中都会发布完全失业率。

无担保拆借利率

(宏观经济学) 政策性利率 ☞ P.229

准确来说应该称为“无担保隔夜拆借利率”，也叫作“翌日拆借”。其中的拆借利率是指，在拆借市场进行“活期贷款”（需求时能立刻归还的短期资金）交易的利率。无担保隔夜拆借就是在没有担保的情况下借贷、并隔夜（翌日）清偿的贷款交易，无担保隔夜拆借利率是日银在金融市场的调节目标之一。

X

现金存款比率

(宏观经济学) 信用乘数 ☞ P.225

指企业和家庭持有的现金和存款的比率。货币供应量统计（☞ P.220）中的M1表示现金通货和存款通货之和，因此现金存款比率能够用下式来计算。

$$现金存款比率 = \frac{现金通货}{存款通货} \times 100$$

消费函数论争 （宏观经济学） **消费函数** ☞ P.190

凯恩斯型消费函数中，平均消费倾向是随着收入变高而降低的。然而，西蒙·库兹涅茨（☞ P.199）对美国的平均消费倾向做了长时间的研究后发现，平均消费倾向几乎一直保持在0.9左右的水平。自此开始，围绕如何解释并消解两种观点之间的分歧展开了一场争论，争论的过程中，人们提出了各种各样的假说，来推测影响平均消费倾向的因素究竟是什么。比如认为历史最高收入、剔除临时收入后的固定收入或终生收入会对平均消费倾向造成影响。

消费心理 （微观经济学） **平均消费倾向** ☞ P.191

指消费者进行消费行为时的心态和整体购买欲望的强弱。有类似“消费心理滑坡”（消费者进行消费行为的欲望减弱）等用法。

新发10年期国债收益率 （日本经济） **长期利率** ☞ P.27

表示新发行且偿还期限为10年的国债的流通利率。流通利率是指债券市场交易价格的实际收益率。收益率是用债券的利息，加上资本收益或资本损益后，计算得出的利润率。新发10年期国债收益率，是长期利率的代表性指标。

新凯恩斯主义 （宏观经济学） **凯恩斯主义** ☞ P.271

指在凯恩斯主义中纳入了货币主义（☞ P.254）和理性预期假说（☞ P.273）的观点所形成的经济学派。新凯恩斯主义承认：凯恩斯政策（☞ P.216）中政府量体裁衣式的财政政策，从长期来看会使货币主义失效，从短期来看，会使理性预期假说失效，但是他们仍然肯定量体裁衣式的财政、金融政策的有效性。这种观点是由美国经济学家格里高利·曼昆和戴维·罗默提出的。

新建住宅开工户数 （宏观经济学） **经济景气指数** ☞ P.192

这是表示因新建、改扩建所增加“户数”的经济指标。新建住宅的范畴不光指建筑、建材方面，还包含家具、家电、汽车等消费，会对GDP产生极大影响。因此，新建住宅也成了景气先行指标的一个方面。在国土交通省的住宅开工统计当中，除了开工户数之外还会公布开工面积和工程费预算，其中“新建住宅开工面积”被选录进了经济景气指数的先行系列中。

需求拉动型通胀 (宏观经济学) **通货膨胀** ☞ P.25

指由于总需求（☞ P.236）的剧增引起的通胀，也叫作“需求通胀”或“需求过剩通胀”。其表现是：随着景气的扩张总需求升高，但总供给无法跟上导致物产不足、物价上升。

Y

夜警国家 (宏观经济学) **小政府** ☞ P.215

表示自由放任主义（☞ P.214）国家观。具体内容是指政府像夜间警备员一样，只尽到最小限度的职责，如防止外敌入侵、维持国内治安、保护私有财产等，这样的观点叫作“夜警国家论”。夜警国家最初是作为批判性的关键词登场的，不过现在也用于形象表达自由主义国家观。

一篮子货币制 (国际经济) **固定牌价制** ☞ P.56

是固定牌价制外汇市场的一种形式，它会保持本国货币和多种外汇之间的汇率不变。一篮子货币的含义是将多种货币放入篮子（筐子）中，并将整个篮子视为一种单一货币。篮子对应的汇率是各国货币汇率的加权平均数，权重系数为与各国之间的贸易量。固定牌价制中还有“联系汇率制”，其汇率是与某一特定外币挂钩的。不过，和多种货币挂钩更容易保持汇率稳定。中国的人民币（元）就采用了类似一篮子货币制的外汇政策。

伊奘诺（伊邪那岐）景气 (日本经济) **失去的二十年** ☞ P.35

将日本从1965年11月开始到1970年7月为止连续57个月的景气扩张局面，俗称为伊奘诺景气。在此之前，将1954年至1957年的景气扩张称为“神武景气”，含义是自日本开国以来前所未有（神武天皇以来）的好景气；将1958年至1961年的景气扩张以“岩户景气”命名，含义是天岩户神话时代以来前所未有的好景气。而这次景气扩张比之前更盛，只能以更为古老的伊奘诺来命名，含义是自伊奘诺尊引生国土的神话时代至今前所未有的。

伊奘冉（伊邪那美）景气 (日本经济) **失去的二十年** ☞ P.35

日本从2002年2月开始到2008年2月为止，连续73个月的景气扩张局面的俗称。比伊奘诺景气还要多持续16个月，因此以引生国土的女神伊奘冉命名。其在内阁府发布的景气基准日期（☞ P.197）中对应于第14循环的扩张局面。顺便提一句，神武景气对应于第3循环，岩户景气对应于第4循环，伊弉诺景气对应于第6循环。

有效招聘倍率 （宏观经济） **劳动力市场均衡** ☞ P.237

指有效招聘人数与有效求职者人数的比率。因为求职、招聘的有效期限是两个月，因此所谓"有效"，指的就是上月结转的求职（招聘）和本月进行的求职（招聘）之和。但是在有效招聘中，只会计入公共职业安定所的求职、招聘数据，并不包含应届毕业生数据。作为反应劳动力市场需求的指标，如果有效招聘倍率大于1，则表示劳动力市场需求过剩，而小于1，则表示供给过剩。此外，经济景气指数（☞ P.192）作为景气指标，在它的一致系列里也纳入了有效招聘倍率。

Z

折旧费 （微观经济学） **固定成本** ☞ P.112

在企业会计中，每个会计年度都会计算固定资本消耗，并计入该年度的成本中。此种会计处理过程称为"折旧"，计入的费用称为"折旧费"。

支出层面的国民收入 （宏观经济学） **国民收入** ☞ P.173

指从支出角度测算的国民收入，是由私人消费和投资、政府支出、对外债权增加额合计而成的。三面等价原则（☞ P.266）对国民收入而言也是成立的。

准通货 （宏观经济） **货币供给** ☞ P.220

指那些一旦解约，便转化为现金通货或存款通货的金融资产和定期存款。从货币供应量的层面来讲，可认为是定期存款、延存储金、定期储蓄、外汇存款的总和。

资本收益 （宏观经济） **名义GDP** ☞ P.169

指购入和卖出价格波动物品所获得的差额收益。除了股票和债券之外，从房地产和贵金属中也能够获取资本收益。由于资本收益并不属于通过生产活动产出的附加值，所以并不会包含在GDP中。倘若在购入和卖出过程中蒙受损失，则这个差额为“资本损益”。

资本主义 宏观经济学 市场机制 ☞P.125

生产资料作为资本归私人所有，劳动力可作为商品进行买卖的经济制度。资本主义经济制度追求效用和利润的最大化，并通过市场机制调整自身经济状况。

自有资本比率 宏观经济 巴塞尔I、II、III ☞P.258

指用自由资本为分子，用总资产为分母计算出的比率所对应的经营指标。在巴塞尔I、II、III描述为：以银行的自有资本为分子，以风险资产（表示银行保有资产风险大小的数值）为分母计算出的衡量银行经营健康程度的指标。

自由意志主义 经济学史 新自由主义 ☞P.253

指认为个人自由是绝对的、国家对其的限制应该最小化的思想，又叫完全自由主义。虽然名称上与新自由主义类似，但与新自由主义重视经济自由的经济学派不同，自由意志主义还主张重视社会自由，及不服从权威。米尔顿·弗里德曼（☞P.217）在思想上就属于自由意志主义者。

中间产品 宏观经济学 最终产品 ☞P.284

也称作“中间商品”，是指最终产品制造过程中所投入的产品。GDP中统计的是最终产品，并不包含中间产品部分。

最终产品 宏观经济学 GDP ☞P.16

也称作“最终商品”，即最终用于消费、投资和出口的产品。虽说GDP是附加值的总和，不过换个角度也可以称其为最终产品的总和。与之对应的关键词是“中间产品”。

图书在版编目（CIP）数据

1小时图解经济学 /（日）铃木一之主编；杨光译．—
北京：文化发展出版社，2020.8
ISBN 978-7-5142-3067-3

Ⅰ．①1… Ⅱ．①铃… ②杨… Ⅲ．①经济学－通俗读
物 Ⅳ．① F0-49

中国版本图书馆 CIP 数据核字 (2020) 第 131488 号

版权登记号：01-2020-3660

1 小时图解经济学
主　　编：［日］铃木一之
译　　者：杨　光

责任编辑：侯　铮
出版发行：文化发展出版社有限公司（北京市翠微路 2 号）
网　　址：www.wenhuafazhan.com
经　　销：各地新华书店
印　　刷：天津旭丰源印刷有限公司

开　　本：880mm × 1230mm　1/32
字　　数：100 千字
印　　张：9
印　　次：2020 年 8 月第 1 版　2020 年 8 月第 1 次印刷
定　　价：49.00 元
I S B N：978-7-5142-3067-3